“十三五”高等医学院校本科规划教材

U0879217

供基础、临床、护理、预防、口腔、中医、药学、医学技术类等专业用

医学文献检索

Medical Information Retrieval

（第2版）

主　编　顾　萍　谢志耘

副主编　孙风梅　程　鸿　李修杰　文　丽

编　委（按姓名汉语拼音排序）

程　鸿（内蒙古医科大学）
邓小茹（广州医科大学）
邓岩彬（大连医科大学）
顾　萍（南方医科大学）
黄　芳（首都医科大学）
李春英（北京大学医学部）
李修杰（潍坊医学院）
梁丽明（南方医科大学）
刘玉婷（首都医科大学）
孙风梅（滨州医学院）
王　欣（齐齐哈尔医学院）
文　丽（齐齐哈尔医学院）
谢志耘（北京大学医学部）
徐明卉（齐齐哈尔医学院）
于　伟（河北医科大学）
于雅楠（南方医科大学）
翟中会（西安交通大学图书馆）
张　帆（内蒙古医科大学）
张　蕾（大连医科大学）
赵　丹（南方医科大学）
赵宏亮（内蒙古医科大学）
朱伟丽（中山大学图书馆）

秘　书　于雅楠

北京大学医学出版社

YIXUE WENXIAN JIANSUO

图书在版编目（CIP）数据

医学文献检索 / 顾萍，谢志耘主编．—2 版．—北京：北京大学医学出版社，2018. 11（2024. 8 重印）
ISBN 978-7-5659-1872-8

Ⅰ. ①医… Ⅱ. ①顾… ②谢… Ⅲ. ①医学 - 情报检索 - 高等学校 - 教材 Ⅳ. ① G252.7

中国版本图书馆 CIP 数据核字（2018）第 249265 号

医学文献检索（第 2 版）

主　　编： 顾　萍　谢志耘
出版发行： 北京大学医学出版社
地　　址：（100191）北京市海淀区学院路 38 号　北京大学医学部院内
电　　话： 发行部 010-82802230；图书邮购 010-82802495
网　　址： http://www.pumpress.com.cn
E-mail： booksale@bjmu.edu.cn
印　　刷： 北京溢漾印刷有限公司
经　　销： 新华书店
责任编辑： 法振鹏　**责任校对：** 靳新强　**责任印制：** 李　啸
开　　本： 850 mm × 1168 mm　1/16　**印张：** 14　**字数：** 400 千字
版　　次： 2018 年 11 月第 2 版　2024 年 8 月第 9 次印刷
书　　号： ISBN 978-7-5659-1872-8
定　　价： 30.00 元

修订说明

国务院办公厅颁布《关于深化医教协同进一步推进医学教育改革与发展的意见》、以“5+3”为主体的临床医学人才培养体系改革、教育部本科临床医学专业认证等一系列重要举措，对新时期高等医学教育人才培养提出了新的要求，也为教材建设指明了方向。

北京大学医学出版社出版的临床医学专业本科教材，从2001年开始，历经3轮修订、17年的锤炼，各轮次教材都高比例入选了教育部“十五”“十一五”“十二五”国家级规划教材。为了顺应医教协同和医学教育改革与发展的要求，北京大学医学出版社在教育部、国家卫生健康委员会和中国高等教育学会医学教育专业委员会指导下，经过前期的广泛调研、综合论证，启动了第4轮教材的修订再版。

本轮教材基于学科制课程体系，在院校申报和作者遴选、编写指导思想、临床能力培养、教材体系架构、知识内容更新、数字资源建设等方面做了优化和创新。共启动46种教材，其中包含新增的《基础医学概论》《临床医学概论》《诊断学》《医患沟通艺术》4种。《基础医学概论》和《临床医学概论》虽然主要用于非临床医学类专业学生的学习，但须依托于临床医学的优秀师资才能高质量完成，故一并纳入本轮教材中。《诊断学》与《物理诊断学》《实验诊断学》教材并存，以满足不同院校课程设置差异。第4轮教材修订的主要特点如下：

1. 为更好地服务于全国高等院校的医学教育改革，对参与院校和作者的遴选精益求精。教材建设的骨干院校结合了研究型与教学型院校，并注重不同地区的院校代表性；由各学科的委员会主任委员或理事长和知名专家等担纲主编，由教学经验丰富的专家教授担任编委，为教材内容的权威性、院校普适性奠定了坚实基础。

2. 以“符合人才培养需求、体现教育改革成果、教材形式新颖创新”为指导思想，以深化岗位胜任力培养为导向，坚持“三基、五性、三特定”原则，密切结合国家执业医师资格考试、全国硕士研究生入学考试大纲。

3．部分教材加入了联系临床的基础科学案例、临床实践应用案例，使教材更贴近基于案例的学习、以问题为导向的学习等启发式和研讨式教学模式，着力提升医学生的临床思维能力和解决临床实际问题的能力；适当加入知识拓展，引导学生自学。

4．为体现教育信息化对医学教育的促进作用，将纸质教材与二维码技术、网络教学平台相结合，教材与微课、案例、习题、知识拓展、图片、临床影像资料等融为一体，实现了以纸质教材为核心、配套数字教学资源的融媒体教材建设。

在本轮教材修订编写时，各院校对教材建设提出了很好的修订建议，为第4轮教材建设的顶层设计和编写理念提供了详实可信的数据储备。第3轮教材的部分主编由于年事已高，此次不再担任主编，但他们对改版工作提出了很多宝贵的意见。前3轮教材的作者为本轮教材的日臻完善打下了坚实的基础。对他们的贡献，我们一并表示衷心的感谢。

尽管本轮教材的编委都是多年工作在教学一线的教师，但囿于现有水平，书中难免有不当之处。欢迎广大师生多提宝贵意见，反馈使用信息，以臻完善教材的内容，提高教材的质量。

“十三五”高等医学院校本科规划教材评审委员会

序

国务院办公厅《关于深化医教协同进一步推进医学教育改革与发展的意见》（以下简称《意见》）指出，医教协同推进医学教育改革与发展，加强医学人才培养，是提高医疗卫生服务水平的基础工程，是深化医药卫生体制改革的重要任务，是推进健康中国建设的重要保障。《意见》明确要求加快构建标准化、规范化医学人才培养体系，全面提升人才培养质量。要求夯实5年制临床医学教育的基础地位，推动基础与临床融合、临床与预防融合，提升医学生解决临床实际问题的能力，推进信息技术与医学教育融合。从国家高度就推动医学教育改革发展作出了部署、明确了方向。

高质量的医学教材是满足医学教育改革、培养优秀医学人才的核心要素，与医学教育改革相辅相成。北京大学医学出版社出版的临床医学专业本科教材，立足于岗位胜任力的培养，促进自主学习能力建设，成为临床医学专业本科教学的精品教材，为全国高等医学院校教育教学与人才培养工作发挥了重要作用。

在医教协同的大背景下，北京大学医学出版社启动了第4轮教材的修订再版工作。全国医学院校一大批活跃在教学一线的专家教授，以无私奉献的敬业精神和严谨治学的科学态度，积极参与到本轮教材的修订和建设工作当中。相信在全国高等医学院校的大力支持下，有广大专家教授的热情奉献，新一轮教材的出版将为我国高等医学院校人才培养质量的提高和医学教育改革的发展发挥积极的推动作用。

前　言

《医学文献检索》（第 2 版）在修订过程中，经主编、副主编和编者们充分酝酿讨论，结合现代信息技术与服务发展现状，仍确定为 10 章。与第 1 版相比，第 2 版一方面重点对第 2 章、第 7 章和第 9 章的部分内容进行了比较大幅度的调整，其余各章节则根据知识点的变化情况进行了更新，凝聚了全体编委的共同努力和心血。另一方面，第 2 版沿袭了第 1 版的特色，以案例导入的方式结合编委自身的经验与体会，将各章节重要的知识点进行串接与介绍。每章在章首设有导言，旨在引导读者快速地了解该章将要学习的内容；在各节设有检索案例，旨在模拟检索情境，帮助读者在设定的情境中学习和掌握相关的知识点；章后设有小结和练习题，旨在帮助读者进行有效的归纳、总结和练习。新增的案例解析、知识拓展以及练习题答案则以二维码的形式展现，希望有助于拓展学生知识面，启发其临床思维甚至科研意识。

参与本教材的编写不仅要求编委具有实际的医学文献检索教学经历、较丰富的教学经验，还要有较强的总结归纳能力、较好的文字表达能力。因此，本教材顺利完成得益于来自全国 12 所高等院校的编委们，他们都是各高校参与教学多年的中青年骨干教师，其活跃的思维、良好的自信力给本教材的编写与出版带来了特色与活力！与第 1 版相类似，第 2 版在编写过程中，每一章都指定了一位主编负责审稿和定稿，副主编则主要担任督编负责全章的编写内容、质量和进度的追踪及检查。其中顾萍主编负责第 2 章、第 3 章的内容审定，以及第 5 章、第 7 章和第 10 章的督编和审定工作，谢志耘主编负责第 1 章、第 4 章、第 8 章和第 9 章的内容审定和第 6 章的督编审定工作；其余各章的督编任务分配分别是：孙风梅副主编负责第 8 章，程鸿副主编负责第 2 章和第 3 章，文丽副主编负责第 1 章和第 9 章，李修杰副主编负责第 4 章。另外，各章的导言、小结、练习题汇总和知识拓展负责人分别是：第 1 章，黄芳、刘玉婷；第 2 章，徐明卉；第 3 章，张蕾；第 4 章，李修杰；第 5 章，于雅楠；第 6 章，李春英；第 7 章，梁丽明；第 8 章，赵宏亮；第 9 章，张帆；第 10 章，赵丹。于雅楠作为编写秘书负责日常联络和稿件汇总工作。

本教材在编写过程中，参考了大量的相关专著和论文，均列在书末的参考文献中，在此表示诚挚的谢意！同时感谢北京大学医学出版社的大力支持，使本教材能够顺利出版并发行！由于时间仓促，能力有限，教材中难免存在不当之处，敬请广大师生和读者批评指正。

顾　萍

二维码资源索引

目　录

第1章

认识医学文献检索

导 言

人类大脑是自然界最复杂的系统之一。近年来，世界多个国家加快了脑科学研究的步伐。脑科学研究已成“兵家必争之地”，吸引全球众多顶尖科学家投身其中。2013年，欧盟启动10亿欧元“人类脑计划”；同年，美国宣布启动45亿美元美国“脑计划”；2014年，日本也启动了大型脑研究计划。2014年9月，中国科技部确定将类脑计算研究加入中国脑计划，提出了“一体两翼”的总体布局；2016年10月，中央下达任务将脑科学作为优先启动的2030重大科技专项之一，命名为“脑科学与类脑研究”重大项目。为了有效掌握国内外脑科学研究的前沿动态，全面系统地获取脑科学研究的信息是尤为重要的一个方面。

第一节　为什么要学习医学文献检索课

在人类进入21世纪的今天，信息资源作为一种战略资源，已经成为现代社会生产力的基本要素，它在很大程度上决定了一个国家和地区的经济发展水平和竞争实力。医学信息里包含了医学发展进程中的经验、教训以及防病治病的科学理论和方法。它不仅是人类社会的宝贵财富，也是认识客观规律的重要依据。医学文献检索课是一门以培养医学生的信息意识、掌握用各种方法从文献源中获取知识和信息的科学方法课。学好这门方法课，可以方便、快速地获取丰富的医学知识和有价值的医学信息，并能从分散、无序的文献中理清头绪，找到契机，发现价值高、内容新的信息，从而不断提高自身的专业与学术水平。所以，学好医学文献检索课具有极其重要的作用。

一、医学文献检索课的意义

（一）信息时代的重要技能

随着信息技术的迅速发展，互联网数据如井喷式增长。美国互联网数据中心指出，互联网上的数据每年将增长50%，每两年便翻一番，而目前世界上90%以上的数据是最近几年才产生的。网络技术的发展不仅改变了人们的工作和生活方式，也改变了教育和学习方式。面对庞大的信息资源，人们不仅要掌握信息工具，有效获取信息和利用信息，更为重要的是能够依靠自己的大脑，在获得信息的同时分辨出信息的价值。当今社会已经是一个信息化时代，掌握信息获取的方法和手段不仅是每位公民必备的生存手段与技能，更是开展科学研究的向导和获取有效新知识的捷径。

学科研究前沿

（二）培养科研素养的需要

科研素养从组成要素来看，主要包括科研意识、科研方法和科研精神三个方面。医学科学研究是一项探索未知的活动。在医学研究工作中，从选题、研究到成果鉴定都离不开医学信息。只有充分掌握了相关的信息，才可能少走弯路，才能避免造成人、财、物的浪费和损失。在医学研究和创新活动中，科研人员用于检索文献和了解学科进展信息的时间占了总研究工作时间的一半以上。有效的文献检索可以节省科研人员大量时间和精力，从而大大提高研究效率，更重要的是培养科研人员将文献检索科学、合理及有效地应用于科研的能力，包括发现科学问题的能力、解决科学问题的能力、研究论文的写作能力等。

（三）学术信息交流与获取的需要

学术信息交流与获取是人类科学活动的重要组成部分，是推动科学发展的重要手段。有效的学术信息交流，能使科研人员快速、高质量地开展科学研究活动，从而促进知识的增长。计算机技术、网络技术的发展，使学术信息交流与获取的环境发生了翻天覆地的变化。越来越多的科学研究人员热衷于通过网络来交流与获取学术信息。数字化的信息正逐步成为学术信息交流与获取中的主流信息形态。中国儒家经典之一《论语》的《八佾》篇中记载着我国古代思想家、教育家孔子的一段话：“夏礼吾能言之，杞不足徵也；殷礼吾能言之，宋不足徵也；文献不足故也。足，则吾能徵之矣。”孔子论事有据、注重文献的治学精神可见一斑。英国伟大的科学家牛顿说过：“如果说我比别人看得远些，那是因为我站在巨人们的肩膀上的缘故。”牛顿所谓的“站在巨人们的肩膀上”，意思就是指充分地获取和利用文献资料，从前人研究的“终点”中找出自己研究的“起点”，从而在学术研究工作中取得突破性的成就。可见，文献检索知识是开展学术信息交流与获取所必需的知识。

（四）培养学生创新能力的需要

中国学者何传启认为：“国家知识创新体系是由一组分别地或联合地贡献于知识创新的机构和组织构成的网络体系，其主要功能是知识创新、知识传播和新知识应用。”知识创新首先发生在知识的生产过程中，但知识的传播和应用过程中同样存在着知识创新，因为科学研究也可以研究新的知识传播方式和应用手段等。因此，文献检索在知识创新体系中发挥着其他知识不可替代的作用。在竞争日趋激烈的现代信息社会，应着力培养医学生的创新能力。也就是说，除了要传授专业知识和技能外，还要着重培养医学生对信息的分析、加工、开发能力及接受相关学科信息的能力。只有这样，他们才会在科学技术飞速发展的形势下有所发现、有所发明，运用所学的知识创造性地解决问题。

（五）提高学生信息素养的需要

近年来，随着我国高校素质教育工作的不断深入，信息素养（information literacy）教育日益受到重视。信息素养这一概念，最早由美国人波尔（Paul）于1974年提出，并定义为“利用大量的信息工具及主要信息源使问题得到解答的技术和技能。”1983年，美国信息学家霍顿（Horton）认为教育部门应开展信息素养教育，以提高人们对联机数据库、通讯服务、电子邮件、数据分析以及图书馆网络的使用能力。

信息素养既是一种能力素质，更是一种基础素质。信息素养有其自身的内容结构，它包括信息意识、信息能力和信息道德。信息意识是人们对信息的自觉反应，是感觉、思维等各种心理过程的总和，是人的社会意识的一部分。信息能力，即人们搜集、储存、处理、探索、利用和传递信息的能力。信息道德是指整个信息活动中的道德，它是信息生产者（拥有者）、信息服务者及信息使用者必须遵循的行为准则和规范。

美国1989年成立了由美国图书馆协会领导的信息素养委员会，并提出“信息素养是信息社会人的生存能力之一”的重要观点。1998年，美国医学院联合会发布的“医学院目标计划”（Medical School Objectives Project，MSOP），详细阐述了对医学毕业生的信息素养要求。医师在职业生涯中将扮演“终生学习者、临床医师、教育者 / 交流者、研究者以及管理者”的角色，医学信息对于这些角色至关重要。医学信息素养教育的目标是使医学毕业生“有能力通过数据库或其他资源检索、管理、运用生物医学信息，解决医疗问题，做出正确决策。”

2000 年，美国大学与研究图书馆协会（Association of College & Research Libraries，ACRL）制定的《高等教育信息素养能力标准》提出 5 个标准，即：①有能力确定所需信息的性质和范围；②能有效地获取需要的信息；③能客观、审慎地评价信息与信息源，利用知识基础和价值系统选择适当的信息；④学生作为个人或作为群体一员能有效利用信息实现特定的目标；⑤熟悉与信息使用相关的经济、法律和社会问题，并能合理合法的获取和使用信息。这一标准受到了广泛关注和采用。十余年来，高等教育环境与信息生态系统发生了巨大变革，ACRL 于 2015 年 2 月发布《高等教育信息素养框架》，围绕 6 个主题构建了新的信息素养体系，即：①具体环境决定信息的权威性；②信息创建是一种过程；③信息拥有价值；④研究即探究过程；⑤学术即交流过程；⑥检索即策略式探索。该框架拓展了信息素养的内涵与外延，借鉴“阈概念”对信息素养领域的核心概念进行了创新性探索和整合，反映当前人们对知识创造与传播新模式、全球高等教育和学习环境变革的深刻认识，揭示了信息素养教育的改革方向。

医学生信息素养，是指医学生在接受信息的医学教育过程中，根据信息环境和发展要求接受教育和进行修养而逐步形成的对待信息活动的态度以及利用信息去解决问题的能力。对医学生进行信息素养教育，不仅包括传统的图书馆用户教育，还涵盖了计算机技能和信息技能教育，以及使用信息的主动性、信息的获取方法、鉴别信息的能力、信息伦理的教育等。

（六）医学教育全球化发展的需要

1999 年 6 月 9 日，受美国纽约中华医学基金会（CMB）资助，国际医学教育组织（Institute for International Medical Education，IIME）在纽约成立，其主要工作是在定义“全球医学教育最基本要求”方面发挥领导作用。通过“最基本要求”，使得在任何国家培养的医生都达到在医学知识、技能、职业态度、行为和价值观等方面的最基本要求。另外，该组织还建立了全世界 1800 余所医学院校基本信息资料库，对医学教育全球化有重要意义。IIME 将“全球医学教育最基本要求”归纳为 7 个领域和具体的 60 条标准。该标准特定于医学本科毕业生，因此，对作为今后从事医生职业所要求的各基本（核心）要素予以了详尽规定。IIME 具有时代性、全球性、系统性以及职业特色鲜明等特点，较充分地体现了医学模式转变、卫生保健国际化、医学教育的人文性与医学科学教育紧密结合的医学教育改革和发展的趋势。其中第六条为信息管理，主要内容为：医疗实践和卫生系统的管理有赖于有效的源源不断的知识和信息，计算机和通讯技术的进步为教育和信息的分析和管理提供了有效的工具和手段，使用计算机系统有助于从文献中寻找信息，分析和联系患者的资料。因此，毕业生必须了解信息技术和知识的用途和局限性，并能够在解决医疗问题和决策中合理应用这些技术。本项设 5 条标准：从不同的数据库和数据源中检索、收集、组织和分析有关卫生和生物医学信息；从临床医学数据库中检索特定患者的信息；运用信息和通讯技术帮助诊断、治疗和预防，以及对健康状况的调查和监控；懂得信息技术的运用及其局限性；保存医疗工作的记录，以便进行分析和改进。

（七）协助决策者做出正确决策

决策是指为了达到一定目标，采用一定的科学方法和手段，从两个以上的方案中选择一个满意方案的分析判断过程。管理就是决策，是指通过分析、比较，在若干种可供选择的方案中选定最优方案的过程。正确决策有两个原则，首先是信息准全原则，为决策搜集的信息必须准确全面地反映决策对象的内在规律与外部联系；其次是科学可行原则，要求决策在现有主客观条件下必须是切实可行的。从这两个原则可以看出信息在决策中的重要作用。正确的决策虽然与多种因素有关，如决策体制、决策方法、决策者能力和素质等，但是决定性的因素还是决策者对客观实际的了解，对未来行动和后果的正确判断等，而所有这些主要依赖于全面、即时、准确的信息保障。“知己知彼，百战不殆”，所以说，信息是决策的重要依据。

二、医学文献检索课的定位

（一）医学文献检索课的教学目标与教学内容

医学文献检索课以培养学生对信息的获取、评价和利用能力为目标，以文献信息及其相关检索系统的特点及使用方法为研究对象，旨在使学生了解并掌握各种信息检索技术，学会运用各种检索手段获取所需要的知识，尤其是网上医学信息的分布及查找方法，为其将来从事医学专业工作及继续教育奠定一个良好的基础。学习该课程有助于提高学生在专业研究实践和文献检索两个领域综合能力的提高。医学文献检索课的培养目标具体体现在以下几个方面：培养学生的信息意识；培养学生文献信息检索能力；培养学生筛选、分析、评价文献信息的能力；培养学生管理和综合利用文献信息的能力；培养学生自觉遵循学术规范、信息道德和信息法规。

课程的教学内容主要有医学文献检索的基础理论，从情报学的角度介绍医学文献和医学文献检索的概念、文献的存储与检索、数据库的结构与特点、检索策略的制订与调整、检索途径、检索方法与检索技术、检索步骤等。此外，还有文献检索的基本技能介绍，围绕某一专业课题，掌握利用各种常用的中外文数据库、搜索引擎、文献管理软件进行信息获取与管理的技能与技巧。文献检索的目的在于开发利用，大学生作为未来从事专业技术工作的相关人员，应当具有获取情报、有效利用情报并不断创造的综合能力。因此，本课程的教学内容还包括信息的分析与利用的方法、信息检索的效果评价等，以加强学生信息分析与利用能力的培养。

（二）医学文献检索课的特点

1．实践性和应用性强 医学文献检索课是一门实践性和应用性很强的方法课。它要求学生能针对具体实际问题，学会利用恰当的资源和方法找出可以解决问题的答案；同时，将学会的文献检索方法、技术等应用到以后的工作与科研实践中去。

2．有自己成套的理论基础知识 医学文献检索课的理论基础是文献、信息、情报等基础知识和文献检索的方法等，它具有一定的理论基础。同时，还涉及医学、情报学、文献学、计算机科学、网络技术等多学科知识。

3．内容更新快 随着计算机网络技术的发展，各种信息方法和信息技术发展加速，各级、各类新型的信息资源也层出不穷，不断涌现，使得医学文献检索课的内容更新速度不断加快。

4．需要终生学习 由于医学文献检索课的内容更新较快，并且在今后的科研工作中很有实用性，因此，它也是一门需要终生学习的课程，具有常学常新的特点。

（三）医学文献检索课与其他课程的衔接

医学文献检索课作为培养自学能力、提高研究素质的科学方法课，基本是一门独立的课程。因为它的研究对象是医学文献，因此，需要有专业的医学知识。同时，由于信息资源的种类繁多，因此，又需要良好的计算机操作能力和英语阅读能力。所以，医学文献检索课与本科生的其他课程都是衔接在一起的。

（四）医学文献检索课与信息能力的培养

信息能力指理解、获取、利用信息的能力及利用信息技术的能力。理解信息即对信息进行分析、评价和决策的能力。具体来说，就是分析信息内容和信息来源，鉴别信息质量和评价信息价值，决策信息取舍以及分析信息成本的能力。获取信息的能力就是通过各种途径和方法搜集、查找、提取、记录和存储信息的能力。利用信息的能力即有目的地将信息用于解决实际问题或用于学习和科学研究之中，通过已知信息挖掘信息的潜在价值和意义并综合运用，以创造新知识的能力。利用信息技术的能力，即利用计算机网络以及多媒体等工具搜集信息、处理信息、传递信息、发布信息和表达信息的能力。信息能力的概念包括能充分利用新的信息技术来获取和处理所需的信息；遇到问题时，知道需要某种信息，乐意去查找和使用信息；掌握查找信息的各种途径和方法，具备组织、分析、鉴别、评价信息价值的能力；能有效地利用信息来解决实际问题。

信息能力是进行开拓与创造的基础，信息能力对人的成才具有帮助作用，信息是区分现代人才与传统人才的关键。因此，医学文献检索课的重要内容就是培养学生的信息能力。

三、如何学好医学文献检索课

（一）培养和激发学习兴趣，重视医学文献检索课

兴趣是科学发展的原动力，也是学生获取知识的最佳催化剂。因此，培养对文献检索课的学习兴趣，是能否学好文献检索课的关键。同时，加强对医学文献检索课重要性的认识，才能真正学好这门课程。

（二）加强实践操作

医学文献检索课是一门实践性很强的课程。它要求学生能针对实际的问题学会利用合适的资源、方法、途径和技术，找出文献线索或者全文，然后分析得出解决问题的答案。因此，要学好这门课必须多实践。具体为平时加强计算机的操作，多检索数据库或者网络资源；全面了解数据库的特点和功能，对多个数据库进行比较和区分，学会正确地选择数据库；掌握数据库的检索技巧，根据需求选择好合适的途径和方法进行检索。

（三）提高自学能力

自学能力是指在没有教师和其他人帮助的情况下自我学习的能力。自学能力的基础技能是阅读理解能力。检索能力是建立在相当熟练的阅读能力之上的能力。实践能力是自学能力最终能够转化为真正价值的根本。因此，自学能力是与阅读理解能力、检索能力、实践能力等密不可分的。要提高自学能力，首先要掌握正确的学习方法。医学文献检索课是一门实践性强的课程，因此，最好的学习方法是以问题为中心的学习方法。过程为提出问题，分析问题，然后解决问题。在这个过程中，发挥了学习者的积极性，可以牢固地掌握所学的文献检索知识，并把知识应用到检索实践中。

（四）终身学习

终身学习是指社会每个成员为适应社会发展和实现个体发展的需要，贯穿于人的一生的、持续的学习过程。随着计算机技术、网络技术的飞速发展，医学文献检索课的内容也会发展变化。经常有老师或者学生学习数据库的时候，发现数据库的界面和内容、技术等经常发生变化，同时许多新的功能也在不断增加。例如，一些数据库推出了移动阅读科技文献的功能，如 PubMed 推出的 PubReader，可以免费方便地在移动终端上阅读 PubMed Central（PMC）的全文；ScienceDirect 数据库的全文文献在提供 pdf 格式的同时，也提供 ePub 或者 Mobi（Mobipocket）格式备选等。因此，要学好这门课仅仅在课堂学习是不够的，需要终身学习。只有通过终身学习，才能克服工作中的困难，解决工作中的新问题；才能满足生存和发展的需要；才能得到更大的发展空间，更好地实现自身价值；才能充实精神生活，不断提高生活品质。

（五）学好医学、数学、统计学、计算机等相关课程，做到知识的融会贯通

医学文献检索课是解决实际问题的一门方法课。学好医学、数学、统计学、计算机等专业课程，不仅可以加强对问题的理解能力与分析能力，同时这些知识也能进行融会贯通，即把以上各方面的知识或道理融合贯穿起来，从而得到系统透彻的理解。要做到以上知识的融会贯通，首先应该对医学、数学、统计学等每个门类或者某个问题有比较深入的理解，并能从中提炼出共通性的理性知识，进而将其储存在记忆当中。然后再进行其他门类的学习和思考，进而提炼出另外的共通性。当学习者发现提炼出的东西中具有某种共性的时候，进而就可以将不同领域的知识串联起来，一种领域的思维方式就可以迁移到另外的领域，这样就完成了知识的迁移。融会贯通就能更好地学好医学文献检索课。

第二节　文献检索基础知识

案例 1-1 解析

案例 1–1

聚合酶链反应（polymerase chain reaction，PCR）是一种体外酶促合成，扩增特定 DNA 片段的方法。因其具有高强的特异性和灵敏度以及检测速度快、准确性好等优点，已被广泛地应用于水产、微生物检测等许多领域。如何在数据库中查找该领域高影响力的文献以及最新研究进展？

随着全球知识经济的快速发展，医学文献资源的迅猛增长与读者文献资源的获取与利用的矛盾越加显著。如何在海量的文献信息资源中更快速、更全面地找到恰当类型的文献？掌握一定的检索技巧与方法是非常必要的。在学习文献检索工具之前，首先应了解和掌握文献的一些基础知识。

一、基本概念

（一）信息

目前对于信息（information）还没有一个权威定义。信息论的创始人香农（C.E.Shannon）认为：信息是组织程度，它能使系统有序性增强，减少破坏和噪声。美国著名数学家维纳（Wiener）认为："信息就是信息，既非物质，也非能量"。国家标准《情报与文献工作词汇基本术语》（GB4894-95）中的表述为：信息是物质存在的一种方式、形态或运动状态，也是事物的一种普遍属性，一般指数据、消息中所包含的意义，可以使消息中所描述事件的不确定性减少。一般来讲，信息是事物的存在方式及其运动状态在人脑海中的反映。事物泛指自然界、人类社会、主观思维中的一切事物；运动状态主要包括物理变化、化学变化、生物转换等；存在方式是指物体是如何存在的，高低、大小、颜色等。信息是客观存在的，它依附于物质的存在而存在。

（二）知识

知识（knowledge）是指人们在改造世界的实践中所获得的认识和经验的总和。人类在改造客观世界的过程中，各种信息经过主观思维分析、加工提炼、系统化、理论化，最终形成了人类对客观世界各种现象的规律性认识，也就是人的大脑通过思维重新组合的系统化的信息集合。因此，系统化、理论化的信息就称为知识。信息是知识的源泉，知识是信息的产品。例如，医生看病的过程中，医生从患者身上搜集到各方面有关疾病的信息后，经过主观思维加工诊断为某种疾病，患者的症状是该疾病外在反映的信息，该疾病则是患者外在信息表现的本质。因此，信息是知识的源泉和基础，知识是信息的升华。

根据经济合作与发展组织（Organization for Economic Co-operation and Development，OECD）的定义，知识分为以下四类：①知道是什么（know what）即事实知识，如糖尿病的并发症等；②知道为什么（know why）即原理知识，如牛顿第一定律等；③知道怎么做（know how）即技能知识，如文献检索操作技能等；④知道是谁（know who）即个体认知与能力知识，关于谁知道什么及谁知道如何做什么等。从知识管理角度，知识可划分为显性知识与隐性知识两大类。显性知识是指记录在某种载体上的知识，可通过正常的语言方式传播，如记录在书本上的科技发明的知识等。知道是什么、知道为什么的知识属于显性知识。隐性知识即主观知识或意会知识，指个人或组织通过长期的积累而拥有的知识，很难用言语表达，难以传授给别人，具有较强的个体、情景性。知道怎么做、知道是谁的知识属于隐性知识。

（三）情报

情报（information）往往与间谍、军事相关联，带有强烈的神秘色彩。在市场经济的今天，情报的适用范围更为广泛，除军事方面外，也广泛应用在商业领域。在当代汉语词典中，情报是关于某种情况的消息和报告。《辞海》中将情报解释为“战时关于敌情的报告”。一般来讲，情报是指为解决某一特定问题所需要的知识，即“被激活了的知识”。情报具有知识性、传递性、效用性三种属性。因此，情报是知识的一部分，是能够解决特定问题的知识。随着科学技术的不断发展，情报在众多领域里发挥作用，现已转化为人们获取知识、信息的一种重要手段。

（四）文献

在我国，文献（literature、document）一词有几千年的历史，最早源于春秋，意指典籍（文）和贤者（献）。文献定义众多，较权威的为《中华人民共和国国家标准・文献著录总则》中描述的“文献是记录有知识的一切载体”。从定义中了解到文献的基本要素为知识与载体。文献的作用主要有：①保存文化遗产，文献是人类文化保存和传播的主要手段，文献记录人类创造的一切文明，使其不断积累，代代相传，成为人类宝贵的文化遗产；②传播传递信息，文献是传递知识的主要形式，同时也是实现文献价值的最佳途径；文献在时间与空间中的传播有利于推动人类社会文化的不断发展与进步；③科研成果的最终表现形式，科学研究的成果一般以论文或科研报告等文献形式表现，因此，文献是科研成果的最终表现形式。

（五）相互关系

信息作为人们对客观存在的一切事物的反映，普遍存在于自然界和人类社会之中，其涵盖面最为广泛，包含了知识、文献、情报。对各种信息进行有目的地加工整理就形成了知识，但并非所有的信息都是知识，知识是信息中的精华部分，知识包含于信息之中；情报是指被传递的知识，是激活了的知识，是解决用户具体问题所需要的特定知识的集合，其蕴含在知识之中；文献与上述三者有显著不同，文献是被物化的知识记录，是存储并传递知识的介质，也是人们获取信息、知识、情报的重要来源。信息、知识与情报三者之间的关系见图 1-1。

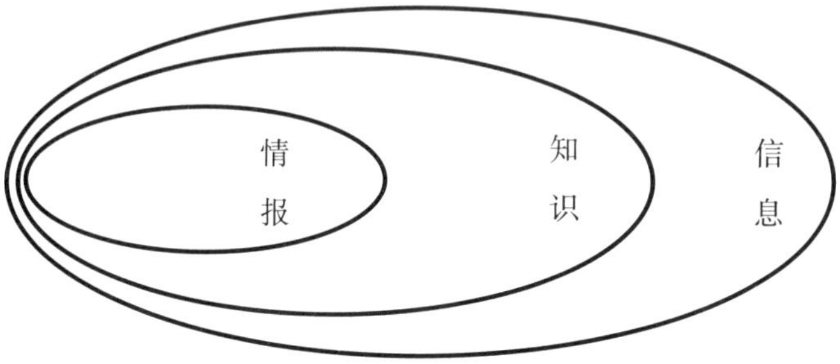

图 1-1　信息、知识、情报的相互关系

（六）文献的类型与作用

科技文献是汇集和保存人类精神财富的知识宝库，是记录和传播科技情报的主要手段，是衡量某一国家、某个人、某一学术领域水平和成就的重要标志，也是帮助人们认识世界、改造自然的重要工具。科技文献资源类型多种多样，按不同分类标准可分为不同的类型，不同的文献资源具有不同的特点与作用。

1．按载体不同分类

（1）印刷型文献：是以纸张为存储介质，以手写、印刷为记录手段而产生出来的一种传统的文献形式，至今仍是人们记载、传播科技文献的重要形式。印刷型文献包括铅印、油印、石印、胶印，它的优点是便于阅读、价格便宜、使用方便、传递范围广；缺点是比较笨重、占用空间大、不便收藏。例如，一些大型图书馆的书库已经越来越难于应付不断增长的大量藏书；同时，对藏书进行识别及提取也难以实现机械化和自动化，对其进行整理和保存也需花费较多的人力和物力。

（2）电子型文献：也称计算机可读型文献，它是以磁性材料为存储介质，以打字、穿孔或光学字符识别装置为记录手段，通过计算机处理而产生出来的一种文献形式。它把文献变成数字语言和机器语言存入计算机磁盘中，再由计算机显示设备输出。电子型文献的优点是存储密度高、存取速度快。例如，检索本单位收录在《化学文摘》中的文献只需一分钟就能完成。其缺点是需要较先进的技术设备才能阅读，使用维护费用高，存储的资源易丢失等。

（3）缩微型文献：是一种以感光材料为存储介质，以缩微照相为记录手段而产生出来的一种文献形式。它包括缩微胶卷、胶片、卡片等。缩微型文献的优点是体积小、存储方便、存储时间长、成本低；其缺点是不能直接阅读，尽管缩微品很轻便，但它必须借助阅读机才能阅读。

（4）声像型文献：是以磁性材料和感光材料为存储介质，并借助特殊的机械装置直接记录声音信息或图像信息而产生出来的一种文献形式，包括唱片、录音带、录像带、科技电影片、幻灯片等。其特点是脱离了文字形式，直接记录声音与图像，揭示一些不易用语言文字表达清楚的自然现象的内在联系，对于探索其中奥秘、促进科学研究具有独特的作用。例如，有关心肺等器官病变的杂音，可录成唱片；胚胎的发育等罕见的自然现象可拍成录像，以供人们进行科学研究。

在上述四种类型的文献中，尽管缩微型、电子型和声像型文献发展迅速，但从国内外现状来看，在今后相当长的时期里，印刷型文献仍将是整个文献检索中的主要和基本的文献类型。

2．按加工层次不同分类

（1）一次文献：又称一级文献，是指以作者本人的生产或科研工作成果为依据而创作生产出来的文献，如期刊论文、专利说明书、学位论文、会议文献等。

一次文献具有以下特点：一是内容有独创性，是作者本人的工作经验、观察或者实际研究成果。该种文献内容具有先进性和新颖性，反映了有关领域最新研究成果。二是文献内容叙述具体、详尽，有供研究者参考、学习和利用的价值。三是一次文献数量庞大，分散在各种期刊、媒体、会议论文集、图书、连续性出版物、特种文献之中，所以寻找困难。

（2）二次文献：又称二级次文献，是对一次文献进行加工整理后的产物，是将大量分散、零乱、无序的一次文献，依据内外部特征进行整理、浓缩、提炼，并按照一定的逻辑顺序和科学体系加以编排存储，使之系统化便于检索利用。其主要类型有目录、索引和文摘等。二次文献为研究人员快速检索科技情报资料、了解科技动态提供了便利和帮助。

（3）三次文献：又称三级次文献，通常是围绕某个专题，利用二次文献检索搜集大量相关的一次文献，并对其内容进行深度加工而成。它是对现有成果加以评论、综述并预测其发展趋势的一种文献类型，包括综述、专题述评、学科年度总结、进展报告、数据手册、进展性出版物以及文献指南等。三次文献具有系统性、综合性和知识性的特点，研究人员可以充分利用这类文献，在短时间内了解所关注领域的研究历史、发展动态、水平等，以便能更准确地掌握课题的背景知识。

（4）零次文献：是一种特殊形式的情报信息源，是指科研和生产活动中未经整理的原始记录，尚未公开发表进入科学文献交流系统，常以交谈和书信等方式在生产者和利用者之间传递。它具有原始性、新颖性、分散性和非检索性等特点，不仅在内容上有一定的价值，还能弥补一般公开文献从信息的客观形成到公开传播之间费时甚多的弊病。

一次文献、二次文献、三次文献的形成是知识组织由杂乱无章到有序化的过程。一次文献是检索对象，二次文献是检索工具，三次文献是一次、二次文献的浓缩与延伸。

3. 按出版形式不同分类　大致可分为图书、期刊、会议文献、政府出版物、专利文献、标准文献、学位论文、科技报告、产品样本和产品目录、技术档案和图纸、报纸、新闻稿以及工作文稿等。

（1）图书：是对已发表的科研成果、生产技术和经验，或者某一知识领域系统的论述或总结。它往往以期刊论文、会议论文、研究报告以及其他第一手资料为基本素材，经过作者的分析、归纳、重新组织编写而成。不少图书的内容常包含一些从未发表过的研究成果与资料。图书的特点是：内容比较系统、全面、成熟、可靠、有一定新颖性，但由于编辑出版时间过长、传递速度太慢，因而包含的内容相对滞后。

（2）期刊：是指有一个固定名称，统一的出版形式和装帧，有一定的出版规律，每年至少出一期，每期载有 2 篇以上不同作者撰写的论文，按一定的编号顺序连续出版下去的出版物。一般来说，期刊具有以下特点：数量大、品种多、内容丰富多样、出版周期短、报道速度较快、发行流通面广泛、连续性强等。科技期刊在科学技术活动中起着非常重要的作用，是信息交流的主要工具。科技人员常常通过阅读期刊，了解学科动态、掌握进展、开阔思路、吸取已有成果。因此，有人称科技期刊是整个科学史上最成功的无处不在的科学情报载体。

（3）会议文献：是各种科技会议上宣读的论文或书面发言，属于一次文献。科技会议及其会议文献已成为科学技术情报来源的重要途径之一。科技会议文献的特点主要表现在：传递情报较及时、针对性强、兼有直接交流和文献交流的长处、代表学科或专业的最新研究成果。一般来说，科技会议可归纳为三级：基层会议、国家（地区）会议、国际会议。科技会议文献分为会前文献与会后文献。会前文献主要包括会议日程表、会议议程、会议论文预定本和论文摘要等；会后文献是指会议结束后，经主办单位（或其他机构）整理、编辑出版的正式文献。会后文献主要包括会议录、论文集、图书、期刊特辑、科技报告、期刊论文、声像资料等。因此，会议文献与其他文献有非常密切的关系，存在着一定程度的交叉重复现象。

（4）政府出版物：是各国政府部门及其设立的专门机构发表、出版的文件。包括的内容几乎涉及整个知识领域，但其重点侧重政治学、社会学、经济学、财政、工业、统计、教育和历史等方面。政府出版物的特点：由于在列入政府出版物之前，部分文献已被所在单位出版过，所以它与其他文献有一定重复；政府出版物有助于了解某一国家的科技政策、经济政策及其演变情况。政府出版物的形式既有图书，也有期刊和连续性出版物；既有印刷品，也有缩微品和声像资料。它按性质可分为行政性文献和技术性文献。行政性文献包括会议记录、政府法令、方针政策、规章制度、决议和指示、调查报告和统计资料等；技术性文献包括科技报告、科普资料、技术政策文献等。

（5）专利文献：指专利局公布或归档的与专利有关的文献，包括专利说明书、专利公报、专利分类资料、专利检索工具以及专利从申请到结束的全过程中包括的一些文件和资料，主要是指专利说明书。据统计，90% 以上的新技术首先发表在专利文献上。其特点是报道迅速、法律性强、内容新颖、先进可靠、反映国家的技术水平。专利文献是重要的情报源，通过它可以了解有关国家技术发明和工业发展的趋势，可以及时、全面地了解各国专利文献所反映的情报，帮助准确选择科研课题，避免重复研究。专利说明书一般包括发明的详细说明以及专利权范围、插图等。

（6）标准文献：是指对工农业产品和工程建设的质量、规格及其检验方法等方面所作的技术规定，是一种规章性的文献，有一定的法律约束力，是从事生产、建设工作的一种共同执行的技术依据。一个国家的标准资料反映着该国的经济政策、技术政策、生产水平、加工工艺水平、标准化水平及资源情况等内容，对全面了解该国的工业发展情况是一种重要的参考资料。标准文献的特点：制定、审批有一定的程序，适用范围非常明确专一，编排格式、叙述方法严谨划一，用词准确，具有充分的可靠性与现实性，同时还具有时间性。即标准只是以某阶段的技术发展水平为基础，因此，它要随着技术发展而不断修订、补充或废除。技术标准按使用范围分为国际标准、区域性标准、国家标准、部颁标准、企业标准等；按其内容分为基础标准、产品标准、方法标准等。

（7）学位论文：是指高等院校、科研机构的研究生、本科生为取得某种学位而撰写并提交的科学论文。尽管各国学位论文的质量参差不齐，但一般来说，都是具有一定独创性的一次文献。学位论文主要是围绕某一专题开展学术性研究而获得的成果，因此，对问题的来龙去脉阐述得比较系统和详细，对教学、科研和生产有一定的参考价值。

二、文献检索

为了使科研人员从大量查阅文献资料的繁重劳动中解脱出来，图书情报工作人员有意识、有计划、有组织地把种类繁多、错综复杂的文献资料及各种数据和事实用检索语言标识、标引，按一定的规律排列和存储起来构成有序系统，然后根据用户的不同要求，按照文献的存储规则和一定的查找方法，有目的地查找出所需文献，这个过程属于文献检索的过程。

（一）文献检索的定义

文献检索（information retrieval）是在开展科学研究，撰写研究论文时所必需的一种手段。它是指用一定的检索工具和参考工具书，运用一定的方法和技巧，从众多文献当中找出符合用户需求文献的过程。这里的文献集合不是通常所指的文献本身，而是关于文献的信息或文献的线索。文献检索的概念有广义和狭义之分。广义的文献检索包括信息的存储和检索两个过程（Storage and Retrieval）。信息存储是将大量无序的信息集中起来，根据信息源的外表特征和内容特征，经过整理、分类、浓缩、标引等处理，使其系统化、有序化，并按一定的技术要求建成一个具有检索功能的数据库或检索系统，供人们检索和利用。而狭义的文献检索只包括检索过程，是指运用编制好的检索工具或检索系统，查找出满足用户要求的特定文献信息。

（二）文献检索的基本原理

文献检索的基本原理主要是指通过对大量的、分散无序的文献信息进行搜集、加工、组织和存储，建立各种各样的检索系统，并通过一定的方法和手段使存储与检索所采用的特征标识匹配，获得和利用所需的信息（图 1-2）。

（三）检索过程不匹配的原因

在文献检索过程中，用户的检索提问与文献标引不匹配的原因主要有以下三个方面：一是数据库的收录范围不同；二是标引有误或不规范；三是检索提问错误或不规范。

三、检索语言与检索途径

检索语言是根据文献的存储和检索的需要而创造编制的人工语言，就其实质来说是表达一系列概括文献内容的概念及其相互关系的概念标识系统。它可以是从自然语言提炼并加以规范化的词汇，可以是代表某种分类体系的分类号码，也可以是代表某一类事物的某一方面特征的代码，用以对文献进行主题标引、特征描述、逻辑分类。

检索语言在信息检索中起着极其重要的作用，它是沟通信息存储与信息检索两个过程的桥梁。在信息存储过程中，用它来描述信息的内容和外部特征，从而形成检索标识；在检索过程中，用它来描述检索提问，从而形成提问标识；当提问标识与检索标识完全匹配或部分匹配

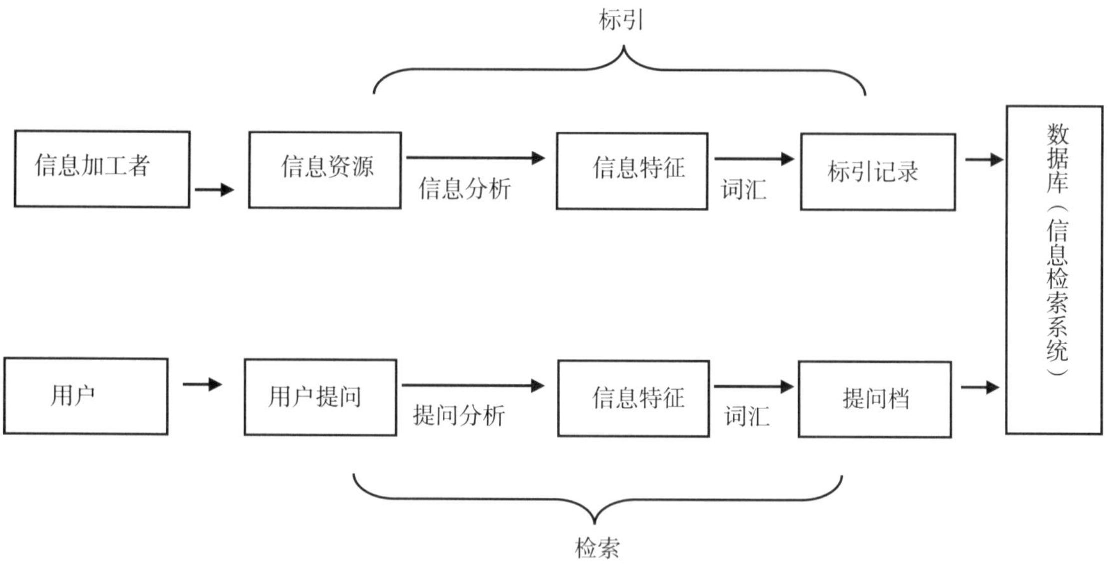

图 1-2　文献检索基本原理示意图

时，结果即为命中文献。

检索语言的功能主要有四个方面：一是对文献的内容特征及外部特征加以分类、标引；二是对内容相同或相关的文献加以集中或揭示；三是对大量文献加以系统化、组织化，使之有序；四是便于标引和检索用语进行相符性比较。

（一）检索语言的类型

按照表达文献的特征划分检索语言可分为两大类：一是描述文献内部特征的检索语言，包括分类检索语言和主题检索语言；主题检索语言又分为主题词检索语言和自由词检索语言两种。二是描述文献外部特征的检索语言，包括题名检索语言和作者检索语言等。下面简单介绍分类检索语言和主题检索语言。

1．分类检索语言　是指以数字、字母或字母与数字结合作为基本字符，采用字符直接连接并以圆点（或其他符号）作为分隔符的书写法，以基本类目作为基本词汇，以类目的从属关系来表达复杂概念的一类检索语言。它用分类号表达各种概念，将各种概念按科学性质进行系统排列，集中体现科学的系统性，反映事物的从属、派生关系，从总体到局部层层展开构成等级体系，以实现从学科分类角度进行检索的目的。

分类检索语言按照分类方式的不同分为体系分类语言、组配分类语言和混合分类语言。其中最常用的为体系分类语言，它广泛用于图书分类和检索，是一种直接体现知识分类等级概念的标识系统。以科学分类为基础，以文献内容的学科性质为对象，运用概念的划分与概括的方法，按照知识门类的逻辑次序进行层次划分，产生许多不同级别的类目。以知识属性来描述和表达信息内容的信息处理方法称为分类法。著名的分类法有《杜威十进分类法》《国际十进分类法》《美国国会图书馆图书分类法》《国际专利分类表》和《中国图书馆分类法》等。其中《中国图书馆分类法》是中华人民共和国成立后编制出版的一部具有代表性的大型综合性分类法，是当今国内图书馆使用最广泛的分类法体系。该分类法始编于 1971 年，先后发布了 5 版，1999 年启用现名简称“中图法”。

2．主题检索语言　是使用自然语言字符，以名词术语为基本词汇，用一组名词术语作为检索标识的一类检索语言。主题检索语言直接代表文献的内容特征与科学概念。它按规范化程度可分为规范性主题检索语言和非规范性主题检索语言两类。规范性主题检索语言主要指主题词检索语言；非规范化主题检索语言主要指自由词检索语言，或称关键词检索语言。

主题词是指用于描述主题事物或内容的规范化词汇。“医学主题词表”（Medical Subject Headings，MeSH）是美国国立医学图书馆（National Library of Medicine，NLM）研制的用于标引、编目和检索生物医学文献的英文受控词表。它是对生物医学文献进行主题标引以及检索生物医学文献数据库的指导性工具，对提高查全率及查准率具有十分重要的意义。MeSH 词表在世界范围内已得到了广泛应用，如中国医学科学院医学信息研究所等机构将英文版的 MeSH 词表翻译成了中文，并在“中国生物医学文献数据库”中提供 MeSH 表的中英文电子版，便于中文文献的主题标引和检索。

关键词是直接从文献的篇名、正文和摘要中抽出的具有表达文献主题内容、含有实质意义的词语。将文献中的一些主要关键词抽出作为检索标识，并排列组成查找文献用的语言即为关键词检索语言。由于关键词检索语言是非控制的，几乎所有具有检索意义的信息单元都可以作为关键词检索语言。

（二）检索途径

检索途径是指对有序存储文献的某一特征，使用检索语言进行文献查询的方法。常用的检索途径有主题途径、分类途径、作者途径、题名途径、引文途径和序号途径等。

1．主题途径 是一种主要的检索途径，指通过文献的主题内容进行检索的途径。其实施的关键在于用户能根据课题内容提炼出主题概念，并确定好对应的检索词，即主题词或关键词。

主题词是经过人工规范化处理的最能表达主题概念的词语。使用主题词检索能对相关的同义词、近义词及缩写词同时进行检索，文献检索的查全率较高，能避免漏检。关键词又称为自由词，是作者写文章时选用的自然词语，主要来自于标题、关键词、文摘、全文。自由词不受主题词表的限制，文献的用词取决于作者的表述。

2．分类途径 指根据文献所属学科专业类别，以学科分类号为检索入口，按分类号和类名进行文献检索的方法。

3．作者途径 是以文献作者姓名为检索入口的检索方法。

4．题名途径 是以文献的篇名、书名、刊名为检索入口的检索方法。

5．引文途径 是指从被引论文，即文献所附参考文献检索引用论文的一种途径。

6．序号途径 是通过文献特定的序号来检索文献的方法。例如，图书的 ISBN 号、期刊的 ISSN 号、索书号、专利号、标准号、报告号和合同号等。

综上所述，检索途径可分为描述文献内部特征的检索途径和描述文献外部特征的检索途径两种。文献内部特征检索途径可分为主题途径和分类途径等；文献外部特征检索途径可分为题名途径、作者途径、引文途径和序号途径等。

四、检索技术

检索技术主要用来构建不同作用的检索式，以达到用户对检索结果的控制，从而满足检索结果的查全与查准的不同要求。它主要包括布尔逻辑检索、位置算符检索、字段限定检索和截词检索。其中布尔逻辑检索与字段限定检索应用最为广泛，截词检索在外文文献检索中应用较多。

（一）布尔逻辑检索

布尔逻辑检索（Boolean search）是用布尔逻辑运算符将检索词、短语或代码进行逻辑组配，指定文献的命中条件和组配次序，凡符合逻辑组配所规定条件的为命中文献，否则为非命中文献。它是机检系统中最常用的一种检索方法。布尔逻辑算符主要有“与”“或”“非”。假设有两个检索项 A 和 B，它们的各种逻辑组配关系如图 1-3 所示，图中阴影部分即为命中的文献。

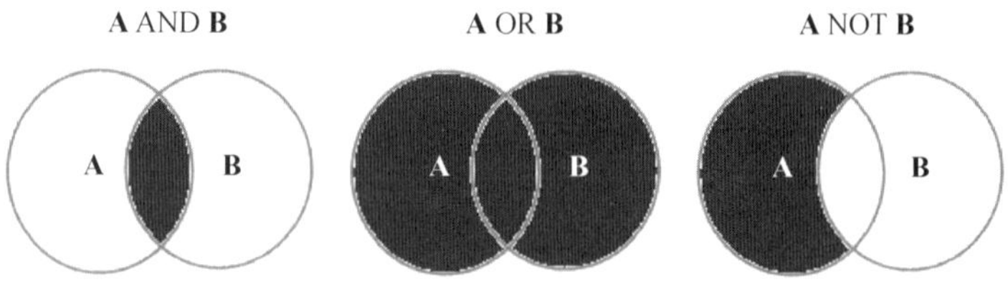

图 1-3　布尔逻辑检索示意图

1. 逻辑与　也称为逻辑乘，用“AND”或“*”表示，可用来表示其所连接的两个检索项的交叉部分。若两个检索词以 AND（或 *）相连，表示要检索同时包含两词的文献。因此，用逻辑与检索将缩小检索范围，见图 1-3。例如，检索 2017—2018 年“肾衰竭并发症”方面的文献，检索式为：肾衰竭 * 并发症或肾衰竭 AND 并发症，然后将检索结果限定在 2017—2018 年。

2. 逻辑或　也称为逻辑加，用“OR”或“+”表示，可用来连接并列关系的检索词。两个检索词以 OR（或 +）相连，表示要检索含有两词之一或者同时包含两词的文献。用逻辑或检索可扩大检索范围，见图 1-3。例如，检索“婴儿患甲肝或者乙肝”方面的文献，检索式为：(甲肝 + 乙肝) * 婴儿或者（甲肝 OR 乙肝）AND 婴儿，检索结果指包含患有甲肝疾病的婴儿或患有乙肝疾病的婴儿，或者同时包含患有甲肝、乙肝疾病的婴儿方面的文献。

3. 逻辑非　用“NOT”或“-”表示，可用于连接排除关系的检索词，即排除不需要的和影响检索结果的概念。这种组配可以缩小检索范围，见图 1-3。在含有检索词 A 的文献集合中，排除同时含有检索词 B 的文献，可表示为“A NOT B”或“A-B”。例如，查找“动物的乙肝病毒（不要人的）”文献的检索式为：hepatitis B virus（乙肝病毒）not human（人类）。

（二）位置算符检索

位置算符检索（proximate search）也称为邻近算符检索，是用一些特定的算符来表达检索词与检索词之间的邻近关系。不同的检索系统可能使用不同的表达方式，检索之前需要先查看数据库的帮助信息。如 MEDLINE 中的 With 算符、Web of Science 中的 Near 算符。

1. With　用于表示同时出现在同一文献一个字段的两个词，且两词之间的顺序不能颠倒。用 With 连接检索词 A 和检索词 B，检索式为“A With B”，表示检索词 A 和检索词 B 不仅要同时出现在一条记录中，还要同时出现在一个字段里的文献才是命中文献。例如，drug（药物）With abuse（滥用），检索出的是同一个字段中同时出现这两个词的记录。

2. Near　用于表示不仅要同时出现在一条记录的同一字段里，还必须在同一个字段（一句话）里的两个词，两词之间的顺序可以颠倒。用 Near 连接检索词 A 和检索词 B，检索式为“A Near B”。表示检索词 A 和检索词 B 不仅要同时出现在一条记录中，还要同时出现在一句话里的文献才是命中文献（也可说成是两个词之间没有句号的文献）。例如，drug（药物）Near abuse（滥用），检索出的是同一句话中同时出现这两个词的记录。

另外，用 near# 连接检索词 A 和检索词 B，其中“#”代表一个常数，检索式为“A near# B”，表示检索词 A 和检索词 B 之间有 0 ~ # 个单词的文献（A 和 B 在同一记录、同一字段的同一句话里）。在 near 后加一个数字，指定两个词的邻近程度，且不论语序。例如，information（信息检索）near2 retrieval（检索），表示检索词 information 和 retrieval 同时出现在一个句子中，且这两个检索词之间的单词数不超过两个的文献为命中文献。

3. 逻辑运算次序　在一个检索式中，可以同时使用多个逻辑运算符构成一个复合逻辑检索式。复合逻辑检索式中，运算优先级别从高至低依次是 not、and、or（不同检索系统顺序略有不同），可以使用括号改变运算次序。例如，针对检索式（A or B）and C，系统将先运算（A or B），再运算 and C。

检索中布尔逻辑算符使用是最频繁的，布尔逻辑算符使用的技巧决定检索结果的满意程度。用布尔逻辑表达检索要求，除要掌握检索课题的相关因素外，还应在布尔算符对检索结果的影响方面加以注意。另外，对同一个布尔逻辑提问式来说，不同的运算次序会有不同的检索结果。

（三）字段限定检索

字段限定检索（field limiting search）是指限定在数据库记录中的一个或几个字段范围内查找检索词的一种检索方法。在检索系统中，数据库设置的可供检索的字段通常分为表示文献内容特征的字段和表示文献外部特征的字段两大类。内容特征的字段主要包括题名、关键词、主题词等；外部特征的字段主要包括作者、文献类型、语种、出版年等，每个字段都有用 2 个字母表示的字段标识符，常用的有标题（TI）、文摘（AB）、作者（AU）、语种（LA）、刊名（JN）、文献类型（DT）、年代（PY）等。有些标识符在不同的数据库系统有不同的表达形式和使用规则。

（四）截词检索

截词检索（truncation search）是指用给定的词干做检索词，查找含有该词干的全部检索词的记录，也称词干检索或字符屏蔽检索。它可以起到扩大检索范围、提高查全率、减少检索词的输入量、节省检索时间、降低检索费用等作用。检索时，若遇到名词的单复数形式、词的不同拼写法、词的前缀或后缀变化时，均可采用此方法。截词检索的方式有多种，按截断部位可分为右截断、左截断、中间截断、复合截断等；按截断长度可以分为有限截断和无限截断。

1．右截断 截去某个词的尾部，是词的前方一致比较，也称前方一致检索。例如：输入“geolog？”（？为截断符号），将会把含有 geological、geologic、geologist、geologize、geology 等词的记录检索出来。若输入 PY=199？，会把 20 世纪 90 年代的记录全部查出来。

2．左截断 截去某个词的前部，是词的后方一致比较，也称后方一致检索。例如：输入“？ magnetic”能够检出含有 magnetic、electromagnetic、paramagnetic、thermomagnetic 等词的记录。

3．中间截断 截去某个词的中间部分，是词的两边一致比较，也称两边一致检索。例如：输入“organi？ation”可以检出 organization、organisation；输入“f？？t”可查出 foot、feet。

4．复合截断 是指同时采用两种以上的截断方式。例如“？chemi？”可以检出 chemical、chemist、chemistry、electrochemistry、electrochemical、physicochemical、thermochemistry 等。

5．有限截断 是指允许截去有限个字符。例如“acid？”表示截去一个字符，它可检出 acid、acids，但不能检出 acidic、acidicity、acidity 等词。又如 comput？？？可检出 compute、computer、computers、computing 等词，不能检出 computable、computation、computerize 等词。注意：词干后面连续的数个问号是截词符，表示允许截去字符的个数。

6．无限截断 是指允许截去的字符数量不限，也称开放式截断。上面右截断、左截断所举的例子均属此类型。

由上述可见，任何一种截词检索都隐含着布尔逻辑检索的“或”运算。采用截词检索时，既要灵活，又要谨慎，截词的部位要适当，如果截得太短（输入的字符不得少于 3 个），将增加检索噪声，影响查准率。另外，不同的检索系统使用的截词符不同，所支持的截断类型也可能有所不同。例如，PubMed 使用“*”，中国生物医学文献数据库（CBM）用“？”作为单字通配符，“%”作为任意通配符。

五、检索步骤

文献检索是一项实践性很强的活动，它要求用户善于思考，并通过经常性的实践逐步掌握文献检索的规律，从而迅速、准确地获得所需文献。一般来说，文献检索可分为以下几大步骤。

（一）分析研究课题，明确检索需求

当用户需要研究和查找的课题确定之后，先要将该课题的内容实质与所涉及的学科范围及其相互之间的关系进行周密的分析研究，明确课题所需文献的内容及性质，明确其学科或专业范围等。在此基础上形成检索的主题概念，明确课题主要解决什么问题，需要什么性质和内容的文献，并根据检索目的确定检索范围（包括学科范围、文献类型范围、时间范围等）。最后分析哪些是已知的检索线索，了解和掌握有关学科的专家学者以及研究机构等目前的有关课题，为检索提供充分而有利的条件。

（二）选择检索工具或检索系统

在现代检索条件下，常用的检索手段主要包括：手工检索（效率最低）、联机检索（花费高昂）、光盘检索（检索范围受限）和网络检索（缺乏系统有序化），每种检索手段都有各自的优缺点。选择检索手段时，一方面取决于用户或所在单位已有的检索条件、相关的资源，同时还将受到课题研究目的和要求等课题因素的影响。

选择检索工具或检索系统时，要在充分利用检索手段的优势并进行课题分析的基础上，基于对检索工具的认知，选择最能帮助用户直接达到检索目标的检索工具。一般来说，选择检索工具的原则主要包括：①收录的文献信息需覆盖检索课题的主题内容；②就近原则，方便查阅；③检索工具尽可能质量较高、收录文献信息量大、报道及时、索引齐全、使用方便；④检索工具的记录来源、文献类型、语种等尽量满足检索课题的要求；⑤根据熟悉检索工具的程度。

（三）确定检索途径

大多数检索工具都能提供几种主要的检索途径，如分类、主题词、作者、刊名和关键词等。用户可根据课题要求和已掌握的信息来决定选择何种检索途径，输入检索词。检索词就是文献加工的标引词，也是在文献检索过程中所使用的“钥匙词”。它必须在课题分析的基础上提取出来，并尽可能地全部拟出。确定检索词时，首先选择与检索意图最为切合的词作为检索词，再根据检索结果需要调整检索词，直至找出满意文献为止。

（四）制订检索策略

检索策略（search strategy）是指在分析检索课题的基础上，选择检索的数据库、确定检索词，并弄清检索词之间的逻辑关系和查找步骤的科学安排。检索式（即检索用词与各运算符组配而成的表达式）仅仅是狭义上的检索策略。

制订检索式的前提条件是要了解信息检索系统的基本性能，基础是要明确检索课题的内容要求和检索目的，关键是要正确选择检索词和合理使用逻辑组配。

1．产生误检的原因　是一词多义的检索词的使用；检索词与英美人的姓名、地址名称、期刊名称相同；不严格的位置算符的运用；检索式中没有使用逻辑非运算；截词运算不恰当；逻辑运算符号前后未空格；括号使用不正确；从错误的组号中打印检索结果；检索式中检索概念太少等。

2．产生漏检的原因或检索结果为零的原因　包括没有使用足够的同义词和近义词或隐含概念；位置算符用得过严、过多；逻辑“与”用得太多；后缀代码限制得太严；检索工具选择不恰当；截词运算不恰当；单词拼写错误、文档号错误、组号错误、括号不匹配等。

3．提高查准率的方法　使用下位概念检索；将检索词的检索范围限在篇名、叙词和文摘字段；使用逻辑“与”或逻辑“非”；运用限制选择功能；实施进阶检索或高级检索等。

4．提高查全率的方法　选择全字段检索；减少对文献外表特征的限定；使用逻辑“或”；利用截词检索；使用检索词的上位概念进行检索；进入更合适的数据库查找等。

（五）选择检索方法

1．常用法　又称直接法，是指直接利用检索工具（系统）检索文献信息的方法，这是文献检索中最常用的一种方法。它分为顺查法、倒查法和抽查法三种。

（1）顺查法：指以检索课题的起始年代为起点，按照时间的顺序，由远及近地利用检索系统进行文献信息检索的方法。这种方法能收集到某一课题的系统文献，它适用于较大课题的文献检索。例如，已知某课题的起始年代，现在需要了解其发展的全过程，就可以用顺查法从最初的年代开始，逐渐向近期查找。优点是漏检、误检率低，但劳动量较大。

（2）倒查法：是由近及远，从新到旧，逆着时间的顺序利用检索工具进行文献信息检索的方法。此法的重点是放在近期文献，只需查到基本满足需要时为止。使用这种方法可以最快地获得新资料，而且近期的资料总是既概括了前期的成果，又反映了最新水平和动向，可用于新课题立项前的调研。这种方法劳动量较小，但是容易造成漏检。

（3）抽查法：是针对检索课题的特点，选择有关该课题的文献信息最可能出现或最多出现的时间段，利用检索工具进行重点检索的方法。它适合于检索某一领域研究高潮很明显的、某一学科的发展阶段很清晰的、某一事物出现频率在某一阶段很突出的课题。这是一种花费较少时间便可查得较多有效文献的检索方法。

2．追溯法 是指不利用一般的检索系统，而是利用文献后面所列的参考文献，逐一追查原文（被引用文献），然后再从这些原文后所列的参考文献目录逐一扩大文献信息范围，一环扣一环地追查下去的方法。它可以像滚雪球一样，依据文献间的引用关系，获得更好的检索结果。其缺点是查找出来的文献越来越旧。

3．综合法 又称分段法或循环法，是将常用法与追溯法交替使用的一种方法。既利用检索工具检索文献，又利用文献后面的参考文献进行文献追溯，以期取长补短，相互配合，获得更好的检索结果。

（六）调整检索策略

依据检索结果不断优化检索策略，以满足用户的检索需求。扩大检索范围的方法有：①补充检索词的上位类概念词、同义词、近义词；②注意检索词的多种表述方式，例如缩写与全称；③减少检索式中的逻辑“与”或增加检索式中的逻辑“或”；④取消或放宽检索的精炼依据，例如：年限的限定，期刊统计源的限定；⑤增加或扩大检索途径，例如：增加同一检索词的检索途径，或者把同一检索词的题名途径检索扩大为摘要途径甚至全文途径检索。

缩小检索范围的方法有：①使用该检索词的下位类概念词、专有名词进行检索；②增加检索式中的逻辑“与”、逻辑“非”或使用位置算符等；③缩小检索词的检索途径，例如：将检索词从全文途径检索缩小为摘要途径甚至题名途径检索；④增加或扩大精炼依据，例如：从年代、地域、文献类型等对检索结果进行限制。

（七）获取原始文献

获取原始文献是进行文献检索的目的，主要可以通过以下七种途径获取原文：①通过图书馆馆藏查找原文。②通过数据库获取全文。全文型数据库通常可以直接获取所需的文献全文，文摘型数据库提供文献的题录和摘要，当前有的文摘型数据库能够与开放获取资源或本地购买数据库资源进行整合，可以通过链接连接到全文，如 PubMed 可以直接获取到开放获取资源的全文，也可以通过题录下方的 Linkout 链接连接到所在馆的全文数据库。③通过原文传递或者馆际互借获取原文。获取医学文献的传递系统主要有 CALIS、NSTL 等。④通过搜索引擎获取全文，如百度学术搜索、Google Scholar 等。⑤开放获取资源，详见第八章第二节。⑥联系作者本人。根据作者及单位名称、地址和 Email，向作者索取。⑦向出版机构购买。

六、检索效果的评价

检索效果（retrieval effectiveness）是指检索系统检索的有效程度，它反映了检索系统的能力。衡量检索效果有两个主要指标，即查全率（recall ratio）和查准率（precision ratio），分别用字母 R 和 P 表示，它们是评价检索效果好坏的主要因素，也是检索系统文献标引的重要评价指标。

（一）查全率

查全率也称为命中率、召回率，是衡量某一检索系统从文献集合中检出相关文献成功度的一项指标，即检出的相关文献与全部相关文献的百分比。普遍表示为：查全率 =（检索出的相关信息量 / 系统中的相关信息总量）× 100%。

（二）查准率

查准率也称为相关率、检索精度，是衡量某一检索系统的信号噪声比的一种指标，即检出的相关文献与检出的全部文献的百分比。普遍表示为：查准率 =（检索出的相关信息量 / 检索出的信息总量）× 100%。

对于一个检索系统来说，查全率与查准率是相互矛盾的两个指标，往往不能两全其美，查全率高时，查准率低；查准率高时，查全率低。使用泛指性较强的检索语言（如上位类、上位主题词）能提高查全率，但查准率下降。

（黄　芳　刘玉婷）

第三节　文献数据库基础知识

案例 1-2

某学生要撰写一篇有关“国内外结肠肿瘤手术治疗新进展”的综述，这个学生应当如何选择文献数据库？

案例 1-2 解析

一、文献数据库的概念

文献数据库（literature database）是指计算机可读的、有组织的相关文献信息的集合。它起源于二次文献编辑出版的计算机化。20 世纪 60 年代初，各文摘社为克服因信息爆炸带来的困难，纷纷引进了先进的计算机技术，将经过整理、加工的文献信息输入计算机中，由计算机进行编辑和排版，输出后排版印刷成文摘刊物和各种索引。同时，将保留在计算机中的机读文献信息作为二次文献编辑出版的副产品，发展成为文献数据库。早期的文献数据库有 1964 年正式对外发行的美国国立医学图书馆的医学文献分析与检索系统、美国化学文摘社的《化学文摘数据库》等。在文献数据库中，文献信息不是以传统的文字形式存在的，而是将文字用二进制编码的方式表示，按一定的数据结构、有组织地存储在计算机中，从而使计算机能够识别和处理。

二、文献数据库的结构

数据库（data base）通常由若干个文档组成，每个文档又由若干条记录组成，每条记录则包含若干个字段。

1. 字段 一条记录通常由一些数据项组成，这些组成记录的数据项称为字段（field）。字段是构成文献数据库的最基本单位。例如：一篇期刊论文的记录主要包括篇名、作者、作者单位、来源、文摘、主题词等字段。每一字段通常由两个字母所组成的标识符表示，通常包含某一专题信息。例如：题名（TI）、著者（AU）、文献的出处（SO）、文摘（AB）、著者所在的机构（AD）、记录顺序号（AN）等。当然，不同数据库中字段的标识符可能会存在差别。

2. 记录（record） 是构成数据库的基本单元，数据库的每条记录都描述了原始信息的外部特征与内容特征。如一般数据库的记录通常描述一篇文献的题录、文摘、主题词等特征。

3. 文档（file） 是数据库中某个学科或专题文献记录的有序集合。数据库里数以万计的记录通常被划分为若干文档。文档中的每篇文献是一条记录，而篇名、作者、刊名、摘要、主题词等外部和内部特征就是一个个字段。数据库可以由一个或多个文档构成。按编排结构和功能，文档可分为顺排文档和倒排文档两类。一般来说，顺排文档是描述文献内容特征和外部特征的集合，以文献记录作为信息存储单元，是按记录入藏的存取号从小到大的顺序排列而成的目录式文档；倒排文档则是以顺排文档中抽取出来的文献特征标志作为信息存储单元，按某种顺序排列，在每一个标志后面注明相应的文献记录存取号而构成。

三、文献数据库的类型

数据库类型的划分可采用的标准有多种。按存储内容性质可分为以下五种。

1. 书目型数据库（bibliographic database） 系统检索的对象为目录、题录、文摘等二次文献，又称为二次文献数据库。它主要为检索者提供文献出处，检索结果是文献的线索而非原文，是科研人员检索相关文献的常用工具。如 MEDLINE、中国生物医学文献数据库（CBM）等。

2. 数值型数据库（numeric database） 主要提供数值型信息，包括各种统计数据、科学实验数据、科学测量数据等。医学上各种药品的化学成分、临床检验的各种参数值等，均可从数值数据库中查询。例如：化学物质毒性数据库 RTECS（Registry of Toxic Effects of Chemical Substances）由美国国立医学图书馆编制，包含有 10 万多种物质的急、慢性毒力试验的数据信息供用户使用。

3. 事实型数据库（fact database） 又称指南型数据库或指示型数据库，是用于存储有关人物、机构、课题研究动态等一般事实性资料信息的数据库。电子版词典、百科全书、年鉴、手册、名人录、机构指南、产品目录、科研成果目录、研发或开发项目目录及大事记等，均可收录为事实型数据库。例如，美国的 MEDLARS 系统的医生咨询数据库（PDQ 数据库），它为医生们提供了有关癌症治疗和临床试验最新研究进展的内容，包括肿瘤的类型、预后、各种治疗方案，以及从事肿瘤治疗方案研究的医生和保健机构的名称等。

4. 全文型数据库（full text database） 是存储文献全文或其中主要部分原始文献的数据库，主要为检索者提供文献原文服务。最早的全文数据库是有关法律条文方面的，目前很多领域都出现了全文数据库，例如中国知网（CNKI）。很多数据库均提供全文服务。全文数据库集文献检索和全文提供于一体，实现了“一站式”信息传递服务。

5. 超文本型数据库（hypertext database） 存储声音、图像和文字等多媒体信息。如美国的蛋白质结构数据库 PDB，可用于检索和查看蛋白质大分子的三维结构等。

四、文献数据库的选择

文献数据库众多，需要考虑的因素也很多，因此，在进行数据库选择时有以下原则：

（一）满足用户的检索目的与需求原则

文献数据库的选择主要取决于用户的检索目的与需求。文献数据库选择原则请参见本章第二节。此外，还需根据以下两种检索目的进行选择：

1．基于查全目的　围绕某个主题的全面检索通常是文献检索的主要内容，如科研选题、规划和开发决策、文献综述写作等。为了达到以上要求，需要对以往的文献有较全面的了解，防止漏检。任何一个文献库都不可能囊括所有的文献，实际上将一些不可靠的文献摒弃，反而会节省时间，故应选择该学科领域可信度高、收集文献较全的数据库。必要时可综合使用多个检索工具或数据库，有助于达到检索目的，满足文献需求。

2．基于查准目的　若想对某一专题相关知识进行了解，如一些数据、名词、事实的查询，信息服务部门所藏期刊、书目等的查询，期刊影响因子的查询，文献被引用情况查询，或是在实际工作学习中遇到一些专业问题的解决等，通常利用的是事实型和数值型数据库，如字（词）典、指南、手册、百科全书、教科书、各种图表库等。

（二）覆盖范围全面原则

数据库的覆盖范围指数据库的内容及规模，包括数据库的收录学科范围、文献质量、数据库类型（如事实、数值、文摘、全文）、文献来源（如期刊论文、会议论文、专利文献、科技报告）、时间范围、地理范围、机构来源、文献量等方面。

（三）检索的成本合理原则

检索的成本即所需的检索费用，包括数据库的使用费用、检索结果输出费用。检索成本合理就是要研究各种付费方式的特点，在满足检索需求的前提下，选择成本较低、收费合理的方式。可以利用免费的网络检索工具，主要有网络免费期刊文献（如 PubMed），网络免费的专利文献（如中国国家知识产权局专利数据库、美国专利全文数据库、欧洲专利检索系统），网络免费会议文献（如国家科技文献中心中外文会议论文数据库，IEEE），网络免费标准文献（如国际标准化组织、中国标准服务网），免费提供全文文献的开放获取资源（如开放获取期刊、重要的机构仓储）及搜索引擎。另外，可以委托其他检索机构代查，或与其他机构实行资源共享的方式，实现优势互补。

（四）检索平台的友好性原则

检索平台的友好性是指界面设计美观、大方，可操作性强，便于人机交流。检索平台友好性主要体现为能够很好地理解用户需求，提供标准化的、风格统一的检索模式，提供多角度、多维度的检索方式，注重用户体验，操作简单便捷，操作流畅，查询结果准确，减少迷失度和页面噪声干扰，帮助用户快速定位文献。

五、文献数据库的评价

文献数据库之间差异很大，各自的适应对象、检索规则、收录范围（学科、年份）等都不尽相同。学会及时、客观地进行评价，可以为正确地选择数据库做好充分的准备。评价文献数据库需要考虑的因素有很多，主要包括：①收录的内容准确无误。数据库中收录的信息与实际情况应该是无差错的。②收录的广度与深度。在围绕主题的基础上收录内容注意广度和深度适宜，不应有较严重的缺漏。③来源权威可信。文献数据库的信息来源应具有权威性，值得信赖。④更新速度与规律。文献数据库中的信息要根据客观情况的变化及时有规律地做出更新，保持数据库旺盛的生命力。⑤检索功能。文献数据库应提供高效能的检索途径，界面友好、导航清晰。⑥系统稳定性。文献数据库的软硬件以及网络通信应可靠稳定，能为用户提供全天候的检索服务。

（张　帆　文　丽）

小结

本章介绍了医学文献检索课的意义、定位与如何学好医学文献检索课，还介绍了文献检索的基本知识、文献的分类与作用、文献检索的概念、文献检索语言与途径、文献检索技术与检索步骤、文献检索效果评价等内容。以上内容是学习医学文献检索课的基础知识。因此，要全面进行了解和掌握。同时，应把学习重点放在文献检索语言、检索途径、检索技术与检索策略的制订等方面，因为在后面各种数据库的学习中，经常要用到这些方法和技术。

练习题

第1章练习题参考答案

1. 医学文献检索课的意义有哪些？
2. 什么是信息能力？信息能力由哪几种能力所构成？
3. 简述信息、知识、情报、文献的概念及其相互关系。
4. 简述文献的级次与相关关系。
5. 简述检索策略的构建流程。
6. 简述常用的文献检索技术。
7. 简要叙述文献数据库的类型。
8. 如何选择数据库？

第2章 图书馆资源与服务

导言

图书馆是人类文明记忆的宝库，传承着人类文明的基因密码。图书馆是一座城市的文化灵魂，它的存在能保障社会文化的公平。高校图书馆是学校的文献信息资源中心，是为人才培养和科学研究服务的学术性机构。图书馆有选择地对文献资源和网络信息资源进行系统的、专业化的搜集、加工、整理、存储或导航，并向读者提供各种文献信息服务，浩如烟海的文献信息资源与丰富细致的服务成为图书馆不断发展的基石。

第一节 图书馆提供的主要资源

案例 2-1

大一新生小张第一次走进图书馆，面对琳琅满目的书籍有些无所适从，请帮助小张了解图书馆能够提供哪些资源。

案例 2-1 解析

教育部 2015 年 12 月颁布的《普通高等学校图书馆规程》第五章第二十三条指出：“图书馆在文献信息资源建设中应统筹纸质资源、数字资源和其他载体资源；保持重要文献、特色资源的完整性与连续性；注重收藏本校以及与本校有关的各类型载体的教学、科研资料与成果；寻访和接受社会捐赠；形成具有本校特色的文献信息资源体系。”

普通高等学校图书馆规程

图书馆是读者借阅图书与学习交流的场所，是高校信息资源的坚实保障，也是学习交流的重要空间。图书馆的核心要素是资源和服务。信息技术的广泛应用，使图书馆的功能发生了巨大的变化，馆藏资源从纸质资源发展到各种类型的电子资源。在信息环境下，图书馆的空间功能不断进化，除传统的藏阅空间外，衍生出信息共享空间、学习共享空间、创客空间、休闲空间等，图书馆的资源与服务呈现出多元化的特点。

一、纸质资源

纸质资源主要指以纸张为信息载体的印刷型文献，是图书馆收藏文献的主要类型，纸质资源是随着图书馆的发展和用户对信息资源的需求积累下来的资源，具有稳定性和可靠性的特点，是阅读和科学研究的重要信息。纸质资源便于阅读，不需要借助任何工具，符合人们的阅读习惯，是图书馆馆藏的重要组成部分。

1．纸质图书 图书的定义（联合国教科文组织）：凡由出版社（商）出版的不包括封面和封底在内 49 页以上的印刷品，具有特定的书名和著者名，编有国际标准书号（ISBN），有定价并取得版权保护的出版物。图书是对已有的科研成果与知识的系统、全面的概括和论述，并经过作者认真比较、鉴别、筛选和融会贯通而成。图书的特点：内容比较系统、全面，理论性强，成熟可靠；缺点：编辑出版周期相对较长，从而导致知识的新颖性不够。图书的类型主要有专著、教科书、丛书、工具书。读者希望获取某一专业或专题较全面、系统的知识，或对于不熟悉的领域要获得基本了解的作者，参阅有关图书是行之有效的方法。

专著：以一个专题为中心的科学著作，是对某学科专门主题进行较全面、系统论述的图书。特点是针对某一专业问题内容丰富、论述系统、观点成熟，具有较高的学术价值。

教科书：供学生和科研工作者进行专业学习的主要文献，是系统归纳和阐述某学科现有知识和成果的教学用书。特点是反映了较成熟的科学理论，具有严密的系统性和逻辑性，内容可靠性强，结构上往往循序渐进，可以让人由浅入深地了解专业知识内容。

丛书：是汇集多种图书、冠以总书名的成套图书，它通常是为了某一特定用途或特定读者对象，或围绕某一主题而编撰。

工具书：供查找和检索信息和知识用的图书，主要指词典、百科全书、年鉴、手册、指南等，它内容有序，便于查考，一般包括检索型工具书和参考型工具书两大类。

2．纸质期刊与报纸 期刊是指出版周期相对固定，有固定的名称，有卷期或年月标志，围绕某一主题、某一学科或某一研究对象，汇集多位作者的多篇文章、资料或线索，由专门的机构编辑出版的一种连续出版物。根据期刊反映的内容，可以分为学术性期刊、综合性期刊、行业性期刊、资料性期刊、检索性期刊等；根据出版频率的长短，期刊有周刊、旬刊、半月刊、月刊、双月刊、季刊、半年刊等。期刊刊载的学术论文是具有科学性、学术性和创新性的原始文献，反映了科学研究的最新成果。其特点是出版周期短、报道及时、内容新颖。期刊是科研工作的主要文献源、信息源、情报源，是人们进行科学研究，交流学术思想广泛利用的文献信息资源。

报纸有统一的名称、定期连续出版，每期汇集多篇文章、报道、消息等，多为对开和四开，以单张散页的形式出版，它的出版周期更短，信息传递更及时。它包括日报、隔日报、三日报、周报、旬报等，与其他纸质资源相比，报纸具有很强的时效性，内容丰富，具有社会舆论导向性，是一种十分重要的信息源。

3．其他纸质资源

（1）特种文献：无法归入图书或期刊的文献的统称。如科技报告、学位论文、专利说明书、标准文献、会议文献、政府报告等。特种文献一般不公开出版，具有特定内容、特定用途、特定读者范围以及特定出版发行方式。通过常规的出版流通途径或一般的查阅方法难以获得，特种文献反映涉及最新的研究和技术，以及国家的法规、标准定义等信息，也是医学科研的重要信息源。

（2）专利文献：通常指各国专利主管机构的正式出版物，包括专利说明书、专利公报、专利文摘、专利索引和专利分类表等，是包含已经申请或被确认为发现、发明、实用新型和工业品外观设计的研究、设计、开发和试验成果的有关资料，以及保护发明人、专利所有人及工业品外观设计和实用新型注册证书持有人权利的有关资料的已出版或未出版的文件（或其摘要）的总称。

（3）标准文献：指经公认权威机构（主管机关）批准的一整套在特定范围（领域）内必须执行的规格、规则、技术要求等规范性文献。其中主要为工业产品和工程建设的质量、规格和检验方法等的技术规定文件。标准文献的重要著录特征是有标准号，包括国际标准（ISO）号、国家标准（GB）号。

（4）会议文献：是指产生于国际或国内重要的学术或专业性会议的论文、报告及有关文件的总称。由于没有固定的出版形式，会议文献一般刊载在学会协会的期刊上，作为专号、特辑或增刊，或者发表在专门刊载会议录或会议论文摘要的期刊上。科研人员通常通过会议文献获取第一手的科研借鉴材料。

（5）学位论文：是高等学校、科研机构的毕业生为获得各级学位所撰写的论文。学位论文是通过大量的思维劳动而提出的学术性见解或结论，具有一定的独创性。其参考文献丰富、全面，有助于对相关文献进行追踪检索，学位论文一般不公开出版且由授予单位收藏。

二、电子资源

（一）概况

电子资源是指把信息和知识记录在计算机存储介质上或直接通过通讯网络传送到用户终端供人利用的出版物，它是通过编码和程序设计把文献变成数字语言和机器语言输入计算机中去，需要时由计算机输出。随着计算机存储技术和网络通讯的普及，电子文献得到迅速发展，如网络数据库、电子期刊、网络全文图书等，已经成为最重要的信息获取渠道，也是图书馆文献资源收藏的重要组成部分。电子资源作为文献的一种特殊形式，具备文献概念中所包含的“对人类信息、知识的记录、储存、积累和传递”的基本功能和属性。此外，相对于印刷型资源而言，电子资源具有内容丰富、形式多样、出版更新快、查找使用方便的特点。它作为一种新型的信息资源，日益受到人们的青睐，也已成为多数图书馆馆藏发展的主体资源之一。

（二）电子资源类型

1．电子图书资源　电子图书（electronic book、e-book）又称数字图书，是指以数字化或电子化形式存储在各种磁或电子介质中的图书，是随着电子出版、互联网以及现代通信电子技术的发展应运而生的一种图书出版形式。电子图书可以分为两类：一类是直接利用数字技术编辑出版，并以网络或光盘形式发行；另一类是将现有的印刷版图书进行数字化扫描加工而成。与传统的印刷型图书相比，电子图书具有存储信息量大、检索功能强、下载传输方便等优点。电子图书通常由所在机构向数据库商购买后方可使用。如超星汇雅电子书、方正阿帕比电子书、Springer、ProQuesst Ebook 等。

2．电子期刊资源　电子期刊（e-Journal）有狭义和广义之分，狭义的是指从投稿、编辑、出版、发行、订购、阅读乃至读者意见反馈的全过程都是在网上进行，任何阶段都不需用纸的出版物，称为网络电子期刊。广义而言，任何以电子形式存在的期刊皆可称为电子期刊，涵盖通过联机网络可检索到的期刊和以 CD-ROM 形式发行的期刊。就目前图书馆的馆藏特点看，电子期刊多为通过互联网出版和发行的网络电子期刊，较缩微、光盘等形式的电子资源相比，网络电子期刊具有更新及时、便于整合、本地硬件设施条件需求低等优势。电子期刊是一种非常好的媒体表现形式，它兼具了平面与互联网两者的特点，延展性强，未来可移植到 PDA、MOBILE、MP4、PSP 及 TV（数字电视、机顶盒）等多种个人终端进行阅读。如中国学术期刊网络出版总库、中国学术期刊数据库、维普中文期刊服务平台等。

3．其他数字资源　除了电子图书和电子期刊外，还有相当多类型的电子资源与我们的日常工作和科研活动息息相关。这些电子资源大多以数据库的形式存在，各种类型的数据库是图书馆重要的馆藏资源。数据库是数字资源的描述性记录或者资源内容单元的集合（包括文本、图片、音频、视频、工具软件等），并带有统一的用户界面及检索、处理数据的软件。按其发布形式和收录内容，可以分为参考数据库、全文数据库、事实数据库等。如万方数据知识服务平台、PubMed、Web of Science、MEDLINE 等。

三、空间资源

1975年国际图联大会（IFLA）对图书馆的基本功能做了精辟的概括：保存文化遗产、开展社会教育、传递科技情报、开发智力资源。这四大基本功能是现代图书馆两百多年发展历史中最有生命力的所在。随着社会经济与技术的发展，图书馆实现其职能的方式发生了巨大的变化，对于高校图书馆而言，已不仅是为教学和科研提供文献保障，随着图书馆作为“场所”的价值越来越被认同，图书馆的空间功能也逐渐从传统的藏书、借阅空间转变为以满足用户学习、交流、体验之目的的学习、创意、休闲、展示、交流空间，越来越多的图书馆尝试通过空间重组和服务转型来开展校园里不同类型的学术交流和文化活动。空间资源成为图书馆的“新型”资源，为图书馆的资源与服务注入了新的活力。

（一）图书馆空间资源的演变与特点

图书馆的空间初始主要用于藏书，空间功能分为样本书库、外借书库、阅览室等。读者到图书馆的主要目的就是看书、借书。随着计算机技术引入图书馆，自动化管理改变了藏书的空间布局。管理方式由闭架变为开架，开架借阅既打破了原来的藏书格局，也改变了读者使用图书馆的方式。从馆员找书到读者进库是一个管理的飞跃，也是馆藏资源利用率大大提升的飞跃。特别是OPAC的检索功能替代卡片目录，更使得馆藏资源的揭示功能增强，节省了读者时间，提高了资源的利用率。这个时期读者对图书馆空间利用率相对比较高。网络技术和信息技术的进步把读者推向了图书馆的建筑之外，数字图书馆、虚拟图书馆、电子资源的发展，都使得读者不必到图书馆就能享受到需要的资源和服务。于是传统的图书馆藏书、借阅功能逐渐减低，图书馆空间利用率也明显降低。

为了适应现代读者对空间的利用，图书馆空间在十几年内发生了很大的变化。1992年美国爱荷华大学提出了信息共享空间（IC）的概念，即“利用电子信息和多媒体为教学、研究与自主学习服务”。随后，这种服务相继在欧美等大学图书馆逐步展开。我国IC兴起于2005年，由上海图书馆馆长吴建中教授把信息共享空间的概念引入国内后，各高校图书馆开始对信息共享空间进行研究，并开始了各种方式的尝试。特别是一些新建的图书馆，都把信息共享空间作为新馆的亮点之一。随着读者对空间功能的个性化需求加强，信息共享空间也出现了不同模式的演变，如知识共享空间、学习共享空间、学术共享空间等各种形式。这些不同形式的空间充分融合了空间、技术、资源、馆员、读者等多种元素，各种元素的综合作用不仅提高了图书馆空间的利用率，还能使读者在此空间中产生更多创新性的知识，即图书馆空间效能大大提高。所以现代图书馆建筑发挥的不仅仅是资源的功能，更多是空间的功能。图书馆空间的功能只有满足读者需求，随读者行为习惯而不断改进，才能发挥更大的作用，也才能吸引读者到图书馆的空间中来。

（二）图书馆空间资源的功能

1. 信息共享空间（information commons） 是一种集查询、信息、空间为一体的新型服务模式。它可以把常规的纸质资源与信息技术巧妙结合在一起，充分调动读者积极性，促进形成互动合作、协作交流、创新研究的共享环境。高校以图书馆的资源为基础，旨在服务教师和学生，打造出适合这一群体阅读、交流、体验的新场所，突破常规界限，提供多样化的学习机会，提高图书馆在学生心中的良好感知，增加图书馆利用率。

目前，国内已有多所高校在图书馆内建立信息共享空间，虽侧重点不同，但共同特点较为突出：一是共享性，馆内资源经过整合后在信息共享空间内供大家使用，电子资源、纸质资源、信息设备一应俱全；二是灵活性，针对不同的用户群体，均能满足其需求，将空间价值最大化；三是便捷性，较之图书馆安静的阅览环境，此处可供读者自由讨论、获取网上课程及各种不同视听资料，查询手段多种多样。

2．学习共享空间　20 世纪 90 年代，一种以学生为中心的学习理论被以美国为代表的大学校园引入，带动了教学改革和人才培养模式的变化。这种理论认为，学习应该是主动地获取更多知识的过程。在这个过程中，学习者需要借助一定的情境，如社会文化背景等，通过学习者之间的相互协作，交流、分享成果，实现有意义的知识构建。这种理论进入大学后很快颠覆了传统的教学模式，改写了传统的人才培养方案。与此同时，发生改变的还有教学环境，构建主义重视“情境”学习，因此，需要突破传统的教室学习，并提供对应的服务，支持和协助大学生们自由开展小组学习，图书馆集中网络技术、空间和人力资源、信息资源等多种元素，为小组学习提供特定服务，不仅在馆内腾出充足的空间，便于用户开展活动，还根据需要设置形式和内容丰富的服务，这就是图书馆学习共享空间（learning commons，LC）的雏形。

LC 拥有图书馆早已成熟的 IC 技术支撑，让用户不仅可以体验到信息资源共享，还能开展交互式、协作式的学习帮助，LC 具有动态的学习空间，用户根据学习需要自由组合，临时搭建，因此，可以把 LC 的服务场所看作移动的学习空间。LC 包含内容丰富、类型多样的服务，拓展了传统图书馆的服务范围，可以为用户提供个性化的订制服务，服务可以在馆内，如开展主题活动、进行职业技能培训、开设研讨组等，也可以是在图书馆，甚至是学校以外的地方，通过网络通讯等方式开设远程课程、在线互动等服务；LC 汇聚多种多样的学习方法，在 LC 模式学习环境下，用户可以选择传统的学习方法，如到馆自习、查阅资料等，还可以使用 LC 的先进设备进行网络在线学习，观看教学视频、获取馆藏信息资源、远程访问等。LC 是集信息资源与技术支持、先进理念与真实体验于一体的、智慧型图书馆服务模式。

3．创客空间　“创客”一词来源于英文单词 hacker 或者 maker，是指不以赢利为目标，努力把创意转变为现实的人。“创客空间（maker spaces）”的概念出自 *Make* 杂志：“是一个真的（相对于虚拟）地方，一般是在科学、技术、数码或电子艺术等方面有相同的兴趣的人们在这里聚会、活动和合作。”创客空间可以看作开放交流的实验室、工作室或机械加工室，在这里有着不同经验的人们可以共享资料和知识来创造他们想要的东西。在创客空间大家共享各种设备，包括服务器、网络、音视频设备、工具及自己闲置的电子产品。

《国家中长期教育改革和发展规划纲要（2010 － 2020 年）》中提出，高等教育的目标任务是“培养高素质专门人才和拔尖创新人才”。高校图书馆作为学校的文献信息中心，在为教学、科研提供服务的同时，也致力于高层次复合型人才培养的各项支撑工作。此类型的高校图书馆引入创客空间，可以拓宽学生眼界，普及科技前沿知识，启迪学生的创新思维，培养学生的学习能力和创新能力。

图书馆“创客空间”主要为读者提供计算机、3D 打印、3D 扫描、视音频捕获与编辑工具、传统或现代化工艺品等的材料或工具，以便创客们将创意付诸实践。“创客空间”包括 3 个关键成功要素，一是建立合作关系，二是使图书馆成为学习和技术中心，三是资源丰富程度最大化，与 IC、LC 相比，创客空间是完全意义上的物理空间，以“创”为核心使命，主要面向创新、创造需求，提供将创意付诸行动并实现的场所、材料、工具及相关资源与服务。

3D 打印

4．休闲空间　已经成为现代图书馆不可缺少的一部分，这些空间为读者提供舒适轻松的环境，使读者在汲取知识的同时能够放松身心。休闲空间有无线网络覆盖，有文化氛围，让读者在享受信息社会便捷性的同时，又能受到传统文化的影响。不同的图书馆对这类空间的设计差距很大，有的图书馆中是一个独立的空间，有的则与其他空间融合在一起，如作为电子阅览室中的一部分。另外，还有图书馆将其设计为移动阅读空间，为读者提供 IPAD、Kindle 等电子资源阅读器，且配有舒适的沙发、茶几等。

5．其他可拓展的共享空间　现代图书馆的空间功能正在读者需求驱动下不断拓展，图书馆的空间结构、布局理念也在相应地改变。空间资源呈现出共享性、开放性的特点。除 IC、LC、创客空间、休闲空间外，其他可拓展的共享空间还包括研修间、专业主题空间、社团活动空间、展阅空间等。

第二节　馆藏书刊组织与检索

图书文献是最基本的文献类型，也是图书馆馆藏的主要组成部分。随着人们阅读方式与阅读习惯的改变，电子图书越来越凸显出其特有的优势。如何在数以十万、百万计的书海中快速找到所需的图书，是用户查找文献时经常遇到的一个问题。因此，掌握纸质图书及电子图书的检索方法，已成为获取信息资源与积累知识的重要一环。

一、纸质图书期刊组织

案例 2-2

某同学想在假期预习组织学与胚胎学课程，怎样找到相关教材与参考书呢？

案例 2-2 解析

图书馆书架上的众多书刊都是按照一定的便于查找的方法进行有次序排列的，其排列方法多样，最常用的方法有分类排架法、刊名排架法、固定排架法、代号排架法等。普通图书多利用分类排架法，按照图书所属的学科类别排列；期刊按分类或刊名顺序排列。排架顺序通常是在一个书架上从上到下、从左到右排列。

（一）纸质图书

纸质图书通常根据学科分类按照索书号的顺序排架。索书号是图书馆赋予每一种馆藏图书的号码，是识别一种图书的唯一标志，也是藏书排架和查找图书的依据。索书号（call number）一般由分类号和书次号组成。分类号（classification number）是根据图书的学科主题内容按照某种分类法赋予图书的标识符号。在我国使用最广泛的分类法体系是《中国图书馆分类法》（表 2-1），它将学科分为 5 个部类、22 个大类，采用汉语拼音字母与阿拉伯数字相结合的混合号码，用一个字母代表一个大类，遵循层累制的原则依次划分。分类号使同类图书集中排列。书次号用于区分相同分类号的不同图书。书次号的使用尚无统一标准，有的采用种次号，即图书入藏的顺序号作为书次号，也有的采用著者号。图书架位的排列先按照分类号的字母数字排列，若分类号相同，再按照书次号的顺序排列。

表2-1　《中国图书馆分类法》简表

分类号	分类名称	分类号	分类名称
A	马克思主义、列宁主义、毛泽东思想、邓小平理论	I	文学
B	哲学、宗教	J	艺术
C	社会科学总论	K	历史、地理
D	政治、法律	N	自然科学总论
E	军事	O	数理科学和化学
F	经济	P	天文学、地球科学
G	文化、科学、教育、体育	Q	生物科学
H	语言、文字	R	医药、卫生
S	农业科学	V	航空、航天
T	工业技术	X	环境科学、安全科学
U	交通运输	Z	综合性图书

（二）纸质期刊

期刊的组织与排架相对简单。一般分为过刊和现刊。过刊是期刊出版一年后装订成册的合订本，过刊的排列与图书一样。期刊排架方法的选择要有利于期刊检索效率的提高，让读者在最短的时间内找到自己所需的期刊。根据期刊的特征，期刊排架方法可分为两类：一类是以期刊的内容体系为标志按内容排架，包括分类排架、主题排架和专题排架；另一类是以期刊的形式序列为标志按期刊形式排架，包括刊名字顺排架法、固定排架法、年代排架法、刊号排架法和出版机构排架法等。

（三）有效查找纸质书刊应注意的问题

问题 1：为提高查找图书的效率，对所需图书期刊的题名、作者、出版社、ISBN/ISSN 等信息有明确的了解，以便在图书馆馆藏目录和查询系统中迅速检索到所需书刊。

问题 2：熟悉纸质图书期刊的馆藏分布情况，在利用馆藏目录查到索书号后，根据馆藏分布、架标等相关信息，准确地锁定馆藏图书在书架上的排列位置，才能找到所需书刊。

问题 3：注意掌握图书分类法的相关规则，如果只查找某一主题的图书，读者根据该主题确定分类号，在较为集中的范围内查找图书，不断缩小查找范围，便能快速准确地找到所需书刊。

二、电子图书检索

电子图书（electronic book，e-book）又称数字图书，是随着电子出版、互联网以及现代通信电子技术的发展应运而生的一种图书出版形式。电子图书可以分为两类：一类是直接利用数字技术编辑出版，并以网络或光盘形式发行；另一类是将现有的印刷版图书进行数字化扫描加工而成。与传统的印刷型图书相比，电子图书具有存储信息量大、检索功能强、下载传输方便等优点。电子图书通常由所在机构向数据库商购买后方可使用。

（一）中文电子图书

案例 2-3

某同学需要准备主题为“肺癌靶向治疗”的小组讨论资料，在查阅了图书馆纸质图书之后，想进一步查阅更多的电子图书，请利用图书馆订购的电子图书数据库帮助查找。

案例 2-3 解析

1．读秀学术搜索

（1）选取理由：本案例选择利用读秀学术搜索（http：//www.duxiu.com）图书频道进行检索。读秀学术搜索以 310 万册电子书、590 万册图书书目、4.8 亿条目录、16.5 亿页全文资料为基础，为读者提供深入内容的章节和全文检索，部分文献的原文试读，是查找和获取各种类型学术文献资料的一站式平台，见图 2-1。

（2）功能特色：读秀学术搜索提供图书馆已购买图书的在线阅读服务、部分图书的原文试读服务以及参考咨询服务，是一个学术搜索引擎与文献资料服务平台，用户可以通过简单检索、高级检索、专业检索和分类导航等途径检索图书。在读秀学术搜索主页面上，选择“图书”频道，可通过相应的检索方式检索图书，表 2-2 列出了读秀学术搜索的图书检索方式。

图书频道的检索结果页面主要由三个区构成。在左侧导航区可以通过限定年代、学科、作者等缩小检索范围；在中间列表区可查找与检索词相关的所有图书信息，包括图书的封面图片、书名、作者、页数、出版日期、简介等；在右侧拓展区域可以扩大检索的范围，查找相关知识、词条、期刊等信息。

图 2-1　读秀学术搜索主页面

表2-2　读秀学术搜索图书检索方式

检索方式	检索说明
简单检索	在检索框内输入检索词，该检索词可以定位到全部字段、书名、作者以及主题词等，点击“中文搜索”检索
高级检索	点击检索框右侧的“高级检索”进入高级检索界面，可以对书名、作者、主题词、出版社、ISBN、分类、中图分类号、年代、搜索结果显示条数等进行限定，输入检索词后点击“高级检索”搜索
专业检索	点击检索框右侧的“高级检索”可切换至专业检索界面，根据页面下方的检索规则构建检索式进行检索
分类导航	点击检索框右侧“分类导航”进入分类导航界面。读秀将图书按中国图书分类法分成哲学、宗教、军事、经济、文学、艺术、生物科学、医药、卫生等 22 大类及古籍类，每类又分成若干小类，点击相应类别，可显示该类别的所有图书，从中浏览查找

（3）检索技巧

技巧①：“在结果中搜索”功能的使用。针对案例 2-3，当选择图书频道并输入检索词“肺癌”后，点选“书名”字段，点击“中文搜索”，检索结果页面将列出书名中含有“肺癌”的各种图书，用户按年代、学科、作者等条件对结果进行过滤的同时，在页面上方检索框输入检索词“靶向治疗”后，使用“在结果中搜索”功能运行二次检索，可更加准确地定位所需图书。

技巧②：使用多个检索词运行检索。各检索词之间用一个空格隔开，系统默认的是逻辑“与”关系。案例 2-3，选择图书频道，使用简单检索途径，点选“书名”字段，输入检索式“肺癌 靶向治疗”后，将找出书名中包含“肺癌”及“靶向治疗”的全部图书。

技巧③：正确理解“全部字段”的限定范围。当选择“全部字段”进行检索时，系统将在书名、作者、主题词、出版社、ISBN 等全部字段中运行检索，检出的结果不如“书名”“作者”

等单一字段检索精确，专指性强。

技巧④：注意利用同义词、近义词和上、下位词等不断调整检索的结果。当对检索结果不满意时，可通过采用相关的同义词、近义词或上、下位词等方式扩大或缩小检索的范围，直至满意为止。案例 2-3 中，为了缩小检索结果覆盖范围，可以调整检索词为“非小细胞肺癌”及“生物靶向治疗”。

（4）数据库使用过程中应注意的问题

问题①：首次使用需先下载并安装超星阅读器，对于读秀学术搜索所提供的所有电子书，只有安装了超星阅读器后方可进行阅读。因此，首次使用前用户需下载阅读器，双击安装程序后，只需按安装向导提示完成安装即可。

问题②：需选用合适的图书获取方式。当点击图书封面或者书名，用户除了可查看图书的详细信息，如封面、书名、作者、页数、ISBN 号、中图法分类号、丛书名、原书定价、网络书店定价以及书评等内容外，还可查看获取方式及图书馆借阅等信息。用户可结合所在馆订购情况选择相应的图书获取方式。表 2-3 列出了系统提供的各类图书获取方式说明。

问题③：注册用户不受图书加密的限制。由于利用读秀学术搜索下载的图书都做了加密处理，因此，匿名用户下载的电子书只支持当前电脑使用，电脑重装系统或更换电脑后将无法阅读。而对于注册用户，登陆后下载的电子书既可以在本机使用，也可以在其他联网的电脑上使用，用户阅读电子图书时只需使用与下载图书时相同的账号登录即可。

表2-3 读秀学术搜索获取图书方式

图书获取方式	获取方式说明
馆藏纸本	可以到本校图书馆借阅纸质图书
包库全文	本单位购买了电子版的图书，用户可以查阅图书电子全文
图书下载	点击下载，进行保存，可获得图书电子版
阅读部分	可以试读图书的书名页、版权页、目录页、正文部分页等
图书馆文献传递	需要读者填写、提交咨询申请表单，咨询馆员将把相应的文献资料发送至用户邮箱。每本图书单次咨询不超过 50 页，同一图书每周咨询量不得超过全书的 20%，所咨询内容的有效期为 20 天，20 天内只允许打开 20 次
文献互助	填写所需图书信息，到读秀社区寻求帮助

2．超星汇雅电子图书 超星汇雅电子图书数据库（http：//www.sslibrary.com/）包含中图法 22 大类 100 多万种数字图书，涉及哲学、宗教、社会科学总论、经典理论、经济学、自然科学总论、生物科学、医药、卫生、计算机等各个学科。超星汇雅电子图书有超星主站和镜像站点两种访问平台。主站提供了两种阅读方式：网页阅读和超星阅读器（SSReader）阅读；镜像站点用户必须先下载并安装超星阅读器后才能进行阅读或将馆藏图书下载到本地计算机上进行离线阅读。超星图书阅读器可从超星汇雅电子图书网站及其镜像站点免费下载。用户可以通过快速检索、高级检索、分类浏览的途径来检索图书。

3．方正阿帕比（Apabi）电子图书 Apabi 是五个英文单词的首字母，意指：以互联网（internet）为纽带，将作者（author）、出版商（publisher）、分销商（artery）、购买者（buyer）有机联系起来的系统解决方案。目前方正阿帕比电子书库有 220 余万册可供阅读的电子图书，2.2 亿章节。其中可全文下载的共 68.9 万，可试读本数 183 万，支持移动阅读 17 万。外文图书 5 000 多种，民国期刊 20 000 多期，中医古籍 2 000 余册，国学要览 80 000 余册。内容涉及社会学、哲学、宗教、历史、经济管理、文学、数学、化学、地理、生物、医学、工程、机械等多种学科。该库电子图书基本上与出版社的纸质图书同时出版，每年新出版电子书超过 12

万种。方正电子图书全文的专用阅读软件是方正 Apabi 阅读器，用户可以在方正 Apabi 主页下载、安装。

（二）外文电子图书

案例 2-4解析

案例 2-4

某教授要编写一本 RNAi 方面的图书，需要了解国外 RNAi 相关的图书情况及一些图书的编写结构，请利用外文电子图书数据库帮助其查找 RNAi 相关图书。

1．SpringerLink 电子图书

（1）选取理由：德国施普林格出版集团是世界上著名的科技出版集团，通过 SpringerLink（http：//link.springer.com/）系统提供学术期刊及电子图书的在线服务。2004 年底，Springer 与 Kluwer Academic Publisher 合并，原 Kluwer 出版集团出版的电子期刊合并至该平台。现在的 SpringerLink 数据库提供包括原 Springer 和原 Kluwer 出版的全文期刊、图书、科技丛书和参考书的在线服务。2012 年 11 月上线的 SpringerLink 平台中的期刊及图书等所有资源划分为 24 个学科：建筑和设计、天文学、生物医学、商业与管理、化学、计算机科学、地球科学与地理、经济学、教育与语言、能源学、工程学、环境科学、食品科学与营养、法律、生命科学、材料学、数学、医学、哲学、物理学、心理学、公共卫生、社会科学、统计学。SpringerLink 已成为面向全球科研服务最大的在线全文期刊数据库和电子图书数据库之一，现有医学及相关图书 20 余万种，见图 2-2。

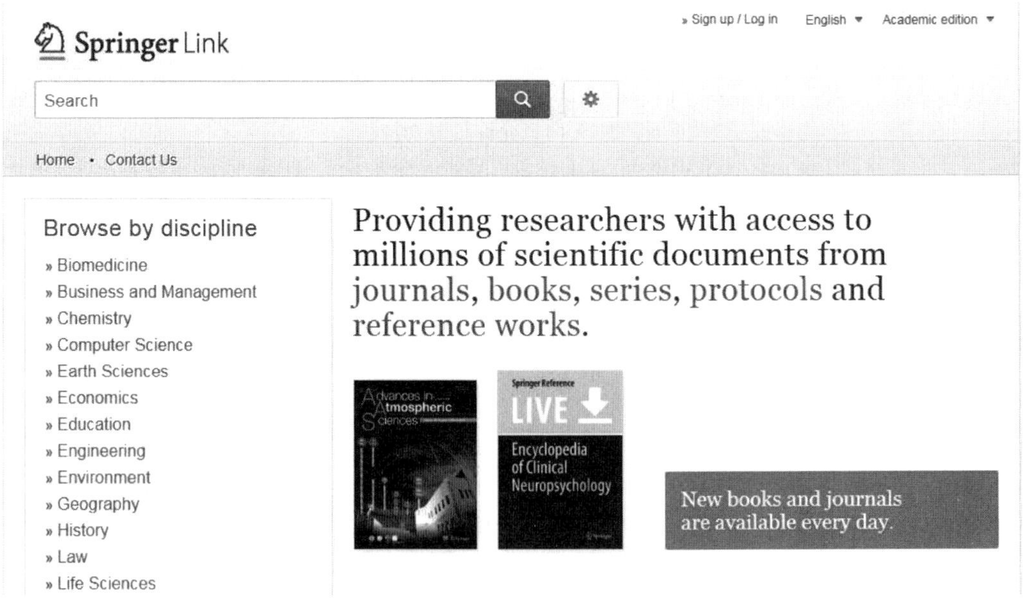

图 2-2　SpringerLink 平台界面

（2）功能特色：①整洁，简单，易于导航的主界面。主界面分为三个部分：搜索区、浏览区、根据个人资料提供的相关推送内容。② Google 化。以 Google 关键字数据为准，搜索时自动建议关键词。③优化移动阅读。标题和菜单的响应式设计允许在桌面计算机、平板计算机或手机上进行最佳浏览和展现且不会失去任何基本功能。④提供可识别用户和匿名用户登录两种方式。如果匿名登录，“活动”（activity）将显示为橙色；如果以机构名义登录，“活动”（activity）将显示为粉红色。当用户在可识别的 IP 范围内登录 SpringerLink 时，系统自动地将其识别为该机构的一部分。用户在 SpringerLink 注册后，可在任何地点访问个人收藏页面。⑤提供简单检索、高级检索和浏览三种检索方式。表 2-4 列出了 SpringerLink 的不同检索方式。

（3）检索技巧

技巧①：利用检索结果页面左侧“Refine Your Search”栏目中的过滤选项可进一步优化检索结果。主要包括内容类型（Content Type）、学科（Discipline）、子学科（Subdiscipline）、出版于…（Published In）、语言（Language）、作者（Author）等。针对案例 2-4，首先在 SpringerLink 的简单检索框中输入“RNAi”，点击搜索图标，在返回的结果页面左侧“Refine Your Search”栏目中的内容类型（Content Type）下再点选“Book”链接，系统会显示有关“RNAi”的电子图书。检索结果页面上方显示了检索命中条数。系统默认情况下，检索结果按相关性排序。用户也可以选择按时间顺序由新到旧或由旧到新进行排序。如查找某位作者撰写的有关“RNAi”的图书，可采用高级检索方式查找。

表2-4　SpringerLink检索方式

检索方式	检索说明
简单检索 Search	类似于“Google”的搜索，系统会在用户输入检索词的过程中不断提供建议的检索词。如果想查找某一主题的文献，而不知道出版物的任何信息，就可以采用这种检索的方式
高级检索 Advanced Search	单击主页简单检索框后面的“Open Search Options”图标，选择“Advanced Search”进入高级检索页面。在一个或多个提问框中键入检索词，对检索范围进行限定，多个检索条件之间为逻辑“与”关系；取消“Include Preview-Only Content”可将检索限定在本机构访问权限内搜索
浏览 Browse	在主页左侧的学科导航框中，点击某个学科，系统将指引用户进入该学科图书页面；在学科导航框的下方，系统又提供了按资源内容类型浏览的方式，主要包括期刊文章（Articles）、图书章节（Chapters）、参考文献（Reference Work Entries）和实验室指南（Protocols）等

技巧②：利用图书主页内的“Search within this book”功能可实现在本书各章节内进行检索。点击某图书书名链接进入图书主页，提供了出版年限、图书标题、图书子标题、作者、ISBN、图书章节列表、关于本书等信息。在图书章节页面，提供了内容查看（预览）、摘要、导出文献、相关内容、补充材料、参考文献、关于本章节等信息。用户可以在本页面利用“Download”功能进行下载操作。

技巧③：注重检索技术的灵活使用。SpringerLink 既允许基于单个词或词组的检索，也允许采用多个检索词进行布尔逻辑算符的组配检索，并可用优先级算符“()”设定逻辑运算的先后顺序。词组检索需使用引号“”；截词检索以通配符“*”代替一个字符串，用于检索词词尾，涵盖了该检索词所有时态和单、复数形式。

（3）数据库使用过程中应注意的问题

问题①：无阅读或下载全文权限的内容页面展现形式有所不同。在检索结果界面中，用户所在机构没有权限浏览的图书条目将会以黄色背景显示，并在每个项目前端有一个黄色锁标记，无下载链接，只出现免费预览链接（Look Inside）以及“获得章节全文权限”的链接。

问题②：使用 PDF 软件阅读全文。由于 SpringerLink 提供的期刊文章、电子图书都是 PDF 格式，因此，需要安装 PDF 阅览器后才能进行阅读。

2．Ovid 电子图书

（1）选取理由：美国 Ovid 公司（Ovid Technologies INC.）隶属于全球五大出版集团之一的荷兰威科（Wolters Kluwer）集团旗下的健康出版事业集团，是世界著名的数据库提供商之一。LWW（全球第一大医学专业出版公司）现已并入 Ovid 公司，作为全球最大的综合医学数据库公司，Ovid 目前有包括人文、科技等多领域数据库 300 余个，绝大部分数据库是在 OvidSP 平台（http：//ovidsp.ovid.com/）上为用户提供服务，提供电子期刊全文、二次文献、电子图书等多种类型。用户进入数据库后，系统首先显示的是数据库选择界面，选择 Books 即可进入 Ovid 图书主页。

（2）功能特色：OvidSP 平台检索界面直观，检索途径较多，检索结果显示、输出方式灵活多样，可链接多种（网络、数据库及馆藏）资源，主要包括 PDF 及 HTMI 两种格式的全文。它提供的个性化服务功能，既可以为用户提供个人空间，用于研究项目的管理，还可以让用户根据需要设置保存检索式、自动文献传递及最新期刊目次通报等功能。主要的检索方法有基本检索（Basic Search）、字段限定检索（Search Fields）、高级检索（Advanced Search）和多字段限定检索（Multi-Field Search）。表 2-5 列出了 Ovid 图书检索方式。

表2-5 Ovid图书检索方式

检索方式	检索说明
基本检索 Basic Search	提供自然语言检索。利用此方法检索时，可以不必考虑检索语言和语法规则，输入检索词或提问语句，系统会自动分析检索语句，在选择包含相关检索词后，系统将所输入的检索词的各种词形加以搜集并检索，常用缩写自动转换为全称。检索时应尽量使用名词来表达检索语义，以提高检索效率
字段限定检索 Search Fields	系统提供 27 个限定字段，包括题名、作者、ISBN、关键词、语言、出版社等。使用此项功能时，先在输入框内输入检索词，然后选择所要单个或多个限定的字段。选择多个字段时，字段间是“or”关系，表示检索词出现在任一字段即命中记录
高级检索 Advanced Search	提供关键词（Keyword）、作者（Author）、篇名关键词（Title）、书名（Book Name）、自然语言（Natural Language Search）五个字段的检索。可使用“$”或“*”进行截词检索。作者字段检索要求采用姓在前，名在后（用首字母即可）的拼写方式。使用自然语言的检索词或句子进行检索，系统会自动分析检索语句，在选择包含相关检索词后，可将所输入的检索词的各种词形搜集并检索
多字段限定检索 Multi-Field Search	系统提供三个检索词输入框，如果需要输入多个检索词，也可通过点击“+Add New Row”增加检索词输入框。检索词之间可用“AND”“OR”“NOT”进行逻辑组配，每个检索词后的限定字段可在 27 个字段中任意选择

（3）检索技巧

技巧①：可应用 AND、OR、NOT 等布尔逻辑运算符，增加检索结果的准确性。

技巧②：善于采用“$”进行截词检索。其中无限截词通常用于查找词干相同词尾拼写不同的词，例如输入“disease$”，可查出 disease、diseases、diseased 等词；而有限截词通常用于查找在词干后可接受最大数量字符的词，例如“dog$1”，将只找出 dog、dogs 但是不会找出 dogma 等词。

技巧③：检索结果排序与显示：检索结果显示为标题、题录、摘要三种格式，可以按照 Database、Author、Publication Type、Book Title 进行排序。并按照年代、出版类型、主题或类别筛选检索结果。

3．ProQuest Ebook Central Ebook Central 电子书，简称 EBC 电子书，是美国 ProQuest 公司最主要的电子书平台，主要收录当代的电子书出版物，书目内容偏重学术及科研。EBC

电子书由原 ebrary 电子书和澳大利亚当地的 EBL 电子书合并升级，收录全球 1 000 多家专业出版商、大学出版社、学术出版机构出版的 100 余万册权威学术著作，约 30% 的电子书是近 5 年的出版物。它覆盖的范围非常广泛，囊括了各学科领域，包括法律、教育、科学技术、历史、商业与管理、社会学、文学与语言、医学、艺术、哲学、政治及综合学科等。Ebook Central 与 1 000 多家世界著名的出版商合作，包括 Elsevier、Wiley、Springer、Taylor & Francis、SAGE、Emerald、McGraw-Hill、Wolters Kluwer、麻省理工大学出版社、耶鲁大学出版社、哈佛大学出版社、普林斯顿大学出版社、斯坦福大学出版社、牛津大学出版社、剑桥大学出版社、爱丁堡大学出版社、帝国理工大学出版社、英国工程技术学会（IET）、国际水协会（IWA）、皇家化学学会（RSC）、美国数学学会（AMS）、美国航空航天学会（AIAA）、美国微生物学会（ASM）、John Benjamin's、IOS、OECD、BRILL、Greenwood、Artech House、布鲁金斯学会、胡佛研究会、世界银行、世界卫生组织（WHO）等。

EBC 电子书通过在检索框中输入关键词、ISBN 或是其他条件查找图书。使用双引号进行短语的精确检索，并提供高级检索及浏览主题（Browse Subjects）；提供在线阅读及整册或特定章节下载，下载前须先申请并登录个人账户，并安装 Adobe Digital Edition。读者可使用个人账号远程访问电子书平台。

4．McGraw-Hill Access 医学电子书 以 McGraw-Hill 公司出版的经典医学著作为基础，包括 Access Medicine、Access Surgery、Access Pharmacy、Access Emergency Medicine 等 10 个专辑，集成各个学科的图书内容、医学图片、病例及临床视频信息，包含富有特色的医学课程定制、学习测试、诊断工具等内容，是教学及临床诊疗的重要信息资源。

（三）有效查找电子图书应注意的问题

问题 1：注意选择恰当的检索词。如果用户只确立了要查找的主题，而无确定的书名、作者等信息，就需要先根据自己的研究需要确定检索词，同时尽量使用主题词表中的规范词进行检索。

问题 2：注意使用二次检索和高级检索功能。检索结果过于宽泛时，在结果中进行二次检索可对检索结果进行再过滤。当需要更加准确的定位所需文献时可以使用高级检索。高级检索是一种简单易用的向导式检索方式，它克服了简单检索结果不精确且花费时间的不足，可达到事半功倍的效果。

问题 3：注意阅读器的下载和使用。不同的电子图书数据库打开图书的方式不同，需要在本机下载相对应的阅读器。阅读器通常提供有页面的放大缩小、文字识别复制、图书打印、书内全文查询、书签等功能。

三、资源检索系统

案例 2–5

某同学根据老师的教学要求，想在图书馆借阅人民卫生出版社出版的第 8 版《系统解剖学》教材，请问如何在 OPAC 系统中检索？

案例 2-5 解析

（一）使用单一图书馆馆藏目录

在网络环境下，每个图书馆都有自己特有的馆藏目录和查询系统。联机公共查询目录（Online Public Access Catalogue，OPAC）反映了特定图书馆的文献入藏情况，能够揭示和查询图书馆的文献资源，是连接图书馆与用户的桥梁。OPAC 系统是图书馆自动化管理集成系统中的一个重要组成部分，因集成系统的不同，其系统平台、用户界面也各不相同，但其实现的功能基本相同，主要体现为以下几个方面：

1．本馆馆藏信息查询 馆藏信息一般包括文献的书目信息、馆藏的流通状态（在馆、借出或被预约等）、已借出图书的应还日期、馆藏复本情况、随书光盘信息、期刊馆藏信息（订购状态、最新到馆卷期等）、馆藏文献位置等。

查询馆藏信息是OPAC系统最基本的功能。不同的OPAC系统提供的检索途径和检索方式不尽相同，一般分为简单检索和高级检索两种方式。

简单检索即选择单一字段进行检索。不同OPAC系统提供的检索字段有所不同，但基本包括了题名、作者、主题词、关键词、分类号、索书号、出版年、出版者、标准书号等。有的OPAC系统还可以选择不同的检索模式，以对检索词的匹配程度加以限制，如前方一致、后方一致、精确匹配、模糊匹配等。

高级检索支持布尔逻辑组配等复杂检索功能，对多个相同或不同字段的检索词进行逻辑“与（AND）”“或（OR）”“非（NOT）”的组配，从而使检索更精确、更灵活。有的OPAC系统的高级检索功能只提供逻辑“与（AND）”的组配方式，一般称为组合检索。

除了进行字段检索外，OPAC系统还可以对检索范围进行限制，如对作品语种、出版年、文献类型等加以限制，进一步缩小检索范围，提高检索的精确度。有的OPAC系统还提供了分类浏览功能，按照图书分类法逐级浏览各学科的馆藏资源，方便用户了解某一学科或者专题的文献。例如点击“R医药、卫生”的子类目“R4临床医学”，就可以查看图书馆收藏的所有临床医学方面的图书，并可以点击下位类目进行更精细的浏览。

2．个人图书馆——我的图书馆 本馆注册用户登录OPAC系统后，可以查询自己的借阅权限、已借书刊的还回日期以及续借或预约图书的相关信息，进行续借、预约和取消预约的操作，还可以向图书馆推荐采购图书等。

3．新书推荐与介绍 OPAC系统根据本馆馆藏更新情况，向用户通报最近到馆的新书目录。

4．随书光盘管理系统 随着科技的进步，文献载体形式呈现多样化态势，随书光盘形式的文献资源越来越丰富。随书光盘通常与图书一起流通或者作为图书复本加工后流通，往往易损坏、易丢失且时效性强，因此，传统的借阅流通方式往往满足不了用户的需求，OPAC系统中的光盘管理系统就显得尤为重要。

由于很多OPAC系统采用了云管理的模式，利用网络与提供光盘加工存储服务的数据库厂商合作，当用户在OPAC系统中检索到带有光盘的图书时，这些加工、存储在本地服务器中的光盘资源便可以直接浏览与下载，省时省力，便于管理维护。

5．其他功能 提供借阅排行、书评等情况的统计查询，方便读者了解借阅。

（二）使用联合目录

联合目录一般是某个较大的机构与某一类相近或有共性的图书馆联合形成的统一检索界面的目录，能够反映多个文献收藏单位所藏文献情况。按地域范围可分为国际性的、国家性的和地区性的联合目录；按文献类型可分为图书联合目录、期刊联合目录等；按收录文献的内容范围可分为综合性的、专科性的联合目录。联合目录能扩大用户检索和利用文献的范围，也便于图书馆藏书协调、馆际互借和实现图书馆资源的共建、共享。

1．CALIS联合目录公共检索系统 中国高等学校教育文献保障系统（China Academic Library Information System，简称CALIS）联合目录数据库建设始于1997年，目前联合目录数据库已经积累了书目记录703余万条，按照语种划分，可分为中文、西文、日文、俄文四个数据库。CALIS OPAC系统中的数据涵盖了印刷型图书、连续出版物和古籍等多种文献类型，书目内容丰富，囊括各学科领域，见图2-3。

用户通过网址http：//opac.calis.edu.cn，进入CALIS联合目录公共检索系统主页。CALIS

图 2-3　CALIS 联合目录公共检索系统主页

联合目录公共检索系统提供简单检索与高级检索两种检索途径，检索限定字段对比如表 2-6 所示。此外，CALIS 联合目录公共检索系统的高级检索途径还提供内容特征、语种、出版时间、资源类型四种限定性检索，用以缩小检索范围，精确检索结果。

表2-6　CALIS OPAC简单检索与高级检索字段对比表

检索方式	检索字段
简单检索	全面检索、题名、责任者、主题、分类号、所有标准号码、ISBN、ISSN
高级检索	全面检索、题名、责任者、责任者模糊、主题、出版者、出版地、期刊题名、丛编题名、统一题名、个人责任者、团体责任者、会议名称、分类号、所有标准号码、ISBN、ISSN、ISRC、记录控制号

用户在检索框中输入检索词即可运行检索。在检索结果中，选择要查询的文献题名，可以查看详细的书目信息及馆藏信息。根据馆藏信息可选择方便的图书馆，通过馆际互借方式获取所需文献。

CALIS 联合目录公共检索系统能够提供古籍类目浏览，按照经、史、子、集四部分别提供树形列表浏览。此外，CALIS 联合目录公共检索系统还有许多辅助服务，如保留用户检索历史、对有权限的用户提供保存检索式与记录列表的收藏夹服务、检索结果的分库显示及排序功能，并提供多种显示与输出格式。

2．国家图书馆联机公共目录查询系统　国家图书馆编辑全国书刊联合目录始于 1929 年，先后主持编制了《中国国家书目》《民国时期总书目》和《中国古籍善本书目》等 30 余种书目，建立起我国的中文图书书本式目录体系。20 世纪 90 年代，随着计算机技术与网络技术的迅猛发展，国家图书馆联合国内多家图书馆完成的《中国国家书目回溯数据库（1949-1987）》和《中国国家书目数据库（1988 年至今）》构成一个规模最大、覆盖面最广的中国国家书目数据库。1997 年成立的全国图书馆联合编目中心，在全国范围内组织和管理图书馆联机联合编目工作，共享书目资源。2011 年，中心开始向所有成员馆免费提供书目数据服务，积极推动信息资源共建共享（图 2-4）。

用户通过网址 http：//opac.nlc.cn，进入国家图书馆联机公共目录查询系统主页。该系统提供 ID 登录和匿名登录两种方式，默认的为匿名登录方式，即直接进行检索且仅限于使用检索功

图 2-4 国家图书馆联机公共目录查询系统主页

能。国家图书馆联机公共目录查询系统基本检索途径提供的限定字段及检索限制见表 2-7。

表2-7 国家图书馆联机公共目录查询系统基本检索

检索方式	检索字段	检索限制
基本检索	所有字段、正题名、其他题名、著者、主题词、中国分类号、论文专业、论文研究方向、论文学位授予单位、论文学位授予时间、出版地、出版者、丛编、索取号、ISSN、ISBN、ISRC、条码号、系统号	语言、开始年份、结束年份、资料类型、分馆

国家图书馆联机公共目录查询系统提供多种高级检索途径，如多字段检索、多库检索、组合检索、通用命令语言检索，以及浏览与分类浏览两种浏览方式，见表 2-8。

表2-8 国家图书馆联机公共目录查询系统高级检索

检索方式	概述
多字段检索	同时检索多个词组，词组之间的逻辑关系是“AND”
多库检索	同时检索多个数据库，在选定的数据库中检索符合指定检索条件的一组记录
组合检索	使用多个关键词检索数据库，用下拉菜单指定检索字段，并定义检索模式，多个检索字段之间通过逻辑运算符“AND”处理
通用命令语言检索	可以在几个不同索引中检索关键词和标目，必须预先在系统中定义检索的词索引和目索引的代码
浏览	基于来自书目记录或规范记录中的词或词组的字顺列表来检索查看记录
分类浏览	提供按《中图分类法》分类的图书馆馆藏书目浏览

检索结果页面可以按照著者、题名、年代分别组合排列，也可以选择封面视图、简洁视图等不同格式进行结果显示。此外，系统还特别提示了馆藏地与借出数，用户根据结果页面提示的相关信息，可以方便地借阅图书，获取文献信息资源。

3. 使用 OCLC WorldCat 目录 OCLC（Online Computer Library Center）联机计算机图书馆中心是一个非营利的图书馆服务和研究组织，其目标和宗旨就是促进图书馆的合作与交流，实现全球资源共享，为广大用户发展对全世界各种信息的应用以及降低获取信息的成本。

WorldCat 联合书目数据库是由 OCLC 组织、全世界上万家图书馆共同参加的全球联合编目数据库，创建于 1971 年，是目前世界上最大的书目数据库。WorldCat 展现了世界图书馆的“集体馆藏”，它由图书馆馆员倾力构建并借助个人、地区和国家计划实现扩充和增强。

WorldCat 联合书目数据库的记录每天更新，平均每秒钟就有一个图书馆增加一条新记录到 WorldCat 数据库。书目记录数量已达到 4 亿余条，馆藏数量跃升至 20 亿余条，WorldCat 包含用户可在图书馆中获取的所有信息。除图书和印刷期刊外，实体资料的目录还包括 DVD、历史照片、电子游戏、乐谱、报纸、网页和其他众多标准资料，见图 2-5。

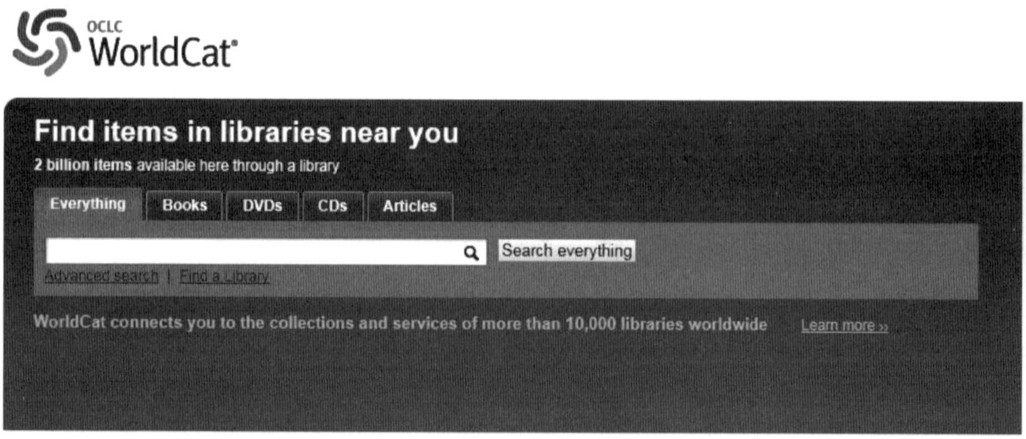

图 2-5　OCLC WorldCat 主页

用户通过网址 http：//www.worldcat.org 进入 WorldCat 主页。WorldCat 提供基本检索与高级检索两种检索途径。在高级检索中，提供了 3 个默认为“AND”关系的检索框，可以通过 8 个字段（Accession number、Author、ISBN、ISSN、Journal Source、Keyword、Subject、Title）对检索条件进行限制。用户在检索结果（Search Results）页面中点击题名，可以查看该文献的详细信息，并提供打印、下载等服务。页面左侧可让用户按照类别来优化搜索结果，包括作者、内容（主题）、格式、语言和出版年份。WorldCat 为各图书馆提供了在图书馆目录外展示其馆藏的机会，所采用的格式均可通过搜索引擎、引用管理系统、校园平台、研究门户和其他信息网站读取。WorldCat 将读者与附近藏有他们所需图书的图书馆连接起来，读者还可以通过“Find a Library”查找附近的实体图书馆。

4．有效查找图书信息应注意的问题　信息技术的不断进步促进了 OPAC 系统的发展，用户界面人性化、检索方式简易化的发展趋势使得用户查找图书更为便捷。由于不同的 OPAC 检索系统，其检索界面、检索方式、检索技巧不同，因此，在查找图书的过程中除了要注意这些区别外，还需注意以下两个问题：

问题 1：注意使用规范化的检索词。应选择规范化、专业化的检索词进行检索，避免使用口语化或者存在歧义的检索词。外文检索词可以参照《医学主题词表》（MeSH）等权威性的主题词表进行选择。

问题 2：灵活选用检索限定条件。不同的 OPAC 系统一般都提供有相应的检索限定条件，如出版年代、文献来源等，尤其是高级检索途径。用户通过对不同限定条件的正确使用，可以达到对检索结果进行快速筛选的目的，达到事半功倍的效果。

（三）统一检索平台

随着信息技术的快速发展，电子资源的类型和用途越来越多，图书馆的资源系统也越来越多，但是每个系统所涵盖的资源内容和所采用的信息组织方式都有所不同，大多数系统基本上是独立的系统，数据不能被其他系统调用，读者若要得到较全面的信息资料，则需要检索多个资源库。图书馆界不断探索通过技术来实现电子资源的再组织，意图通过某一系统或平台实现多个数据库的集成和无缝链接，使读者基于一个检索界面便可同时查询若干个数据库，获得多个数据库的检索结果，这项技术被称为联邦检索、元检索、跨库检索等，具备该项技术的系统或平台被称为统一检索平台、异构检索平台、元检索引擎等。

统一检索平台指让用户在统一的查询界面与检索结果的形式下，查询用户所需要的多个数据库资源，为用户提供“一站式”服务的系统。即通过简单的操作，使用户能够一步到位地检索到所需要的信息资源而感觉不到所查资源来源于不同的数据库。目前国内图书馆使用较多的统一检索平台主要有：美国 Serials Solution 公司的 Summon 系统、以色列 Exlibris 公司的 Primo 系统、美国 EBSCO 公司的 EBSCO Discovery 系统等，还有国内高校图书馆研发的统一检索平台，如北京大学的“未名学术搜索”、清华大学的“水木搜索”等。不论基于哪种技术实现，统一检索平台主要功能包括：资源整合功能、资源检索功能、资源获取功能、检索结果处理、服务整合功能五大方面。

1. 资源整合功能 统一检索平台可以涵盖各种类型、各种结构的数据源，通过多种手段对资源进行整合与揭示。整合可以是物理或逻辑的整合，如对相关资源按不同方式进行汇集，将相同资源的不同版本整合到一起等，按数据库、学科、文档类型、时间、语种等多角度建立分类导航，通过建立一个集中式索引，为用户提供服务。

2. 资源检索功能 检索是统一检索平台的基础功能，一般在统一界面上提供类似于搜索引擎的检索接口，读者只需在统一检索框中输入相应的关键词或检索式，即可实现对不同文献资源系统的一站式检索，检索包括简单检索和高级检索。简单检索应包括自然语言检索、短语检索及布尔算符、截词符和通配符等检索。高级检索提供多字段检索和多种限制选项，同时，系统还提供检索策略的保存及定题跟踪服务，以方便用户再次检索。

3. 资源获取功能 通常用户进行检索的目的是为了获取检索的最终结果，若只能提供资源的检索，而不能提供相应的资源，统一检索平台的功能将会大打折扣。因此，统一检索平台一般都将获取功能无缝嵌入到检索服务中。为便于用户对资源的获取，通常会对资源的形式及获取方式进行描述。资源形式指电子版本或印刷版本，获取方式是指资源是否可以在互联网环境下免费直接获取，或是在局域网环境下免费获取，或是其他方式获取，能获取完整的还是其中的某些部分等。

4. 检索结果处理 统一检索系统所涉及的数据源比较多，因此，检索结果也会相应比较庞大，如何对检索结果进行科学的处理与显示，对用户获取信息至关重要。通常统一检索平台会对检索结果提供多种分面展示，同时在提供基本统一显示的基础上，对不同类型的资源设计不同的显示内容；另外，会按相关性、时间标题、作者、来源、语言等多种方式对检索结果进行排序，以便于用户对资源的选择。对于包含多个数据库的统一资源检索平台，对结果进行科学合理的去重，也是其提供的一项重要的功能。

5. 服务整合功能 统一检索系统通常可以整合图书馆的一些常用服务系统，如在检索系统中整合文献传递的功能，当用户无法免费获取到电子版本资源时，可以通过文献传递系统实现对资源的获取。如：整合馆藏信息，用户在检索结果中就可以发现哪些图书馆收藏了所需要的资源；整合地图功能，用户可以查看最近的图书馆；整合在线书商，用户在检索到结果后，可以直接购买所需资源。

（王　欣　徐明卉）

第三节　图书馆提供的主要服务

案例 2-6

小陈是某医科大学的研究生，刚开学导师就要申报一个项目，让小陈帮忙撰写申报书中项目背景的初稿。这可把小陈难倒了，不知如何下手，请问图书馆提供的哪些服务可以帮助小陈完成这项工作？

案例 2-6 解析

一、科技查新

科技查新（scientific and technical novelty checking），常简称为查新，是在科技体制改革过程中萌生、发展起来的，从文献角度对科研项目的新颖性进行评价，旨在防止科研项目的低水平重复，避免人力、财力的浪费。

有关科技查新的更多内容，可阅读本书第九章第三节。

二、查收查引

查收查引（paper index and citation service），又名论文收录及被引用检索，指根据用户需求，在国内外权威数据库中检索其论文被收录和被引用情况，以证明其科研能力和水平而开展的信息咨询服务。具体来说，就是通过作者姓名、单位、文献标题、来源出版物等文献线索检索论文被国内外权威数据库收录以及他人引用情况，并出具检索报告。国内越来越多的机构将论文收录和引用的情况作为科研绩效评估的一项重要评价指标，如项目结题、奖励申请、职称评审、绩效评价、人才引进、人才选拔等往往都需要提供论文的收录和被引情况报告。

1．收录检索　即检索论文被权威数据库收录的情况，常用于检索的数据库有科学引文索引（Science Citation Index，SCI）、工程索引（Engineering Index，EI）、科技会议录索引（Conference Proceedings Citation Indcx，CPCI）、中文社会科学引文索引数据库（CSSCI）、中国科学引文数据库（CSCD）等。

2．引文检索（citation search）　就是检索文章的被引情况，实际上更多的时候是检索被他人引用的情况。通过被引频次的检索，可以在一定程度上了解文献或作者的科研影响力。当前检索论文被引情况，以检索 SCI、Scopus 数据库、CSCD、中国生物医学期刊引文数据库（CMCI）、中国引文数据库（CNKI）等最为常见。

服务流程一般由用户填写委托单提出申请，图书馆受理后，根据用户提供的文献线索到指定数据库进行检索，导出相关数据并根据用户需求鉴别、补充相关数据，如影响因子、分区信息、他引频次等，最后生成检索报告。

三、文献传递

随着科学技术的迅猛发展及各学科的渗透加强，科技出版物与日俱增，知识更新频繁，信息总量以惊人的速度增长，人们对信息的需求也越来越强烈。但是图书馆现有的经费却难以应付上涨的出版物价格和不断增长的用户信息需求。图书馆经费、资源不足与用户日益增长的文献需求之间的矛盾，使得越来越多的图书馆意识到图书馆之间资源共享的重要性。馆际互借（interlibrary loan）应运而生。

馆际互借是指图书馆之间相互利用对方馆藏来满足本馆用户需求的一种资源共享方式，是一种返还式的共享。文献传递（document delivery）则是在此基础上以现代信息技术为支撑发展起来的一种非返还式资源共享，即将用户所需论文的复制品提供给用户后，用户无需将这些复制品返还，比起传统的馆际互借，它具有快速、高效、简便的特点。馆际互借多用于图书资源的共享；文献传递多见于期刊论文、会议论文、学位论文、标准、专利文献等。在生物医学领域，以文献传递更为常用。

国内外不少信息服务机构和大型图书馆均向用户提供文献传递服务。国际上比较著名的文献传递服务机构有大不列颠图书馆文献提供中心（BLDSC）、联机计算机图书馆中心（OCLC）、美国 UnCover 文献快递中心、德国 Subito 在线、加拿大科学技术资料中心（CISTI）等。其中 OCLC 在国内使用较常见。

国内使用较多的文献传递机构有中国科学院文献情报中心（国家科学图书馆）、国家科技图书文献中心（NSTL）、中国高等教育文献保障系统（CALIS）、中国高校人文社会科学文献中心（CASHL）等。

（一）中国科学院文献情报中心（国家科学图书馆）

中国科学院文献情报中心是中国科学院直属的综合性文献情报机构，是我国目前最大的科学专业图书馆，是具有多种服务功能的综合型科技图书馆和自然科学情报中心。该中心馆藏资源丰富，截至 2015 年拥有外文电子期刊 18 248 种，外文电子图书、工具书 136 490 卷；外文电子会议录 40 757 卷，电子数据库 150 多个。该中心的文献传递服务主要面向中科院院内用户，非中科院用户可以在其平台上注册，注册成功后预存一定费用即可使用其文献传递服务。

（二）国家科技文献中心

国家科技文献中心（NSTL）是经国务院批准，于 2000 年 6 月 12 日成立的一个基于网络环境的科技信息资源服务机构，由中国科学院文献情报中心、中国科学技术信息研究所、机械工业信息研究院、冶金工业信息标准研究院、中国化工信息中心、中国农业科学院农业信息研究所、中国医学科学院医学信息研究所、中国标准化研究院标准馆和中国计量科学研究院文献馆组成。NSTL 是多家单位的强强联合，覆盖了自然科学的各个领域。其中的中国医学科学院医学信息研究所，是国家级医学信息研究中心、医学信息资源保障与服务中心，是获取年代久远的经典医学论文的重要途径。

NSTL 工作效率高，一般来说，申请文献 24 小时以内可获得，加急可缩短到 12 小时。NSTL 支持个人用户。个人用户采取实名注册，注册成功后即可进行“文献传递”“代查代借”“我的图书馆”等服务操作。用户需要文献全文时，可以事先交付预付款，每次申请从预付款中扣费，也可以申请文献时网上即时交付。

（三）中国高等教育文献保障系统

中国高等教育文献保障系统（CALIS）是经国务院批准的我国高等教育“211 工程”“九五”“十五”总体规划中三个公共服务体系之一。CALIS 的宗旨是：在教育部的领导下，把国家的投资、现代图书馆理念、先进的技术手段、高校丰富的文献资源和人力资源整合起来，建设以中国高等教育数字图书馆为核心的教育文献联合保障体系，实现信息资源共建、共知、共享，以发挥最大的社会效益和经济效益，为中国的高等教育服务。

简单来说，CALIS 是高校图书馆的联盟。CALIS 为成员馆提供多项服务，其中文献传递是重要的一项，主要通过 CALIS 的馆际互借与文献传递系统实现。在系统里，每个成员馆既可以是文献申请馆，也可以是文献提供馆。与前面所述文献传递服务机构不同，CALIS 不支持个人用户单独注册。用户要申请原文传递必须通过其所属成员馆的文献传递管理员申请或通过管理员注册获取文献传递账号。

近年来，CALIS 十分注重与其他文献传递机构的合作发展，目前已建立起与 NSTL、中国国家图书馆、上海图书馆、香港特别行政区大学图书馆长联席会（JULAC）等合作，即用户只要通过 CALIS 馆际互借与文献传递系统，即可申请以上文献传递服务机构的资源。

（四）中国高校人文社会科学文献中心

中国高校人文社会科学文献中心（CASHL）是在教育部的统一领导下，本着“共建、共知、共享”的原则、“整体建设、分布服务”的方针，为高校哲学社会科学教学和研究建设的文献保障服务体系，是教育部高校哲学社会科学“繁荣计划”的重要组成部分，也是全国性的唯一的人文社会科学文献收藏和服务中心，其最终目标是成为“国家哲学社会科学资源平台”。CASHL 于 2004 年 3 月 15 日正式启动并开始提供服务，现已拥有 830 家成员单位。成员单位主要为高校图书馆，此外还包括部分人文社会科学研究机构，如国家发改委宏观经济研究院图书馆、北京市社科院图书馆、上海社科院图书馆、江苏省社科院图书馆等。

虽然 CALIS 和 CASHL 均主要服务于高校图书馆，两者均不支持个人用户单独注册，但两者的服务模式有所不同。CALIS 系统中，每一个成员馆均可提供服务、传递文献，用户在提交申请后需由管理员审核处理，向外馆发出申请；而在 CASHL 系统，资源和服务体系由 2 个全国中心、7 个区域中心和 8 个学科中心构成，其职责是收藏资源、提供服务，并不是所有成员馆都提供服务。另一方面，用户在 CASHL 系统申请文献时，可根据系统显示的馆藏情况选择服务馆，提交后申请会自动发往该馆，无需管理员干预。

四、论文重复率检测

21 世纪以来，论文数量飞速递增的同时，因对学术不端问题认识的松懈、受浮躁的学风和以论文为导向的考核机制的影响，论文抄袭、重复发表事件层出不穷。不少出版社和科研机构纷纷借助文献检测系统来检测论文的重复性，以甄别和遏制这种现象。

论文重复率检测（thesis repetition rate detection），也称论文相似性检测、文档相似性检测等，是一种利用技术手段，对文档中片段相似程度进行分析的检测服务，通过该服务能有效检测出论文中存在的内容抄袭和复制等行为。

近年来，国内外相关研究机构和企业研发了多种剽窃检测系统，如国内的大雅论文相似度检测系统、维普论文检测系统、中国知网学术不端文献查重检测系统、万方文献相似性检测服务；国外的 CrossCheck、Turnitin、eTBLAST 等。这些系统在技术使用上大同小异，都是基于一定比对信息资源而开发的技术检测，因此，比对数据库的建设情况，尤其是比对资源的全面性和权威性是衡量系统有效性和覆盖性的最重要指标。正是由于各个检测系统比对资源的不同，使得同一篇论文在不同的检测系统得到的重复率不同。当前的论文重复性检测只能对论文的文字部分进行检测，当论文照搬他人的图、表以及公式时，检测系统无法精准显示，因此，具有一定的局限性。

五、图书捐赠

图书馆接受读者和社会人士的捐赠，这是图书馆开拓经费来源和发展馆藏的一种重要途径。在我国图书馆的法规中均有捐赠的相关规定，如《中华人民共和国公共图书馆法》规定：“国家鼓励公民、法人和其他组织依法向公共图书馆捐赠，并依法给予税收优惠。境外自然人、法人和其他组织可以依照有关法律、行政法规的规定，通过捐赠方式参与境内公共图书馆建设”和“公共图书馆可以通过采购、接受交存或者捐赠等合法方式收集文献信息”。另外，《普通高等学校图书馆规程》规定：“高等学校应鼓励社会组织和个人依法积极向图书馆进行捐赠和资助”和“寻访和接受社会捐赠”。在捐赠中，以图书捐赠（book donation）最为常见。图书捐赠可帮助图书馆收集各种类型的文献，进行馆藏资源的特色化建设，拓宽馆藏资源的广度与深度，起到补充替代损毁丢失文献资料的作用，不仅提升图书馆的文献资源建设水平，还能节约图书馆的资源建设经费，同时图书捐赠也是加强图书馆社会关系，提升图书馆社会影响力的重要途径。

不少高校图书馆对图书捐赠日益重视，一方面通过多种宣传途径吸引更多的社会组织和个人进行图书捐赠，另一方面制定图书捐赠的管理办法，建立相关网站，为捐赠者授予捐赠证书等使图书捐赠管理更为规范化和人性化。图书捐赠唤醒了沉睡的图书，使这些图书重新流通，知识再次闪耀。但是由于捐赠途径多样，收到的图书质量难以把控，例如有的图书年代久远，利用价值不大；有的图书较为破旧，影响阅读；有的图书不符合馆藏的收藏原则；此外，学生捐赠多为教材教参，使得这类图书复本量过大。

六、读者培训

高校图书馆的主要职能是教育职能和信息服务职能。读者培训（readers training）是图书馆践行教育职能的主要体现。读者培训是图书馆有计划、有目的开展的，旨在提高用户的信息意识和检索技能，使其能充分利用图书馆及其信息资源的教育活动。当前图书馆开展的读者培训形式多样，有针对新生的新生入馆教育、有推广电子资源的讲座系列，也有针对某一学科资源的专题讲座以及为提高读者信息素养而开设的“信息检索”课程等。涉及的内容不但包括图书馆资源的使用，还向信息组织、分析、评价、管理等方面延伸，包括信息技术基础、文献检索技能、检索系统的使用、课题调研、网页制作软件、常用办公软件、论文写作与投稿、文献管理软件等。在网络环境下，培训的形式也出现了网络化的特点，不少图书馆开展了网上培训、网络课堂。如部分高校图书馆在网上以“1 小时（或半小时、90 分钟）讲座”“网络教程”“网络教室”等开展网络用户培训，方便用户随时随地学习和掌握，收到了良好效果。

七、学科服务

随着信息环境和用户信息需求日新月异的变化，如何更好满足读者的差异化需求，促进图书馆学术信息的增值，成为创新服务的一个讨论热点。学科服务（subject service）正是为适应新的信息环境，以用户需求为中心提出的贴近用户一线学术活动的新的服务模式。2006 年时任中国科学院国家科学图书馆馆长李春旺指出：学科化服务就是按照科学研究（例如学科、专业、项目）而不再是按照文献工作流程来组织科技信息工作，使信息服务学科化而不是阵地化，使服务内容知识化而不是简单的文献检索与传递，从而提高信息服务对用户需求和用户任务的支持力度。

与传统咨询服务相比，学科服务是一种需求驱动、面向科研过程的服务。它通常采取知识化组织模式，以用户为中心，面向服务领域或机构，组建灵活的学科单元，将资源采集、加工、重组、开发、利用等工作融于每个学科单元之中，整合传统图书馆职能部门，使信息服务由粗放型管理转向学科化、集约化管理，以方便学科馆员提供更深入、更精细的服务。当前，服务内容主要包括：定题服务、开发特色学科数据库、重点学科资源智能导航、个性化学科信息门户、团队化信息服务等。

在学科服务中，学科馆员是学科专业与图书馆之间的桥梁。一方面通过学科馆员能及时了解学科对文献资源、信息服务之间的需求；另一方面，学科馆员对图书馆的资源进行有效的学科整合、推送，满足学科的个性化需求，从而提升图书馆在院系、学科中的影响力。因此，学科馆员一般是具有某种学科背景同时受过文献情报专业训练，能向特定学科领域的用户提供深层次、个性化信息并获取与利用服务的复合型人才。

八、信息分析

信息分析（information analysis）是一项内容广泛的信息深加工处理和情报提炼活动，它以大量相关的原生信息为处理对象，透过对原生信息内容的分析、综合或评价，以提炼出对管理、决策等活动有支持作用的情报，为管理、决策等活动服务。具体来说，就是根据用户的现实需求或潜在需求，广泛系统收集原生信息（主要为文献），对收集到的原生信息进行分析对比、推理判断、归纳整理，掌握其内部变化的规律与周围事物的联系，了解它的过去、现状并预测未来发展的趋势，或提出解决问题的建议和措施等的研究过程。

信息分析是一项学术性、知识性、专业性很强的深层次信息服务。它既有一般科学的通性，也有自己的特点。

1．针对性　信息分析是建立在用户及其特定的信息需求的基础上，这个基础是信息分析活动得以开展的原动力，所以信息分析的最终成果是可针对性解决用户需求的，可提供决策支持的。

2．综合性　广泛、综合应用现代的信息技术手段和科学的信息分析方法是成功进行信息分析的重要保证，例如 SWOT 分析方式、数据仓库、联机在线分析和数据挖掘等。

3．预测性　信息分析是对大量原生信息内容分析及在分析的基础上对未知或未来状态的预测，这也是它有别于一般性信息加工的重要特点。

4．科学性　完整的信息分析是一个遵循科学规律的系列化的智能活动过程，通过科学分析、推理、判断、综合等方法，掌握事物的内在规律，形成对事物的正确认识，从而指导科学实践。

实践证明，在科学决策、研究与开发、市场开拓等活动中，信息分析都发挥着非常重要的作用，是图书馆开展深层次信息服务的重要途径。

（梁丽明　程　鸿）

小结

本章从图书馆的纸质资源、电子资源及空间资源入手，介绍了核心馆藏资源的构成，介绍了单一图书馆 OPAC 系统的功能和使用方法，以及三种中、外文联合目录查询系统的检索方式，并针对电子图书的特点，结合案例介绍了读秀学术搜索、超星汇雅电子图书、方正阿帕比电子图书等中文电子图书数据库以及 SpringerLink 与 Ovid 等外文电子图书数据库的功能特色、检索技巧及检索中应注意的问题，最后集中介绍了图书馆提供的主要服务内容。

数字学术空间

练习题

1．在本校图书馆 OPAC 系统中检索 2016 年出版的“病理生理学”方面的纸质图书。

2．分别使用 CALIS 和国家图书馆联合目录查询同一检索词的图书文献，比较书目信息和馆藏信息的区别。

3．利用读秀学术搜索，检索王一镗主编的《现代临床急诊医学》。

4．利用读秀学术搜索检索《病原生物学与医学免疫学》，并使用文献传递功能获取“免疫系统”相关章节。

5．利用 SpringLink 检索 Cardiovascular System 主题英文电子图书。

6．利用 SpringLink 检索由 Iqbal Shergill 等编著的 *Surgical Emergencies in Clinical Practice*。

7．王同学是一名在校学生，他最可能使用过哪一个文献传递机构的服务？当王同学毕业

第 2 章练习题参考答案

后，你建议他使用哪一个文献传递机构的服务？

8．图书馆提供了多种服务，请问在第三节介绍的服务中，哪些是属于深层次信息服务？

9．王教授是某医科大学医学伦理学教研室的主任，他发现图书馆有关医学伦理学的资源比较零散，希望图书馆能对他们的学科多一点支持，如把学科的资源进行整合，对教研室的老师进行培训，并在科研文献调研过程给予帮助。请问王教授可使用图书馆哪一项服务？此外，王教授想了解国内各高校医学伦理学的科研实力以及本校的竞争力，请问图书馆可提供这样的服务吗？如可以，属于哪种服务的服务范畴？

第3章

文摘型医学期刊文献检索

导 言

医学期刊论文具有科学性、理论性、创新性的特点，是科研人员研究工作、研究成果的即时总结。医学科研工作者、相关从业人员可以通过医学期刊论文交流经验，分享发现。而文摘型的医学期刊文献检索型数据库具有收录全、更新及时、信息质量好、检索功能完善等特点，因此，是全面、有效检索医学文献不可或缺的重要工具。

第一节　中国生物医学文献服务系统——SinoMed

案例 3-1

某医院肿瘤研究中心教授为其课题做准备，欲查找在肺癌治疗方面的研究进展情况，特别是近五年吉非替尼这种药物在治疗肺癌疾病方面的研究；研读在肺癌方面研究颇有建树的某单位某教授所发表过的文章；查看期刊《中国肺癌杂志》上所发表的吉非替尼治疗肺癌方面的相关文章。

案例 3-1 解析

一、选取理由

（一）SinoMed 系统概况

中国生物医学文献服务系统（SinoMed）由中国医学科学院医学信息研究所 / 图书馆开发研制。它整合了中国生物医学文献数据库（CBM）、中国医学科普文献数据库、北京协和医学院博硕学位论文库、西文生物医学文献数据库（WBM）、日文生物医学文献数据库等多种资源，是集检索、免费获取、个性化定题服务、全文传递服务于一体的生物医学中外文文献整合服务系统。其中 CBM 收录了 1978 年以来 1 800 余种中国生物医学期刊，以及汇编、会议论文的文献题录 820 万余篇（持续更新中），新增 1989 年以来中文参考文献 410 余万篇（持续更新中）；中国医学科普文献数据库收录 2000 年以来国内出版的医学科普期刊近百种，文献总量 27 万余篇；北京协和医学院博硕学位论文库收录 1981 年以来协和医学院培养的博士、硕士研究生学位论文；WBM 收录目前世界各国出版的重要生物医学期刊文献题录 2 400 余万篇。

（二）SinoMed 系统特色

SinoMed 可实现跨库检索，即同一检索词或检索式在多个数据库中同时检索，包括快速检索、高级检索、主题检索、分类检索四种跨库检索途径。SinoMed 重点围绕 CBM 库提供引证分析、机构分析（和第一机构检索）、基金分析、作者分析、期刊分析、医院论文统计六项学科分析功能。SinoMed 通过中国医学科普文献数据库提供免费科普知识。CBM 为 SinoMed 核心库，以下重点介绍 CBM 编排特点及功能特色。SinoMed 系统 主界面见图 3-1。

图 3-1 SinoMed 系统主界面

1. CBM 编排特点 CBM 是目前收录国内生物医学期刊较全面的文摘题录型数据库。它涵盖了预防医学、基础医学、临床医学、药学、中医学及中药学等生物医学的各个领域。提供多种检索途径，包括快速检索、高级检索、主题检索、分类检索、期刊检索、作者检索、机构检索、基金检索、引文检索。

对收录的文献内容揭示规范、全面。CBM 依据美国国立医学图书馆的《医学主题词表（Medical Subject Headings，MeSH）》（中译本）、中国中医科学院中医药信息研究所的《中国中医药学主题词表》以及《中国图书馆分类法・医学专业分类表》对收录文献进行主题标引和分类标引。同时，CBM 还对作者、机构、期刊、基金、引文等进行规范化加工，以逐步提升作者、机构、期刊及基金等查询分析的准确性与全面性。

原文获取方式多样，方便快捷。CBM 提供多种原文获取方式，整合了维普原文直接链接、免费全文直接下载；能够阅读协和医学院硕、博士学位论文；依托国家科技图书文献中心（NSTL），建立全文传递服务系统，拓宽全文获取路径。

提供个性化服务。注册个人账号后，通过“我的空间”可查看检索策略定制、检索结果保存和订阅、检索内容主动推送及邮件提醒、写作助手、引文追踪、使用统计等个性化内容。

2. CBM 功能特色

（1）主题检索功能：是指利用规范化的主题词进行检索。在检索过程中，经常会遇到一个主题概念可以由很多同义词来表达的情况。例如，癌症可以用肿瘤、瘤、癌等词汇进行表达。若通过主题检索途径进行检索，便可方便地检索出含有肿瘤、瘤、癌等词汇的文献。

（2）智能检索功能：是自动实现检索词、检索词对应主题词、该主题词的其他款目词及下位词同步扩展检索。如输入检索词“脑中风”，系统会自动对“脑中风”、脑中风相应主题词“卒中”、卒中其他款目词“脑血管意外”“脑血管中风”进行同时检索，以提高检索的查全率。智能检索功能在快速检索途径及高级检索途径中均可使用。

（3）限定检索功能：指对文献的发表年代、文献类型等文献的外在特征词进行限定，以帮助检索者更加快速准确地找到所需文献。主要包括对年代范围、文献类型、年龄组、性别、对象类型的限定。限定检索时组内的逻辑关系为“OR”，组间的逻辑关系为“AND”。高级检索途径及引文检索途径中具有限定检索功能。

（4）检索历史功能：检索历史中保存每次检索的检索步骤，包括序号、检索表达式、检出文献量、检索时间。检索历史最多能保存 200 条检索表达式。通过检索历史可以清晰地分析自己的检索策略，调用以往检索结果，且可以将检索策略保存到“我的空间”或订阅 RSS。同时，在检索历史中可根据需要对一条或者多条检索表达式进行“AND”“OR”“NOT”逻辑关系组配。在快速检索、高级检索、引文检索途径中可利用检索历史功能。

（5）检索结果聚类、链接功能

1）结果聚类分析：CBM 提供强大的检索结果聚类分析功能。可以从主题、学科、期刊、作者、时间、地区 6 个维度对所检索出来的文献进行分析，以了解该领域的主要研究人员、研究热点、学科发展轨迹和趋势、核心期刊等信息。例如，从疾病、诊疗技术及设备、生物科学、化学物质和药物、医疗保健、解剖学等方面对文献进行主题分析；从内科学、基础医学、药学、临床医学、外科学、儿科学、神经病学与精神病学等学科对文献进行学科分析。

2）检索结果链接：CBM 在检索结果中添加相关知识点的快速链接，以全方位满足检索过程中的新发现、新需求。主要包括作者链接，即检索该作者发表的文献；出处链接，即检索该出处（期刊）收录的所有文献；主题相关链接，即检出根据关键词、主题词、标题相关性内置算法得出的文献；作者相关链接，即检索出该篇文献所有作者所发表的文献。

（三）检索方法

SinoMed 可进行跨库检索和单库检索。跨库检索是指对其所有子数据库进行同时检索，有快速检索、高级检索、主题检索、分类检索四种检索途径。单库检索是指根据内容所需对某一子数据库进行单独检索。现以中国生物医学文献数据库（CBM）为例，介绍 SinoMed 检索方法。

1．快速检索途径　快速检索是 CBM 默认的检索方式，在全部字段中对检索词进行智能检索。支持布尔逻辑运算符“AND”“OR”“NOT”检索，多个检索词之间空格执行“AND”运算。支持单字通配符“？”和任意通配符“%”检索。在初次检索后，可在当前检索结果中继续进行二次检索，以检出更符合需求的文献。

进入中国生物医学文献服务系统，选择 CBM，选择快速检索。

在检索框中输入“肺癌”，点击检索。通过详细检索表达式可知，检索系统在全字段中检索了“肺癌”“肺肿瘤”“肺部癌症”“肺部肿瘤”，并对肺癌相应的主题词“肺肿瘤”进行了主题检索。在检索结果页面的检索框中输入“吉非替尼”，选中“二次检索”，点击检索。得出吉非替尼药物在治疗肺癌疾病方面的文献。

2．高级检索途径　CBM 中的高级检索提供了选择字段、智能检索、精确检索、限定检索和检索历史等功能。高级检索中可选字段包括常用字段、全部字段、中文标题、英文标题、摘要、关键词、主题词、特征词、分类号、作者、第一作者、作者单位、国省市名、刊名、出版年、期、ISSN、基金。其中常用字段是中文标题、摘要、关键词、主题词的组合。检索结果与检索词完全匹配的一种检索方式，适用于关键词、主题词、作者、分类号、刊名等字段。精确检索是指在关键词、特征词、分类号、作者、第一作者、刊名、期、ISSN 号字段中进行与检索词完全匹配的检索，见图 3-2。

进入中国生物医学文献服务系统，选择 CBM，选择高级检索。

通过分析检索要求，确定所需要检索的主题概念。本案例中的主题概念包括“肺癌”及“吉非替尼”，且可以通过查找“综述”类文献了解课题的研究状况。

在构建表达式中选择常用字段，输入“肺癌”，勾选智能检索，点击“发送到检索框”，

图 3-2 高级检索界面

再输入“吉非替尼”，勾选智能检索，布尔逻辑关系选择“AND”，点击“发送到检索框”；在限定条件中，年代选择“2013—2017”，文献类型选择“综述”，最后点击检索，得出 2013 年到 2017 年发表的在中文标题、摘要、关键词、主题词字段中既包含肺癌及其主题词、同义词又包含吉非替尼及其同义词的综述型文献。

3．主题检索途径 主题检索利用款目词查找到相应的主题词，根据需要对主题词进行是否加权、是否扩展、是否组配副主题词，见图 3-3。

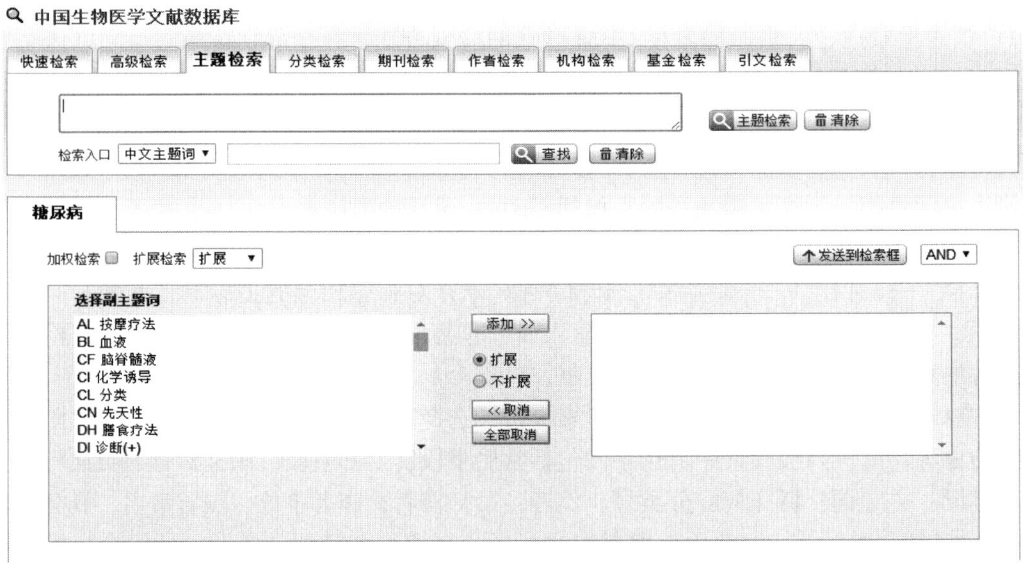

图 3-3 主题检索界面

（1）主题词：是由生物医学领域经过规范化和优选处理的名词术语，是构成主题词表的主体，有独立检索意义。例如，血清素作为经过规范化的主题词，利用该主题词进行主题途径的检索，便可检索出主题为血清素的文献，也能检索出主题为其同义词 5-HT、5-Hydroxytryptamine、5HT、5- 羟色胺的文献。

（2）款目词：也称入口词，其作用是将自由词引见到主题词。在检索过程中，不确定表达某一主题概念的主题词时，可通过自由词进行查找对应的主题词。上例中 5-HT、5-Hydroxytryptamine、5HT、5- 羟色胺均为款目词，在利用款目词查找对应主题词过程中注意检索入口“中文主题词”“英文主题词”限定的选择。

（3）副主题词：是对某一主题概念自然属性的限定性描述。在医学研究中，往往只涉及所研究主题的某个或某些方面，而不是该主题的所有方面。如在疾病的研究中，会涉及该病的病因学、诊断、治疗、预防与控制等方面；在药物的研究中，会论及该药的副作用、生物合成、药理学等方面。因此，在检索过程中利用规范化的主题词组配相应的副主题词进行检索，既可提高检索的准确性，也可节省检索时间。

组配副主题词过程中可选择“扩展”或者“不扩展”。“扩展”是指对标有“(+)”的副主题词及其下位副主题词同时进行检索；“不扩展”是指只对当前所选择的副主题词进行检索。系统默认情况下为“扩展”检索。

（4）加权检索：是指对增加了权重（加星号 *）的主题词进行检索。一篇文献、会议报告、学位论文等所论述的不只某一方面问题，往往会涉及多个方面，因此，在对文献等进行著录标引时，对该文献的主要方面主题词加星号标注以示区别。加权检索便是对加星号标注过的主题词进行检索。系统默认情况下为非加权检索。

标引与特征词

（5）扩展检索：是对当前主题词及其主题树中下位主题词进行检索。不扩展则仅对当前主题词进行检索。例如主题词冠心病，其下位主题词有冠状动脉瘤、冠状动脉疾病、冠状动脉血栓形成、冠状血管痉挛等。若选择扩展检索，则同时对冠心病、冠状动脉瘤及冠状动脉疾病等主题词进行检索，通常会增加检出文献量。系统默认情况下为扩展检索。

进入中国生物医学文献服务系统，选择 CBM，选择主题检索。

在中文主题词检索入口输入“肺癌”，查找肺癌的主题词，通过浏览确定所对应的主题词“肺肿瘤”，进入“肺肿瘤”主题词页面，浏览相关主题词注释信息，并分析主题树，查看肺肿瘤下位类目“癌，支气管原”“癌，非小细胞肺”“硬币病变，肺”等是否有所需要的更符合需求的主题词。本课题选择“肺肿瘤”作为主题词。

根据检索需要选择“加权检索”。默认“扩展检索”。查看与“肺肿瘤”可组配的与治疗相关的副主题词进行添加，选择“TH 治疗（+）”，点击“扩展”，点击添加，即可选择所有与治疗相关的副主题词，点击“发送到检索框”，进行主题检索。

4．分类检索途径　从文献所属的学科角度进行查找，能够提高族性检索效果。在输入所需检索分类名或分类号后，系统将在《中国图书馆分类法 • 医学专业分类表》中查找对应的类号或类名。在分类词注释详细页面，可选择是否扩展、是否复分，提高查全率、查准率。分类检索支持多个分类号的同时检索，可使用逻辑运算符“AND”“OR”和“NOT”进行组配。

5．期刊检索途径　可通过刊名、出版地、出版单位、期刊主题词或 ISSN 号字段在检索入口处查找期刊；也可通过“学科分类导航”或“首字母导航”逐级查找浏览期刊。

进入中国生物医学文献服务系统，选择 CBM，选择期刊检索。

在期刊检索入口处选择“刊名”字段，输入“中国肺癌杂志”，点击查找，进入期刊《中国肺癌杂志》，可在此页面进行进一步操作。在本刊中检索框内输入“吉非替尼”，选择“全部年”“全部期”，点击浏览，则可查看在《中国肺癌杂志》期刊及其更名前的期刊中介绍吉非替尼药物在肺癌治疗方面的相关文章。

6．作者检索途径　可通过作者姓名进行检索。若查找第一作者，可通过选择“第一作者”进行查询，并可以进一步对第一作者机构分步进行分析。

进入中国生物医学文献服务系统，选择 CBM，选择作者检索。

在作者检索页面，输入作者某教授姓名，若为第一作者，则勾选“第一作者”，点击查找，可进行下一步操作，选择作者所在机构，通过选择单位进行查找。

7. 其他检索途径

机构检索可通过机构名称进行直接查找，且可通过机构分类导航逐级查找所需机构。

基金检索可通过基金名称或者基金项目（“项目名称”或“项目编号”）直接查找基金，也可通过分类导航逐级查找浏览。

引文检索是 CBM 新增的一项重要功能。可通过常用字段、被引文献题名、被引文献主题、被引文献作者、被引文献第一作者、被引文献出处、被引文献机构、被引文献第一机构、被引基金字段查找所需文献。其中常用字段由被引文献题名、被引文献出处、被引文献主题三个检索字段组成。被引文献主题由被引文献的题名、关键词、主题词三个字段组成。

（四）检索结果显示与输出

1. 检索结果显示 CBM 自动对检索结果按全部文献、核心期刊文献、中华医学会期刊文献、循证文献进行分类（图 3-4）。同时，可按入库、年代、作者、期刊、相关度、被引频次对所有文献进行排序，并给出两种显示方式：题录、文摘。题录格式列出了标题、作者、作者单位、出处、相关链接；文摘格式列出了标题、流水号、作者、作者单位、摘要、出处、关键词、相关链接。

在进入该篇文献详细记录页面的同时可看到学科分类号、主题词、特征词等信息。可查看该篇文献的参考文献、施引文献、共引相关文献、主题相关文献、作者相关文献。施引文献是指引用该篇文献的文献。共引相关文献指与该篇文献有共同参考文献的文献。主题相关文献是指有相同主题词的文献。作者相关文献是指有共同作者的文献。

2. 检索结果输出 支持保存、打印、E-mail 和写作助手四种输出方式。用户可根据需要选择输出范围：标记记录、全部记录（最多 500 条）、当前页记录，也可自行规定记录号。保存格式包括题录、文摘、自定义、参考文献。

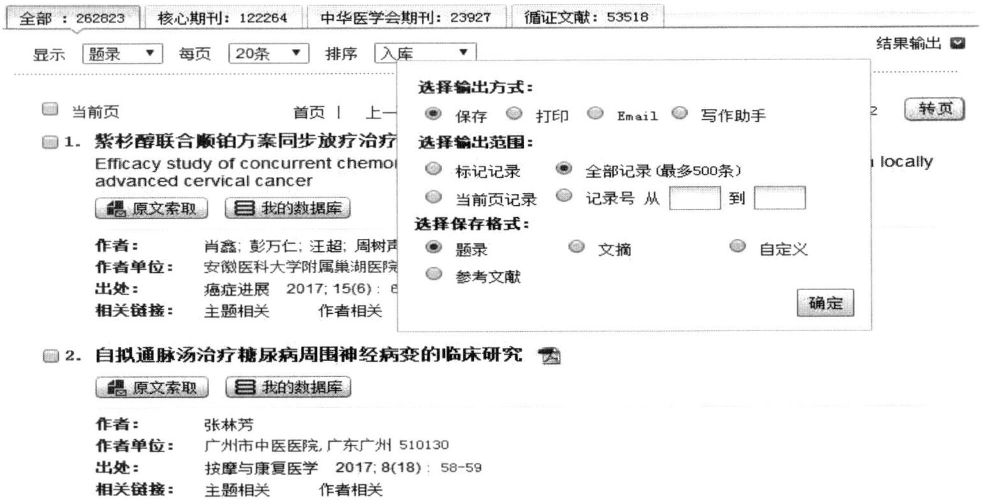

图 3-4 检索结果显示与输出

（五）检索技巧

技巧 1：合理使用检索技术

CBM 支持逻辑组配检索、截词检索、强制检索。逻辑组配检索技术支持布尔逻辑运算符 AND、OR、NOT，逻辑运算符优先级顺序为：NOT > AND > OR，可通过括号来改变优先顺序。截词检索可通过“？”作为单字通配符，“%”作为任意通配符。强制检索指对检索词作为词组进行检索，可通过对检索词加半角双引号来实现。

技巧 2：充分发挥主题检索中“英文主题词”释义的作用

中文主题词表是美国国立医学图书馆《医学主题词表（MeSH）》的中译本，有些翻译的中文主题词并不符合中文的表达习惯，所以一些中文主题概念，尤其是药物名称词汇，查找不到其主题词时，可通过其相应的英文主题词找到主题词表中对应的中文主题词。

技巧 3：充分利用多种方式查找主题词

当通过款目词未能找到对应主题词时，可快速检索找到相关文献，利用该文献详细介绍页面所标引的主题词找到所需主题词。

利用主题导航，可逐级找到最专指的所需主题。如查找妊娠期糖尿病预防与治疗方面的文献，若不能确定妊娠期糖尿病对应的主题词，可通过主题词糖尿病的主题导航来查找其下位类主题词“糖尿病，妊娠”。

技巧 4：重视分类导航的使用

在分类检索中，如果选择输入类名或类号进入检索，如果类名不是系统所标引的名词，往往查询不出相符的文献，而非专业检索人员一般又不能确定具体类号，所以分类检索中，利用分类导航逐级类目查找所需文献是更好的选择。

技巧 5：充分利用结果分析功能

在文献检索中，充分利用结果分析功能可帮助进一步找到所需文献。例如在“肺癌”课题检索完成后，想了解在此方面研究比较深入、比较权威的专家有哪些，便可通过结果分析中的“作者分析”，了解所发表文献的作者分布情况。若想查看期刊《中国肺癌杂志》所发表的文献，可通过结果分析中的“期刊分析”功能进行查看。

技巧 6：重视检索结果显示格式的变换

系统默认“题录”格式为检索结果的显示格式。在大量的文献中找到了所需文献，并需要进一步查看文献摘要时，可选择“文摘”格式进行显示浏览。

（六）易犯错误

错误 1：检索词选择不当、不全造成误检、漏检

表达生物医学基本概念的词或词组往往有多种形式，包括常用语、书面语、缩写等。例如艾滋病，同时可用“爱滋病”“获得性免疫缺陷综合征”“AIDS”表示，因此，在检索时注意检索用词选择的全面性与准确性。

错误 2：检索字段选择不当造成检索结果不符合实际检索需求

检索工具中，检索字段包括常用、中文标题、英文标题、摘要、关键词、作者等。根据检索词的不同来选择相应的检索字段是检索出所需文献的前提。若在标题字段中输入作者姓名，则检索不出所需文献。另外，也可通过对字段的调整来完善检索策略。若在标题字段中进行检索，检索结果较少，不能满足检索需求，可通过选择摘要字段或常用字段来增加检索结果数量。

二、有效查找中文摘要型医学文献应注意的问题

问题 1：注意充分发挥智能检索的作用。在检索过程中，检索系统默认智能检索，智能检索可自动实现检索词及其同义词（含主题词）的同步扩展检索，可提高检索的查全率。

问题 2：注意及时保存检索历史中的检索策略。检索历史中保存的检索策略，系统自动保存只有 24 小时。因此，对于自己较为满意的检索策略，可及时保存到“我的空间”中，方便及时跟踪了解所检索的内容及其更新。

问题 3：重视“含更名期刊”小功能的应用。在期刊中检索，选择“含更名期刊”，可检索出该期刊在更名前的文献。例如，在“北京大学学报•医学版”中检索，选择“含更名期

刊”，可检出“北京大学学报•医学版”及其更名前“北京医科大学学报”“北京医学院学报”三种期刊的文献。

（于 伟）

第二节 主要外文文摘型医学期刊文献检索工具——PubMed

案例 3-2

某教授的研究领域为肝癌患者外周血中细胞因子的表达与肿瘤标记物的筛选，近期科研小组在进行项目讨论时，该教授安排新入科研究生重点了解骨桥蛋白、血管内皮生长因子在肝癌中的表达，最好选择一些综述性的文献作为下次研讨会的内容，请你帮助对该项目进行相关的检索。

案例 3-2 解析

一、选取理由

PubMed（http：//www.ncbi.nlm.nih.gov/pubmed）是隶属于美国国立医学图书馆的国家生物技术信息中心（National Center for Biotechnology Information，NCBI）开发的用于检索 MEDLINE、In Process Citations 等数据库的网上检索系统，是 Entrez 系统的子数据库，于 1997 年 6 月起面向公众开放。PubMed 的文献记录来自于 MEDLINE、生命科学期刊、在线图书等，部分记录提供全文链接；文献收录范围覆盖生物医学、健康、行为科学、化学、生物工程等多个领域，具有收录广泛、更新速度快、检索系统完备等特点。

PubMed 的数据主要包括三个方面：

1．MEDLINE 收录 1966 年以来的文献记录，文献量超过 2800 万条，覆盖生命科学的各个领域。记录均进行 MeSH 标引，带有 [PubMed - indexed for MEDLINE] 标识。选择性的收录 1966 年以前的文献，这部分为 Old MEDLINE 数据，收录 1946—1965 年之间的美国医学累积索引中的题录（CIM）和 Current List of Medical Literature（CLML），有 200 多万条数据，该部分数据没有文摘，每条数据带有 [PubMed- OLDMEDLINE] 标识。

2．In Process Citations 主要收录期刊出版商所提供的、未经过标引的引文数据。该数据具有基本的引文数据和摘要，带有 [PubMed - in process] 标识。In Process Citations 数据每天更新，每周会把加工过的数据加入到 MEDLINE 库中，同时从 In Process Citations 数据库中删除。

3．Publisher supplied citations 来自于数据出版商，属于 MEDLINE 收录范围的记录会被转入 in process 中，带有 [PubMed - in process] 的标识；不属于 MEDLINE 收录范围，但要保留在 PubMed 数据库，则带有 [PubMed - as supplied by publisher] 的标识。出版商也会先于印刷版文献向 PubMed 系统提供电子版题录，该类数据带有 [Epub ahead of print] 标识。

二、功能特色

（一）自动词语匹配（Automatic Term Mapping）

未标引的检索词可以在系统中实现词语的自动匹配和转换。输入检索词后，系统依次在

MeSH 转换表、刊名转换表、著者转换表、著者索引等转换表中依次进行自动搜索对比。当匹配到合适的结果后，即停止继续搜索。自动词语匹配功能可以将不规范的检索词转换成相对应的 MeSH 主题词，并自动完成对转换后的 MeSH 主题词进行扩展检索，同时对输入的各个检索词进行自由词检索。

（1）检索词为多个，系统会把多个词作为完整的检索词进行匹配，如果没有匹配到合适的结果，系统会自动拆分所输入的检索词，直到匹配出合适的检索词为止。如输入检索词“liver cancer gene therapy”，系统则经过转换后，会匹配出两个检索词“liver cancer”“gene therapy”进行下一步的检索。

（2）转换后有实际概念的检索词会分别送入各转换表中进行转换，如在 MeSH 词表中匹配到合适结果，匹配即停止。匹配的结果会分别在 [MeSH Terms]、[All Fields] 等字段检索，每个实际概念的检索词之间用逻辑“与”（AND）组配。

如分解出的两个检索词“liver cancer”“gene therapy”分别进行检索后，检索结果进行逻辑“与”的组配，见图 3-5。

Translations:	
gene therapy	"genetic therapy"[MeSH Terms] OR ("genetic"[All Fields] AND "therapy"[All Fields]) OR "genetic therapy"[All Fields] OR ("gene"[All Fields] AND "therapy"[All Fields]) OR "gene therapy"[All Fields]
liver cancer	"liver neoplasms"[MeSH Terms] OR ("liver"[All Fields] AND "neoplasms"[All Fields]) OR "liver neoplasms"[All Fields] OR ("liver"[All Fields] AND "cancer"[All Fields]) OR "liver cancer"[All Fields]

图 3-5　**PubMed 自动词语匹配功能**

（3）每个实际概念的检索词除了进行 [MeSH Terms] 检索外，这个检索词本身还会进行 [All Fields] 检索，其检索结果之间用逻辑“或”（OR）组配。如检索词“liver cancer”系统进行如下的翻译并检索：(“liver neoplasms”[MeSH Terms] OR（“liver”[All Fields] AND “neoplasms”[All Fields]）OR “liver neoplasms”[All Fields] OR（“liver”[All Fields] AND “cancer”[All Fields]）OR “liver cancer”[All Fields]）。

在 PubMed 中使用自动词语匹配功能后，系统自动匹配的结果及过程可以在“Search Details”中查看，可根据实际检索内容重新调整检索词。

（二）短语检索功能（Phrase Search）

短语检索也称强制检索，开启该功能系统将关闭自动词语匹配功能。

自动词语匹配功能可以处理大多数检索词，但当输入的检索词不能匹配到相应的结果时，系统会按照自动词语匹配原理把词组拆分，然后每个检索词之间用逻辑“与”（AND）进行组配，有时这样的检索方式会造成检索结果不准确。如果不希望对检索词进行拆分，可以开启短语检索功能，即可以把所输入的检索词作为整体进行检索。

方法有四种：使用双引号，如“kidney allograft”；在检索词后面使用字段标示符，如 kidney allograft[tw]；使用连接符号，如 first-line；使用截词符，如 kidney allograft*。

（三）截词功能（Truncating Search）

可以使用“*”进行截词检索。在使用截词检索时，系统只检索前 600 个词形变异，如果词形变异超过 600 个，系统将给出警告信息。使用截词检索时，系统关闭自动词语匹配功能和 MeSH 主题词扩展检索功能。例如，输入“heart attack*”，系统不会自动检索其主题词“Myocardial Infarction”以及其下位主题词“Shock，Cardiogenic”等。

（四）逻辑组配功能（Boolean Operators Search）

系统支持布尔逻辑检索，分别是逻辑“与”（AND）、逻辑“或”（OR）、逻辑“非”

(NOT)，均需采用大写形式。运算顺序遵循从左到右，可以通过（）来改变运算次序。

（五）字段限定功能

PubMed 支持字段限定检索，该功能既可以在基本检索又可以在高级检索中使用。在基本检索中，其形式为检索词后加上带有“[]“的字段标识符号，常用字段介绍见表 3-1。例如，toothache[MH] 表示将检索词限定在 MeSH 字段中进行检索。在高级检索中，字段限定功能使用方式是在下拉菜单中选择要限定的字段，输入检索词，在检索框的下方会出现包括所输入检索词的索引表，以方便使用。

常用专业词汇解释

表3-1 常用字段介绍

字段名称	字段标识符	简介
著者姓名	AU	一般为姓名的简写，部分数据亦支持全名检索。如：Lederberg J[AU]
标题	TI	可以使用全部标题，也可以是标题关键词。如：liver transplantation[TI]
期刊名称	TA	可以使用期刊全称、刊名缩写、ISSN 号等。如：Biomed Res Int [TA]
著者机构名称等	AD	著者机构名称、地址等。如：Department of Surgery，Karadeniz Technical University，School of Medicine，61080 Trabzon，Turkey
出版时间	DP	出版日期，采用 YYYY/MM/DD[DP] 格式。如：2013/06/25[DP]
主题词	MH	MeSH 主题词。如：liver neoplasms[MH]
主要主题词	MAJR	主要主题词。如：heart failure[MAJR]
出版类型	PT	文献出版类型，包括临床试验、综述等。如：review[PT]
文献出版语言	LA	文献出版的语言，与文摘的语言并不一致。如：Chinese[LA]

（六）过滤器（Filters）

过滤器功能可对检索结果进行条件限定，调整检出文献量。该功能嵌入检索结果显示界面的左侧，可以直接对检索结果进行“Article types”“Text availability”“Publication dates”的过滤限定。如需要其他限定条件，可以点击“Show additional filters”添加其他过滤限定条件。在进行过滤限定时，组内不同过滤条件间的逻辑关系是逻辑“或”（OR），每组过滤条件间的逻辑关系是逻辑“与”（AND）。过滤条件一旦选定后一直有效，如要进行其他检索，需点击“Clear all”清除已有过滤条件。

（七）结果最佳匹配（Best Match）

通过相关算法对检索结果进行加权及被引频次的计算后，在检索显示界面中显示出最佳匹配结果内容。如选“Best Match”，检索结果数量会发生变化，如需要全部的检索内容，请切换其他排序方式。

三、检索方法

（一）基本检索

基本检索是 PubMed 默认的检索方式，见图 3-6。在该检索界面中可以综合使用自动词语匹配功能、截词检索、短语检索、布尔逻辑检索、字段限定等检索功能来进行词语检索、著者检索、刊名检索等。

分析案例内容，其中检索点有三个：肝癌（liver cancer）、骨桥蛋白（osteopontin）、血管内皮生长因子（VEGFs），利用 PubMed 基本检索可完成该课题。在检索词输入框中同时输入三个检索词，点击“Search”，系统自动完成检索并返回到检索结果显示界面。点击“Search

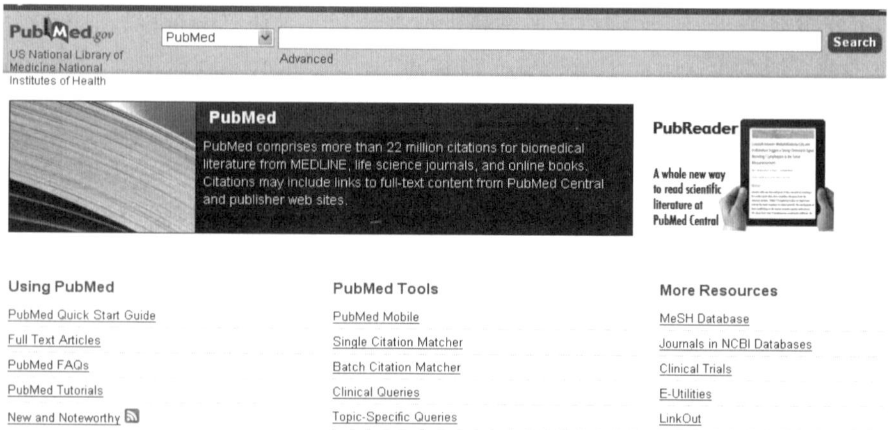

图 3-6 基本检索界面

Details”可以查看自动词语匹配过程，见图 3-7。可以对检索式进行调整后，点击“Search”重新进行检索。

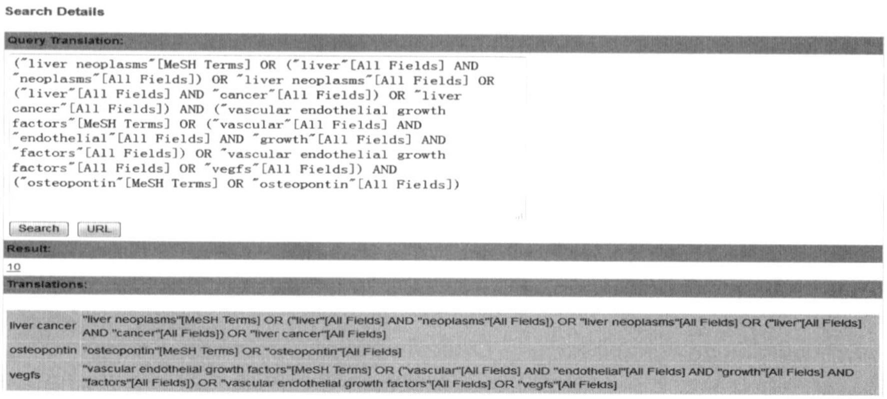

图 3-7 Search Details 界面

（二）高级检索

高级检索界面由检索提问栏（Search Box）、检索式构建器（Builder）、检索历史（History）组成。

1．检索提问栏 在检索提问栏中，可以利用检索式构建器来直接建立检索表达式进行检索。也可以点击“edit”，使检索提问栏进入编辑状态，直接输入检索表达式进行检索，在编辑状态可综合使用自动词语匹配功能、截词检索、短语检索、布尔逻辑检索、字段限定等检索功能。

2．检索式构建器 可以帮助用户构建检索式。使用方法是选择检索字段，并输入检索词，或者输入检索词后点击“Show Index List”，在索引表中选取合适的检索词，根据实际检索需要继续选择检索词及逻辑关系，从而组建一个复杂的检索表达式，构建的检索式会自动出现在上方的检索提问栏中，构建的检索式可以通过“Edit”进行编辑及修改，构建结束后点击“Search”进行检索，也可点击“Add to History”在“History”中查看检索式及检索结果。

3．检索历史 记录所有在 PubMed 中的操作过程，并可通过“Add”按钮对每个检索结果进行进一步的编辑及限定。点击检索式的序号，可以查看该检索表达式的“Search Details”，亦可以把该检索式添加到“My NCBI”中。

本案例所要检索的课题，同样可以使用高级检索来完成。在“Builder”中选择合适的字段（“All Fields”或“MeSH Terms”）分别输入检索词“liver cancer”“VEGFs”“osteopontin”，对于不能确定的检索词，可以点击“Show Index List”来帮助选词。需注意检索式的逻辑关系，如有需要，在检索提问栏中点击“Edit”使用（）来改变逻辑运算次序。

（三）主题词检索（**Searching by Using the MeSH Database**）

使用 MeSH 数据库可以浏览 MeSH 词表，选择规范的主题词、副主题词，并查看主题词注释、浏览树形结构等，可根据检索要求利用“PubMed Search Builder”构建检索式进行检索。

1. 主题词的确定 在 MeSH Database 的提问栏中输入检索词，点击“Search”即可在 MeSH Database 中查找其相对应的主题词。如输入检索词“Kidney Failure”，系统显示所有相关的主题词，通过主题词释义可以判断该词对应的主题词为“Renal Insufficiency”。点击该主题词，即进入主题词注释界面。

2. 构建检索表达式 在确定主题词后，如不需要选择副主题或不需要对该主题词进行限定，可选中该词后直接点击“Add to Search Builder ”把检索词送入检索式编辑器中，再匹配其他所需要的主题词一起进行检索。

对需要组配副主题的主题词，则需要在该主题词注释界面的副主题词列表中选择合适的副主题词。副主题词可以是多个，每个副主题词之间是逻辑“或”（OR）的关系。选择副主题词后，点击“Add to Search Builder ”把检索词送入检索式编辑器中。依次按照同样操作来确定其他的主题词，每个送入检索式编辑器中的主题词之间默认的逻辑关系为逻辑“与”（AND），该逻辑关系可以根据实际进行更改。全部检索词确定后完成检索式构建，点击“Search PubMed”完成检索。

如检索要求该主题词为主要概念，则可以在主题词注释界面副主题词列表下方勾选“Restrict to MeSH Major Topic”选项，则该主题词作为主要主题词进行检索。

本案例所要检索的课题，可以使用主题词检索来完成。首先通过 MeSH Database 分别确定三个检索概念的主题词：“liver cancer”的主题词是“liver Neoplasms”，“VEGFs”的主题词是“vascular endothelial growth factors”，“ Osteopontin”的主题词是“Osteopontin”，见图 3-8。在选择主题词时应详细阅读主题词说明，以避免相似概念的混淆。确定主题词后，根据实际需要确定是否需要组配副主题词，本案例三个检索点不需要副主题词的组配，直接对三个主题词进行逻辑组配，见图 3-9，即可得到检索结果。但是该检索方式由于其检索入口为“MeSH

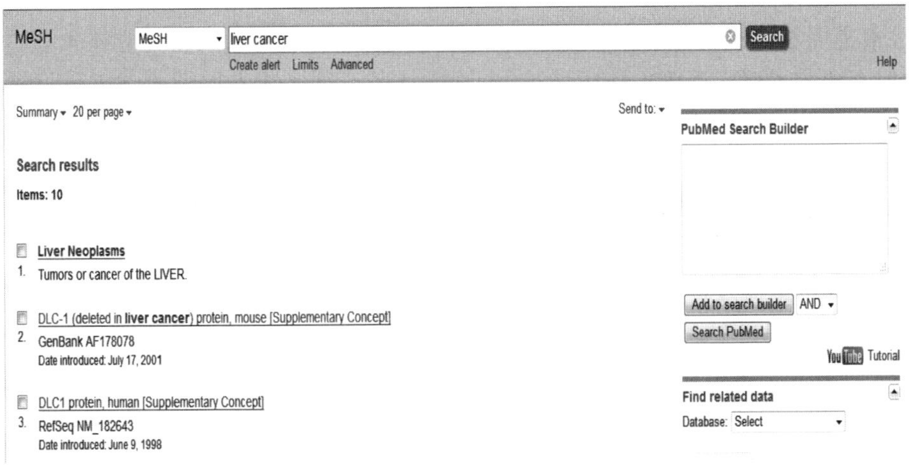

图 3-8 MeSH 查找界面

Terms”，所以会漏检没有进行主题词标引的文献。

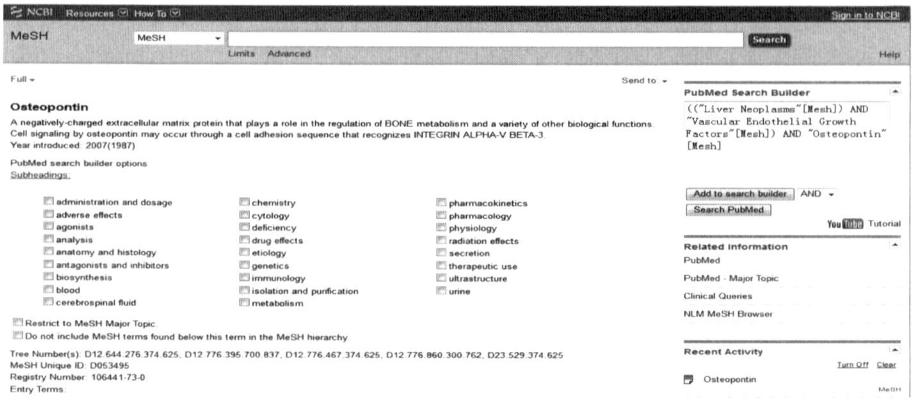

图 3-9　MeSH 主题词注释界面及组配

（四）期刊数据库（Journals in NCBI Databases）

可通过刊名主题、刊名、刊名缩写、ISSN 号查询 PubMed 收录期刊文献情况。查询的结果显示该期刊的具体信息，包括刊名缩写与全称对照，在 NLM Catalog 界面点击“Add to Search Builder ”可构建合适的检索表达式，从而得到被 PubMed 收录期刊上所发表的文献。系统亦提供高级检索功能，使用方式与 PubMed 的高级检索功能相似。

（五）特定文献检索（Citation Matcher）

在 PubMed 主页点击“Single Citation Matcher”链接，按照要求填写相关的书目信息，如刊名、年、卷、期、起始页码等内容，即可查找到某篇特定文献；或点击“Batch Citation Matcher”链接，按照格式要求输入一个文件，即可得到一批所需文献。

（六）临床证据查询（Clinical Queries）

PubMed 的临床证据查询功能旨在为临床医生提供疾病信息快速检索，检索式已预先编制好，包括 Clinical Study Categories、Systematic Reviews、Medical Genetics 三类检索。其中 Clinical Study Categories 检索设置了临床疾病的诊断、治疗、病因、预后和临床预测指南五个范畴。如要检索“diagnosing cystic fibrosis”的内容，在“Clinical Queries”的页面输入检索词“cystic fibrosis”，在“Category”下拉菜单中选择选择“diagnosis”，在“Scope”下拉菜单中选择“narrow”（代表不扩展），点击“Search”，即可获得所需文献。

四、检索结果处理

1．检索结果限定　检索结果可以使用过滤栏中的各种条件进行多条件限定。

2．检索结果显示　PubMed 提供多种显示格式，默认的是 Summary 格式，在结果显示界面点击“Format”可以对检索结果显示格式进行设定，点击“Sort by”可对检索结果的排序进行设定。在 Abstract 格式中打开“Publication Types，MeSH Terms，Substances”的扩展按钮，可以看到出版类型、主题词等内容，每个词均可检索；在 Abstract 格式中可查看带有全文文献的全文链接图标，可以点击该图标获取全文。

3．检索结果输出　点击“Send to”，打开结果输出功能。选择“file”，默认保存所有记录，最多可保存 10 000 条记录；选择“Clipboard”，把选中的结果保存到剪贴板中，最多可以保存 500 条记录，最长保存 8 小时；选择“E-mail”，可将检索结果发送到指定邮箱；选择“Order”，可通过付费方式订购全文；如注册了“My NCBI”账号，可以选择“Collections”“My Bibliography”“Citation manager”对检索结果进行输出处理，其中“Collections”功能用于把选中的结果保存到“My NCBI”个人空间，用户可随时上网浏览查看。

4．My NCBI PubMed 提供给每个注册用户一定容量的个人空间，可以存储检索式、检索结果以及相关的书目信息等，并对存储的内容进行编辑整理；可以编制个性化的过滤限定条件，在检索结果页面分组显示。在 My NCBI 中可直接进行检索，方便用户对检索课题的跟踪以及对检索结果的重复性使用及保存。

（1）检索式的浏览与保存：在高级检索界面"History"中，可以对检索式进行浏览以及下载。如注册了"My NCBI"账户，可在检索结果显示界面点击提问框下的"Save search"或在"History"部分点击检索式序号中"Save in My NCBI"可对检索式进行保存，并设定更新频率，实现对检索课题的定题跟踪。

（2）文献订阅：点击结果显示页面提问框下的 RSS 可以订阅 RSS Feed，随时跟踪最新的订阅内容。

五、检索技巧

技巧 1：单概念检索

该种检索应用较少。单个检索词进行检索时，可选择检索方法较多，一般可以利用自动词语匹配功能、短语检索、主题词检索等方式。由于检索概念少，检索结果的控制就比较重要，可以通过检索细节等判断检索范围是否合适，从而调整检索策略及检索词。

技巧 2：多概念检索

（1）两个概念进行检索：首先需要判断各概念之间是否有从属关系，根据概念之间的关系选择合适的组配方式。如要检索"白血病治疗方面的文献"，可把白血病（leukemia）作为主题词，治疗（therapy）作为副主题词进行检索。如要检索"利用骨髓移植治疗白血病"，该检索内容同样有两个主题概念，但是骨髓移植、白血病这两个概念没有从属性，不能使用主题词搭配副主题的方式，则应分别使用主题词骨髓移植（bone marrow transplantation）、白血病（leukemia）进行组配检索。如要检索"思密达对胃炎的作用"，同样是两个主题概念，但是通过主题词查找会发现"思密达"并没有匹配的主题词，则该检索内容就变成了自由词检索与主题词检索的结合使用。两个概念进行检索时要多考虑实际情况，由于 PubMed 数据库的来源数据中有一部分是新加入系统尚未进行主题标引的，因此，在使用主题词检索功能时，要组配其他的检索方法，避免漏检。

（2）三个以上概念进行检索：多个概念检索时，检索方式类似两个概念的检索。但多概念进行逻辑"与"（AND）组配时，根据检索要求可以组配所有副主题词进行检索，以避免漏检。

技巧 3：检索结果为 0

当检索结果为 0 时，要从检索词、检索范围、逻辑关系等方面进行调整。可通过文献判断所使用的检索词是否正确，如该检索词没有标准的 MeSH 词，则应查看该词有没有其他的同义词；如果检索词没有问题，则可以在树形结构中找到上位主题词，从而扩大检索范围，或调整检索词之间的逻辑关系，或去掉一些非必须的检索词进行检索。

六、易犯错误

错误 1：在利用系统的自动词语匹配功能时，不查看"Search Details"中检索词的转换过程，系统自动匹配功能的匹配度并不完全正确，如果不进行调整，有时得到的检索结果是完全错误的。因此，在使用该功能时，要查看"Search Details"，来判断检索过程是否存在问题，是否需要选择其他检索词进行检索。

错误 2：在某些课题中，相关检索点并没有相对应的主题词，使用者只是根据给出的检索词进行检索，这样得到的检索结果并不全面。对于这类没有主题词的检索概念，应该尽可能把相应的同义词查找完全，再进行检索，以避免重要文献的漏检。

错误 3：“Filters”的过滤限定功能一旦选定将一直有效，如进行重新检索时，要删除原来的过滤条件，重新进行设置。

（张　蕾）

第三节　其他外文文摘型期刊文献检索工具

一、使用 Embase

案例 3-3

某医科大学临床医学专业高年级陈同学协助老师做有关三氧化二砷（arsenic trioxide，ATO，分子式为 As_2O_3）与反式维 A 酸（all-*trans*-Retinoic acid，ARTA）治疗急性早幼粒细胞性白血病（acute promyelocytic leukemia，APL）的临床疗效比较研究，并计划以此为主题写一篇系统综述，争取在国外期刊发表。在检索了 PubMed 数据库后，还需要扩大相关文献的检索范围。

案例 3-3 解析

（一）选取理由

Embase 全称为 Excerpta Medica Database，由荷兰爱思唯尔（Elsevier）公司出版，是印刷型检索工具 Excerpta Medica（荷兰《医学文摘》）的电子版，也是最重要的生物医学和药学研究领域的文摘型数据库之一。

Embase（http：//www.embase.com）是 Elsevier 与 MEDLINE 强强联合而成的生物医学与药理学信息专业检索系统。它将 1974 年以来的 Embase 生物医学文献记录与 1966 年以来的 Medline 记录相结合，囊括了 70 多个国家 / 地区出版的 8 500 多种期刊，内容覆盖了整个临床医学和生命科学的广泛范围，尤其涵盖了大量欧洲和亚洲医学刊物，包含了各种疾病和药物信息，是其他同类型数据库所无法匹敌的，从而真正满足生物医学领域的用户对信息全面性的需求。

Embase 数据更新及时，一般在收到原始刊物 10 个工作日内即可将文献记录添加到数据库中，系统中 80% 的记录包含摘要。另外，Embase 还可通过主要出版商如 Elsevier、Science、Cell Press 等直接链接全文。

（二）功能特色

1．Embase 记录包含多个可检索字段　除常见的作者、地址、期刊等字段之外，还有一些 Embase 独有的字段，如 Device manufacture name（器械制造商，DF）、Device trade name（器械商标名称，DN）、Drug manufacturer（药物生产商，DM）、Drug Trade Name（药物商标名称，TN）、Drug index term（药物标引词，DD）等。这些字段反映了 Embase 检索功能的特色，特别是对于检索有关药物、医疗器械等方面的文献很有帮助。

2．通过一些字段，实现与其他数据库记录的有效关联　如 Embase 记录通过化学物质登记号（register number，RN）字段可与化学文摘数据库（网络版 SciFinder）及生物学文摘数据库（网络版 BIOSIS Previews）中的记录相关联；通过分子序列号（molecular sequence number，MS）字段可与美国国家生物技术信息中心的信息相链接。

3．Embase 提供了强大的检索工具——Emtree 词库 Emtree 词库由 48，000 多个主题词组成等级体系，共分 14 个大类，从一般概念到专指概念，层层划分。除了主题词以外，还包含了近 200，000 个同义词，可指引用户从自由词查到 Embase 使用的主题词。Emtree 词库中收集的药品术语同义词尤为突出，包括多国的通常叫法（INN，USAN，BAN）、化合物名称、所有权名称（药品商标名）和实验室代码（在研药品）。与 PubMed 数据库使用的 MeSH 词表相比较，2017 版的 MeSH 词表收录有超过 28，000 个主题词（descriptor）以及超过 90，000 个入口词（entry term）。无论是从主题词的专指度，还是对同义词的网罗范围看，Emtree 词表都是一个强大的检索工具。

（三）检索方法

Embase 主页为用户提供了多种检索途径，包括基本检索、主题词检索（Emtree）、期刊检索（Journals）和作者检索（Authors）。在基本检索这一选项下，用户可以进一步选择快速检索（Quick search）、高级检索、药物检索、疾病检索、器械检索（Device search）和文章检索，见图 3-10。

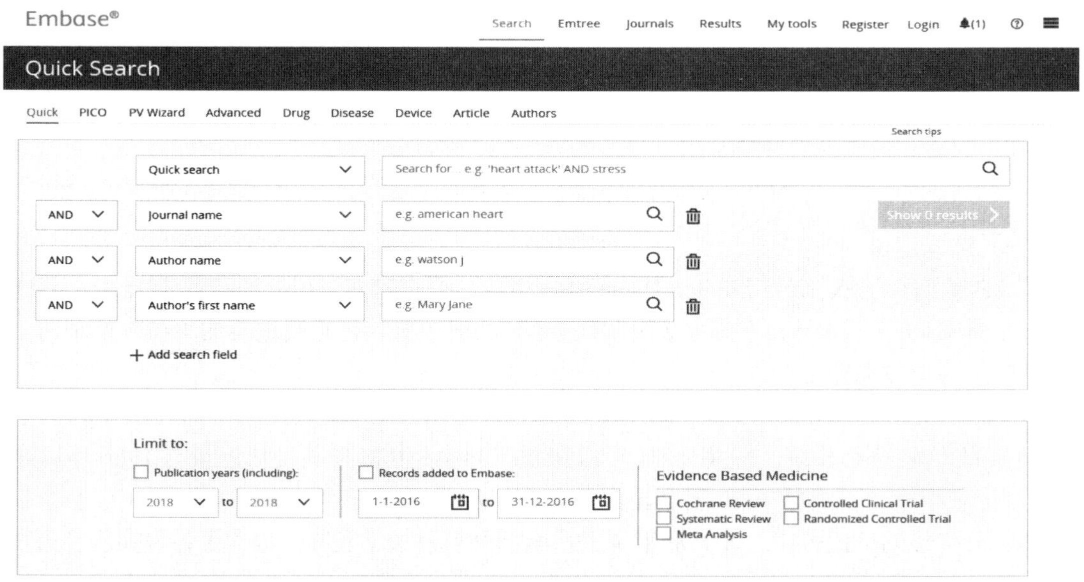

图 3-10　Embase 检索界面

1．基本检索

（1）快速检索：是系统默认的检索方式，在检索框中可以输入单个检索词、词组或检索式，词组检索时需加单（双）引号，词序无关，且不分大小写。快速检索支持 AND、OR、NOT 布尔逻辑检索，可使用多字符通配符“*”代表 0 或若干个字符及单字符通配符“？”代表一个字符，可在一个单词中或在其末尾使用，最适合用于查找英式及美式等不同拼法的检索词。

快速检索时，对于输入的检索词将执行宽泛检索，系统首先自动在 Emtree 词表中查找对应的主题词。若存在对应主题词，则将该检索词转化为 Emtree 中的主题词及主题词的下位词进行扩展检索，同时将该检索词在全字段范围内进行检索，再将上述结果执行布尔逻辑运算，得到最终的检索结果。如案例 3-3，可直接输入以下检索式：（Arsenic Trioxide or ATO or As_2O_3 or all？ trans？ Retinoic acid or ARTA）and（Acute Promyelocytic Leuk？ emia or APL）。

作为试检索，可以先选择扩展检索，同时选择 All Years，视检索出的相关文献数量再考虑是否需要缩小检索范围，提高检出文献与课题的相关性。

（2）高级检索：提供了多种对检索式进行修饰或限定的检索方法，支持布尔逻辑检索、截词检索、词组检索、邻近算符检索及字段限定检索，点击“Advanced”链接，可打开 Embase 提供的可检索字段列表。选择合适字段，在检索框中直接输入检索式，完成对复杂课题与精细限定的检索。

高级检索提供了 5 种 Mapping 检索匹配方法：一是选择 Map to preferred term in Emtree（与 Emtree 主题词匹配）后，系统将检索词自动转换成 Emtree 主题词进行检索；二是 Search also as free text in all fields，以自由词在全部字段中进行检索；三是 Explode using narrower Emtree terms，指利用 Emtree 主题词树状结构，对检索词与对应于 Emtree 主题词的同位词及下位词进行扩展检索；四是 Search as broadly as possible，执行宽泛检索，即指既对检索词进行 Emtree 主题词匹配检索，又同时作为自由词在全部字段中进行检索；五是 Limit to terms indexed in article as ‘major focus’，指基于 Emtree 药物或医学索引的主要主题词字段，提高相关性。高级检索默认执行前四种匹配检索方式。

在高级检索中对检索结果提供了更多的限定条件，可对循证医学（EBM）、文献类型（Pub. types）、字段（Fields）、语种（Languages）、性别（Gender）、年龄（Age）、动物研究类型（Animal）、是否带有摘要，是否带有分子序列号（Quick limits）等进行限定，同时可以检索自特定日期以来新增的记录。

（3）药物检索（Drug search）：作为 Embase 的特色检索途径，可以在检索框内直接输入药物属名、专利商品名、实验室代号和化学名检索药物信息。药物检索一是提供了药物副主题词（Drug subheadings）检索，如药物副作用反应、临床试验、药物分析等；二是用药方式（Routes）检索，包括口服、肌内注射、静脉注射等，可以增强检索的专指性，提高查全率和查准率。如案例 3-3，当检出文献量过大时，对于检索点三氧化二砷和反式维 A 酸，可以选择合适的副主题词限定检索，提高检索的针对性。

此外，药物检索还提供了与高级检索一致的 5 种检索匹配方法，并默认执行其中两种匹配检索方式，一是选择 Map to preferred term in Emtree（与 Emtree 主题词匹配）后，系统将检索词自动转换成 Emtree 主题词进行检索；二是 Explode using narrower Emtree terms，指利用 Emtrcc 主题词树状结构，对检索词与对应于 Emtree 主题词的同位词及下位词进行扩展检索。

（4）疾病检索（Disease search）：可以在检索框中输入疾病或病理过程的名称，并利用系统提供的疾病副主题词（Disease subheadings）更精确地检索疾病的某方面或几方面的相关文献，提高相关性。如案例 3-3，当检出文献量过大时，对于检索点急性早幼粒细胞性白血病，可以选择副主题词 Drug therapy 限定检索，提高检索的针对性。

（5）文章检索（Article search）：当有一篇文献的不完整线索时，在作者（姓在前，名的缩写在后）、期刊名称、期刊缩写名称、ISSN、期刊卷期及文章起始页等检索字段中输入检索词，然后点击“Search”按钮，就可以快速找到这篇文献的记录，获取完整的引文信息。

2．Emtree 主题词检索　点击 Embase 主页上方主工具栏的 Emtree 按钮，即可进入 Emtree 主题词检索页面。页面上部分为构建检索式的区域（Query Builder），下部分为 Emtree 词表查询区域，见图 3-11，系统默认为查找主题词（Find Term）状态。也可选择 Browse by Facet，按分类浏览 14 大类主题词。

主题词检索

下面结合案例 3-3，说明 Emtree 主题词检索的操作过程。

首先，在 Find Term 模式下输入已知的检索词“Arsenic trioxide”，查找 Emtree 词表中对应的主题词。点击该主题词，展开的页面下方有该主题词在 Emtree 树状结构中的位置，包括其上、下位词及历史注释等内容，对于判定该主题词选择是否恰当很有帮助。对于这个主题词，可勾选 Explode 进行扩大检索。当检出文献量过大且相关性不高时，放弃扩大检索，调整为 As major focus，即将该主题词作为主要主题词检索，提高检出文献的专指性。Embase 提供了人性化的链接“Take this Query to Drug Search”（对于疾病类主题词，则是 Take this Query to Disease Search），方便用户充分利用药物检索界面的各种药物副主题词检索、给药方式检索等功能。

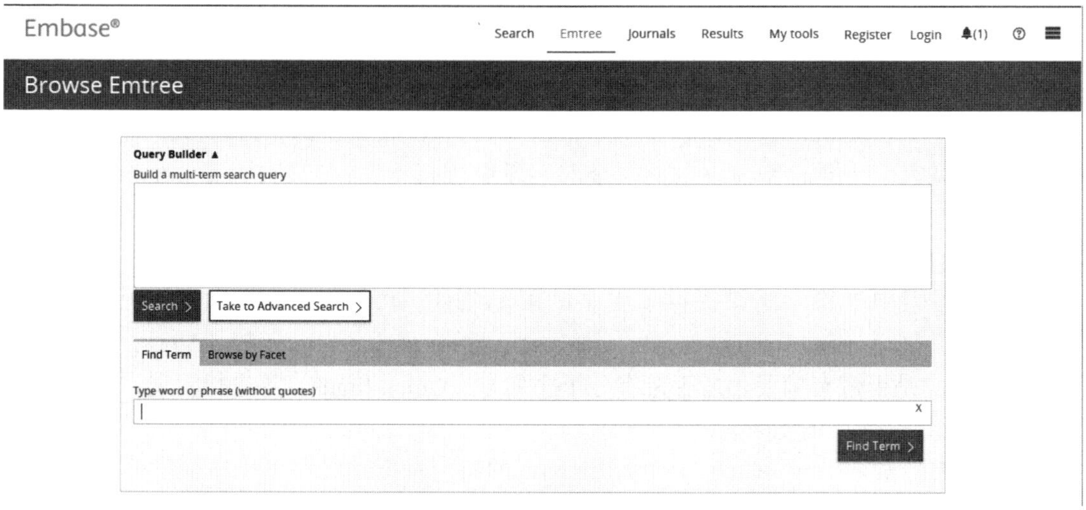

图 3-11 Emtree 检索界面

对于复杂课题，需要用到逻辑算符组配多个主题词才能完整表达检索内容，此时可以点击 Add to Query Builder，把这个主题词作为检索式的一部分先放在 Query Builder 中，再依次对“All-Trans-Retinoic acid”和“Acute Promyelocytic Leukemia”这两个检索词重复之前的步骤，直到构建成如下的检索式：('arsenic trioxide'/exp or 'retinoic acid'/exp）and 'promyelocytic leukemia'/exp。

这个检索式基本表达了案例 3-3 中课题的检索要求。在 Query Builder 下面，Embase 也提供了人性化的链接“Take this Query to Advanced Search”，点击则以上检索式被自动复制到高级检索界面，方便用户进一步利用高级检索界面的各种限定选项，补充完善检索式。也可以直接点击 Query Builder 下面的 Search 执行检索，得到初步的检索结果，再利用 Embase 结果显示页面上的各种 Filter 选项，分析、过滤检出的文献。具体操作参见“检索结果的处理”部分。

3．期刊检索和作者检索 Embase 的期刊检索界面按刊名首字母顺序，列出了 Embase 收录的全部期刊（不包括 Medline 独有的期刊）。用户可以点击每种刊后所附的概况（About）链接，了解该刊的出版商、出版国家、出版频次等信息，点击刊名可浏览该刊被 Embase 收录的所有卷期，点击某一卷期可看到该卷期上发表的、被 Embase 收录的文献。Embase 的作者检索，要求以姓全拼在前、名缩写在后的方式输入要检索的作者名，并提供了作者姓名不同拼写方式的索引。

（四）检索结果的处理

Embase 的检索结果页面（Results）分为三部分，上方为检索史区域（History），下方为检索结果显示区域，左侧为检索结果筛选区域（Results Filters），见图 3-12。

检索史区域详细列出了检索过程中实际运行的检索式及检索结果。每个检索式都有 View、Edit、Set email alert 和 RSS 等链接。点击 Edit 链接可以对检索式进行编辑、修改并重新检索；而点击 Set email alert 和 RSS 即可通过不同方式接收本检索式定期更新的检索结果，这两项功能需要在 Embase 中注册方可使用。Embase 允许对选中的检索式进行保存（同样仅对注册用户有效）、删除（Delete）、打印（Print）、电子邮件发送（Email）和输出（Export）等操作。利用命令行中的 Combine 命令可以对选中的多个检索式进行逻辑组配运算。

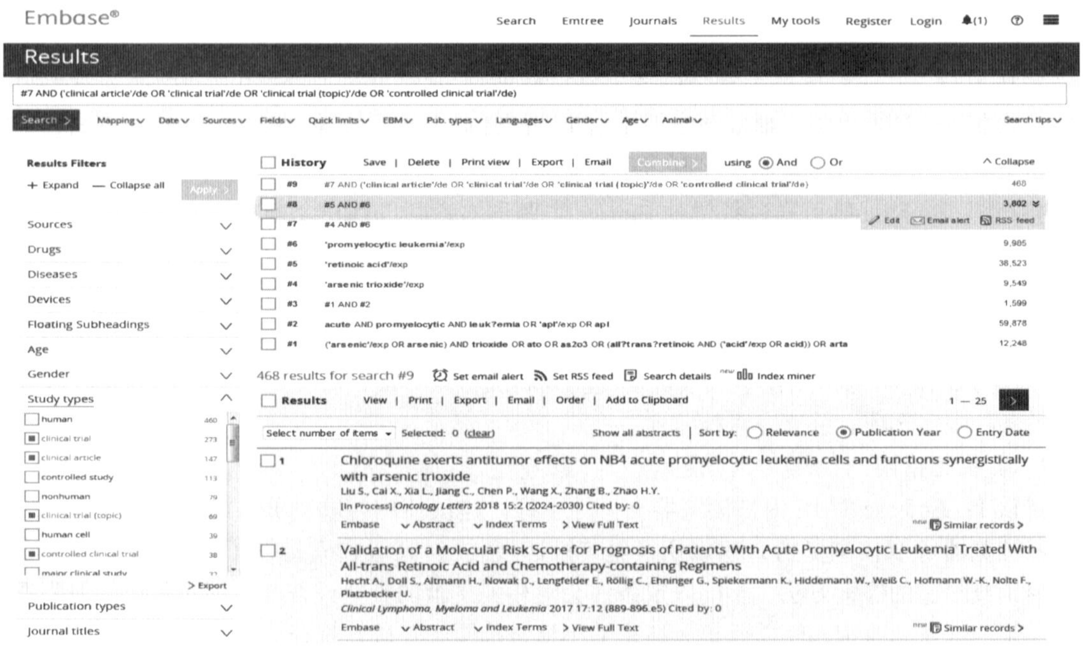

图 3-12　Embase 检索结果页面

检索结果显示区域显示命中的检索结果，默认按出版年排序（Publication Year），也可按相关性（Relevance）或入库日期（Entry Date）排序。每篇文献默认显示格式为 Citation Only，提供篇名、作者、出处等基本信息以及数据来源（Embase 或 MEDLINE）信息。文献出处后的 Cited by 链接显示该文在 Scopus 数据库中的被引用次数。每条记录之下的 Abstract 链接，显示该文的摘要信息；Index Terms 链接，显示该文标引的药物主题词（Drug Terms）、医学主题词（Disease Terms）及其他主题词（Other Terms）；View Full Text 链接，订购了全文的机构用户可链接到出版商的电子期刊全文。点击文献的篇名显示该文的全记录（Full Record）格式，包含所有字段的详细信息。此外，还提供引文加摘要（Citations and abstracts）和引文加标引词（Citations and index terms）的显示格式。

对于检出的文献记录，系统提供了显示（View）、打印、输出到文献管理软件、发送电子邮件、原文订购（Order）、添加到剪贴板（Add to Clipboard）等多种输出方式。

检索结果显示区左侧列出 17 种 Filter 选项，比较常用的 6 种分别是药物（Drug）、疾病（Disease）、研究类型（Study type）、来源期刊（Journal title）、出版物类型（Publication type）和出版年（Publication year）等角度对检索结果进行再过滤。其中，前三个筛选条件具有对检出文献的内容分析功能。对于案例 3-3，可以通过“药物”这一筛选项分析急性早幼粒细胞性白血病的防治中用到过哪些药物。

5．个性化服务功能　用户首先需要在 Embase 注册一个账号才能使用个性化服务。注册并登录后，可以在检索结果页面的检索历史中保存检索策略、删除检索策略，创建检索结果更新的电子通告。

（五）检索技巧

技巧 1：在快速检索方式下，如需提高检索的针对性，一是可以用引号明确词组或短语检索；二是利用字段限定检索词出现的范围，以提高查准率。字段限定符有“：”及“/”两种。对于一般用户而言，因很难牢记并正确运用数据库的各个字段标识符和检索式编写规则，建议利用高级检索界面进行字段限定检索的操作；三是利用邻近算符运行邻近检索。邻近算符“NEXT/n”表示连接的两个检索词之间最多可插入 n-1 个单词，且两个检索词之间的顺序不变；四是利用结果显示页面左侧的各种过滤（Filters）选项，从不同角度在结果中筛选出更具针对性的文献。

技巧 2：Embase 提供了丰富的检索途径，特别是对于药学、疾病相关的课题，有专门的药物检索和疾病检索界面，根据药学、疾病研究的常见内容，设置了专门的药物和疾病副主题词，可以更专指地表达检索要求，提高相关文献检索的查准率和查全率。

技巧 3：Embase 既可通过提供的 Emtree 主题词检索帮助用户实现查全和查准相关文献的目标，又可通过提供查找、浏览两种方式，或在 Emtree 主题词表中纳入大量的入口词来使用户为自己的检索词查找到对应的 Emtree 主题词这一过程更简易化。

另外，在 Emtree 主题词检索完成后，Embase 也提供了人性化的链接“Take this Query to Advanced Search”，点击则检索式被自动复制到高级检索界面，方便用户进一步利用高级检索界面的各种限定选项，补充完善检索式。

（六）易犯错误

错误 1：Embase 对 IE 内核浏览器支持性不好，建议使用谷歌浏览器或火狐浏览器，如果是 360 浏览器等双核浏览器，建议切换至“极速模式”。高级检索提供了多达 10 种对检索式进行修饰或限定的检索方法，不同限定条件会对相关文献的查全或查准有不同影响，需要根据检出结果的数量和质量判断需要扩大还是缩小检索范围，正确地选择设置。

错误 2：在将检索词转换成对应的 Emtree 主题词，根据课题研究内容为主题词选择合适的副主题词过程中，由于对课题理解不深或对 Emtree 主题词涵义理解错误，出现选择错误，不能正确表达课题的检索要求。

二、使用 BIOSIS Previews

案例 3-4 解析

案例 3-4

查找有关近 10 年来“腺病毒与肿瘤的基因疗法”的研究文献，并调查分析从事这一研究方向的活跃研究人员。

（一）选取理由

BIOSIS Previews 数据库（简称 BP）由美国生物学文摘的生命科学信息服务社 Bioscience Information Service of Biological Abstracts（BIOSIS）编辑出版，是目前世界上最大、影响较深的关于生命科学的著名文摘数据库。BP 包括生物学文摘数据库（Biological Abstracts，1969 年至今）所收录期刊，Biological Abstracts/RRM（1980 年至今）所收录的报告（Reports）、评论（Reviews）、会议（Meetings）和《生物研究索引》（BioResearch Index，1969-1979）的内容，它提供了当今最新的生命科学和生物医学研究领域的综合资源。除收录期刊文献外，还包括了会议、专利、书籍等内容。现主要整合在科睿唯安（Clarivate Analytics，原汤森路透知识产权与科技事业部）负责的 Web of Science（WOS）和 Ovid 这两个检索平台上，本节将以 WOS 平台上的 BP 为例，介绍其使用方法。

BP 收录的文献内容偏重于基础和理论方法研究，涵盖了传统生物学（分子生物学、植物学、生态与环境科学、医学、药理学、兽医学以及动物学）、跨学科的研究课题（农业、生物化学、生物医学、生物技术、实验临床兽医药学、遗传学、营养学以及公共卫生学）及实验仪器与方法等相关研究领域。

另外，BP 提供 MeSH 疾病术语、CAS 注册号、序列数据库注册号等检索途径，可以与其他生命科学、医学数据库的记录相关联。BP 特定的生命科学领域的专业检索字段如 Major Concepts（主要概念）、Super Taxa（生物分类）等为深度挖掘生物学基础研究文献提供了保障，可获取高度相关和全面的检索结果。

（二）功能特色

1. BP 界面友好实用　提供了包括中文在内的 7 种语言界面，用户通过美国科学情报研究所 WOS 平台，可实现多个数据库的跨库检索，即通过一个统一检索界面同时检索 WOS 的所有数据库。

2. BP 提供的可检索字段十分丰富　除篇名、作者、出处等常见字段外，还设置了主要概念、生物物种分类等特定字段深度揭示生物学文献。以下几个字段体现了 BP 的检索特色。

（1）主题（Topic）：选择主题字段检索时，系统将对篇名、文摘、主要概念、生物物种分类、生物系统代码、生物系统的部分结构、疾病名称、化学及生物化学名称、化学物质登记号、核酸或蛋白质的序列数据、实验方法和设备等字段进行全面检索。

（2）分类数据（Taxonomic Data）：Super Taxa 检索词是 BP 特有的一种生物物种分类检索方式，可以利用"生物分类索引"，即根据生物物种进化和亲缘关系的自然分类体系，即界、门、纲、目、科、属等，按等级列出物种所属类别的拉丁名词列表对物种所属类别进行选择，也可以输入生物系统代码 / 名称进行检索。

（3）主要概念（Major Concepts）：可以浏览系统提供的主要概念词表选择主要概念。在 BP 中，文献是按所属学科来分类的，每一类别有特定的主概念词即 Major Concepts，主概念词不是自由词，有专门的词表供查找，主要分为字母列表（Alphabetical List）和分层结构列表（Hierarchical List）。用 Major Concepts 检索可以提高查全率，得到某学科或领域的全部相关文献。

（4）概念代码 / 标识（Concept Codes）：每一类别除了有特定的主概念词来标示外，还有类似于分类号的概念代码用于标示文献内容。可以浏览系统提供的概念代码 / 标识列表选择概念代码。

（5）化学和生化名称（Chemical and Biochemical）：是对化学名称、基因名称和化学物质登记号等进行的检索。

另外，BP 在期刊之外还收录了会议论文、专利文献等文献类型，相应地提供了会议信息（Meeting Infomation）等可检索字段。

3. BP 提供了强大的结果分析功能　分析检索结果（Analyze Results）是 WOS 平台的一种检索结果分析工具。它针对检索结果进行多角度分析，用户能从检索结果中挖掘有用的知识，获得本学科或领域潜在发展趋势、重要期刊、最具领导力和号召力的学术带头人及学术机构等综合性信息。

4. BP 通过与出版社网络版全文建立链接　可方便用户直接在记录中跳转到该文献的全文。

（三）检索方法

Web of Science 平台上的 BP 提供了基本检索、高级检索和检索历史三种检索功能。

1. 基本检索　在利用 BP 进行文献检索时，可以根据课题选择适当的字段，提高检索的针对性。BP 的基本检索界面提供了字段选择、不同字段间逻辑组配和文献发表时间限定等功能，见图 3-13。下面以案例 3-4 为例简要介绍 BP 的基本检索方法。

这一课题涉及三个检索点：腺病毒、肿瘤和基因治疗。腺病毒科（Adenoviridae）从腺样组织分离出来，故名为腺病毒。腺病毒有四属，其中人类的腺病毒（HAd）约有 51 种血清型，猪腺病毒（PAV）有 5 种血清型，羊腺病毒（OAV）有 6 种血清型，牛腺病毒（BAV）又被分为两个族群。检索时，用上位词“Adenoviridae”或单一列举其中之一都不能保证查全所有相关文献。BP 的生物分类数据（Taxonomic Data）检索途径可用于查找涉及生物种属方面的信息，即通过输入生物分类名称或生物分类代码等对“生物分类数据表”（Taxonomic Data Table）进行检索。对生物种属不太熟悉，需要某类生物作针对性检索时，可通过点击检索项右边的“Select from List”超链接在 Super Taxa 列表中查找或浏览选择。

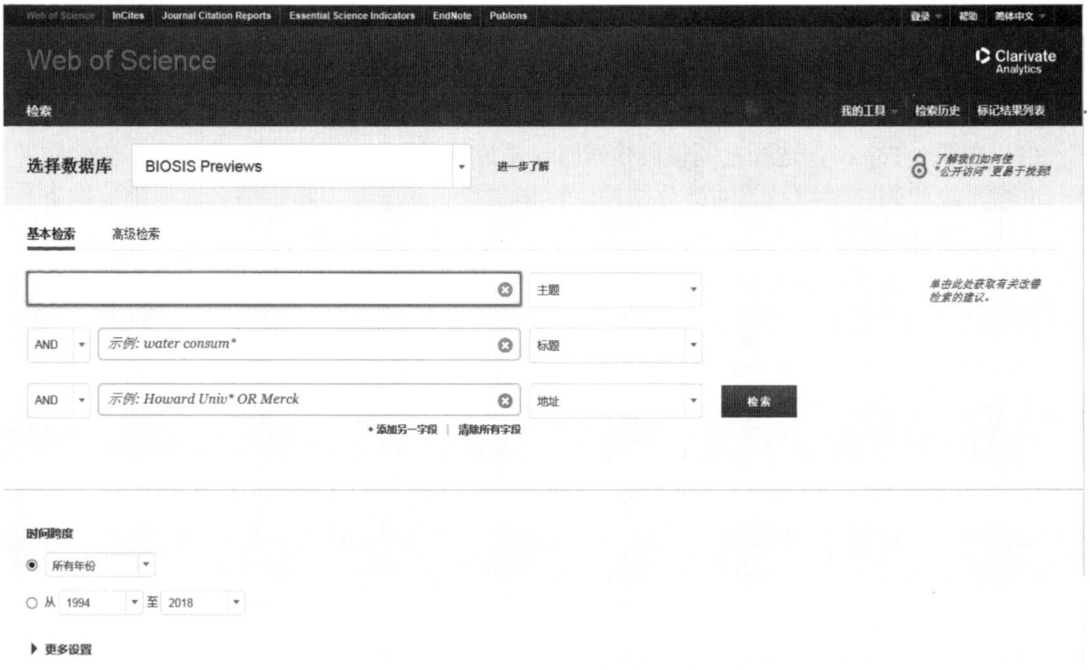

图 3-13 **BP 基本检索界面**

“基因疗法”（gene therapy）是个专指性较强的词组，可以通过主题（Topic）字段检索。主题字段是检索 BP 时比较常用的检索途径，相对于 Title、Abstract 等专指性更强的字段，主题字段的检索范围比较宽，在不了解一个课题的相关文献量时，可以先用它作预检索。BP 采用相关索引技术，提供基于自然语言的检索机制。选择“主题”字段，输入检索词或检索表达式后，系统自动对 15 个字段（Field）和数据表（Data Table），如标题（Title）、外文标题（Foreign Title）、摘要（Abstract）、学科（Major Concepts）、分类数据表（Taxonomic Data table）、疾病数据表（Disease Data table）等进行检索。

“肿瘤”是个比较宽泛的概念，涉及一类疾病，如果用主题字段，要考虑它对应的多个同义或近义词，这时可以考虑利用 BP 的主要概念（Major Concepts）字段检索。主要概念属于受控词，适用于相关领域的大范围检索，可通过点击检索项选择右边的“Select from List”超链接浏览主要概念等级表（Major Concepts Hierarchy）选择合适的主要概念词。也可以利用 BP 的疾病数据（Disease Data）字段，在这个字段中，BP 支持疾病的 MeSH 主题词检索，可以保证较好的查全效果。

在分析了案例 3-4 这一课题并结合 BP 数据库的特点选择了适当的字段后，具体操作如下：

步骤 1：选择 Taxonomic Data 字段，点击旁边的“Select from List”超链接，进入 Super

Taxa 页面，输入 aden* 查找并添加找到的 Adenoviridae 到 Taxonomic Data 字段输入框中。在 Super Taxa 页面，还可以点击“H”查看种属类名在分层结构中的位置，或者点击“T”查看分类注释。

步骤 2：选择 Topic 作为检索字段，在输入框中输入“gene therapy”，这里采用双引号的作用是使 gene therapy 作为一个词组出现在命中记录中。

步骤 3：选择 Major Concepts 作为检索字段，点击旁边的“Select from List”超链接，链接到 Major Concepts Hierarchy，逐级浏览选择适当的 Major Concepts 词来表达肿瘤这一检索点，或直接输入 neopl*，点击 FIND 查找相关的主要概念词 tumor biology，点击 ADD 后，这一主概念词出现在 Major Concepts 输入框中。在 Major Concepts Hierarchy 页面，还可以点击“H”查看种属类名在分层结构中的位置，或者点击“S”查看范围说明。

步骤 4：点击“Search”按钮，系统开始检索并显示检索结果。

2. 高级检索　适用于对 BP 各字段含义比较熟悉的用户，可以在检索式输入框中直接编写检索式。构建检索式时，在 30 个双字符字段标识（Field Tags）中选择合适的字段标识，利用 BP 支持的 5 种逻辑运算符（SAME、NOT、AND、OR 和 NEAR）组配检索词，构建复杂的检索式完成检索。需要注意 BP 执行几种逻辑运算符的先后顺序，依次为 ()、NOT、AND 和 OR；SAME 只能在“地址”检索中使用，在其他检索（如“主题”）中使用时，SAME 与 AND 的作用完全相同。检索式编辑完成后，第一要核查有无拼写错误，第二要检查各检索词之间设置的逻辑算符是否合理，并理清系统执行运算时的先后顺序，以免发生错误造成漏检或误检。

对于案例 3-4 这一课题，如果对 BP 的字段和检索规则熟悉，也可以直接在高级检索界面输入以下检索式：TS=“gene therapy” AND（MC=Tumor Biology OR DS=Neoplasm）AND TA=adenoviridae。

3. 检索历史　实际文献查找中，比较复杂的课题检索需要编制一个庞大、精细、正确的检索式，对于一般用户来说不太容易做到，针对每个检索点分步检索是可行之策。在检索结果不满意时，这样可以更容易辨别出哪部分检索式有误。BP 提供了检索历史这一功能，罗列历次检索式和检索结果，并支持对各检索式进行布尔逻辑运算。

（四）检索结果的处理

通过 BP 基本检索界面执行的检索，会直接以简单格式呈现命中记录列表。显示的信息包括篇名、作者、出处等引文必备信息，有些提供了全文链接（有些可免费下载，有些需付费或用户所在机构已经购买才可下载）。如需阅读摘要，需要逐一打开每条记录中的摘要部分；如需了解更详细的记录内容，需要点击记录中的篇名超链接，打开完整的记录页面。通过 BP 高级检索界面执行的检索只呈现检出的记录数量，需要点击该数字结果的超链接，才可以看到具体的命中文献记录。

在结果页面的最上一行和最下一行都列出导出记录的几种方式，用户可以通过打印、文档保存、发送 Email 或导出到常用的几种参考文献管理软件等几种方式保存选中的记录。

（五）检索技巧

技巧 1：在充分理解各检索字段含义的基础上，根据检索结果选择更恰当的检索字段，或以不同字段作为检索入口合理设置逻辑运算关系，构建更有效的检索式。

上面的检索式产生了大量的检出结果，稍稍浏览会发现其中一些命中文献和所检课题相关性不太高。如果要提高检出结果的相关度，就要减少检出的文献量。对于基因治疗这一检索点，可以选择标题字段替换上面的主题字段。对于肿瘤这一检索点，可以采用主题字段。调整后产生如下的检索式：TI=“gene therapy” AND TS=（cancer* OR carcinoma* OR neoplasm* OR sarcoma* OR tumor*）AND TA=（adenoviridae）。

因为肿瘤这一概念对应的英文表达方式较多，并且同一单词存在单复数等多种变化形式，所以在检索式里用了截词符号 *。

技巧 2：充分利用 Web of Science 检索平台对检索结果的再过滤功能。该平台的“精炼检索结果”（Refine Results）这一功能，可进一步在检索结果中有针对性地筛选文献。筛选的标准，从内容分析的角度有主要概念（Major Concepts）、生物分类（Super Taxa）和研究领域（Research Area）等；从课题研究者分析的角度，有作者（Author）、团体作者（Group Author）、国家 / 地区（Countries/Territorries）；从文献分析角度，有来源期刊（Source Titles）、文献类型（Literature Types）、发表时间（Publication Years）等，见图 3-14。

图 3-14 BP 检索结果页面

技巧 3：充分利用 Web of Science 检索平台对检索结果的分析功能。分析检索结果功能是该平台提供的另一种分析工具。它针对检索结果支持从文献创作者（专利权人、作者、编者、团体作者）、文献内容（概念代码、主要概念、研究方向、生物分类）、文献来源（国家地区、来源出版物）、文献类型、文献语种和文献出版年等多角度进行分析，提供数字化、可视化的分析结果，见图 3-15。

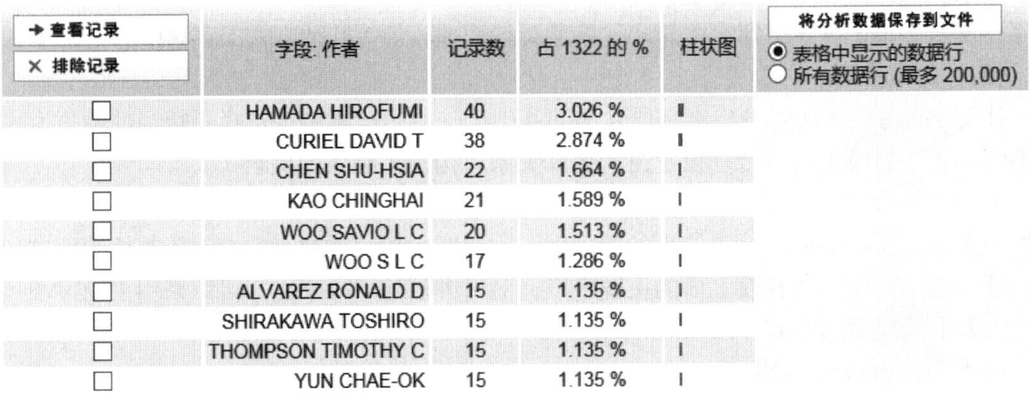

→ 查看记录 × 排除记录	字段: 作者	记录数	占 1322 的 %	柱状图
☐	HAMADA HIROFUMI	40	3.026 %	▮
☐	CURIEL DAVID T	38	2.874 %	▮
☐	CHEN SHU-HSIA	22	1.664 %	▮
☐	KAO CHINGHAI	21	1.589 %	▮
☐	WOO SAVIO L C	20	1.513 %	▮
☐	WOO S L C	17	1.286 %	▮
☐	ALVAREZ RONALD D	15	1.135 %	▮
☐	SHIRAKAWA TOSHIRO	15	1.135 %	▮
☐	THOMPSON TIMOTHY C	15	1.135 %	▮
☐	YUN CHAE-OK	15	1.135 %	▮

将分析数据保存到文件
◉ 表格中显示的数据行
○ 所有数据行 (最多 200,000)

图 3-15 BP 检索结果分析页面

如案例 3-4 中，要求调查分析该课题的活跃研究人员，就可以在完成相关文献检索的基础上，在“分析检索结果”页面，对发文最多的作者、发文最多的国家 / 地区作统计分析。

技巧 4：BP 的用户界面支持中文等 7 种语言显示，但检索语言只支持英文，即检索词或检索式须用英文表达。

技巧 5：主题、标题、摘要等字段检索属于自由词检索，使用自由词最常见的问题是容易造成同义词、近义词的漏检。

技巧 6：利用主要概念检索时，需要先检索主要概念词表，把自由词转换为主要概念词才能检索。另外，这种分类检索的结果往往范围过大，较少单独使用。若与主题、标题等其他字段结合起来，就可对某学科中涉及某一方面的文献进行查找，在查全的基础上提高查准率。

三、使用 SciFinder Scholar

（一）选取理由

SciFinder Scholar（简称 SFS）是美国化学学会（American Chemical Society，ACS）的分支机构——化学文摘服务社（Chemical Abstract Service，CAS）所出版的化学文献电子数据库学术版。它是全世界信息量最大、最具权威的化学数据库，是化学化工、药学、生命科学等领域重要的信息检索工具，其前身是创刊于 1907 年的世界著名的检索工具——美国《化学文摘》（Chemical Abstracts，CA）。CA 报道了世界上 150 多个国家及 56 种文字出版的 20，000 多种科技期刊、科技报告、会议论文、学位论文、资料汇编、技术报告、新书及视听资料等，摘录了世界范围约 98% 的化学化工文献。对于从事药学，特别是药物化学、药学基础研究的科研人员，SciFinder Scholar 是个十分重要的数据库。

SFS 可检索数据库包括：化学文摘数据库（CAplus）、物质信息数据库（CAS REGISTRYSM）、化学反应数据库（CASREACT®）、马库什结构专利信息数据库（MARPAT®）、管控化学品信息数据库（CHEMLIST®）、化学品商业信息数据库（CHEMCATS®）和 MEDLINE® 数据库。

（二）功能简介

SciFinder Scholar 一般有并发用户限制，常常通过 IP 地址控制、实名注册用户名与密码验证的联合认证方式提供访问服务，它提供两种检索路径：信息检索和定位检索。

1．信息检索（Explore） SciFinder Scholar 将信息检索方式分为文献检索、反应检索、物质检索三种主要检索方式。

（1）文献检索（References Retrieval）：用于从文献的研究主题、作者、组织机构等途径检索相关文献。

（2）反应检索（Reactions Search）：可通过系统提供的结构绘制窗口，绘制出化学结构图并设定物质在反应时的角色（反应物、试剂、产物等），即可进行反应检索。通过反应检索可以得到如下数据：含有结构和官能团的化学结构式；化学反应式相关的数据资料；管制化学品目录及其法规等。

（3）物质检索（Substances Search）：利用物质的化学结构或分子式进行检索。化学结构检索是指通过系统提供的工具绘制化学结构进行检索（可细分为“相同结构检索”“亚结构检索”和“相似结构检索”），可获得和该物质相关的文献信息、生产该化学制品的厂商信息、该物质的 3D 模型等信息。

分子式检索是指通过分子式检索某一化学物质，分子式的输入规则与日常书写规则类似，若有未知系数，则用 x 来表示。

2．定位检索（Locate Search） 分为文献定位和物质定位两种检索途径，用于查找某一特定文献或物质信息。

（1）文献定位检索：可以通过已经掌握的书目信息（如期刊名、作者、出版年等）检索某一特定文献的完整信息；也可以通过专利号、CAN 号或 PubMed 编号等线索检索某一特定文献。

（2）物质定位检索：通过化学物质的商品名、化学名、CAS 登记号检索某一化学物质。

四、使用 Ei Compendex

（一）选取理由

Ei Compendex 即美国工程索引数据库，是全世界最早的工程文摘来源数据库，收录了 1969 年以来工程领域的文献，涵盖 190 多种专业工程学科。该库每年新增的 50 多万条文摘索引信息分别来自 5 100 种工程期刊、会议文集和技术报告。在 Ei Compendex 收录的文献中，大约 30% 为会议文献，90% 的文献是英文文献。该库的使用对于生物医学工程、医学物理、生物信息学等交叉学科的文献检索有着重要的意义。

（二）功能简介

Engineering Village 2 平台上的 Ei Compendex 提供三种检索方式：快速检索、专家检索和受控词检索。

1．快速检索（Quick Search） 允许用户从一个下拉式菜单中选择要检索的字段，如 All Fields、Subject/Title/Abstract、Abstract、Title、Conference Information、ISSN、Author、Author Affiliation、Controlled Term、Serial Title、Publisher 等，不同字段间可以设置 AND、OR 或 NOT 进行逻辑组配检索。

2．专家检索（Expert Search） 适用于对 Ei Compendex 各字段含义比较熟悉的用户，可以在检索式输入框中直接编写检索式。构建检索式时选择合适的字段标识（在检索式输入框下面有字段标识列表），利用 Ei Compendex 支持的逻辑运算符组配检索词，构建复杂的检索式完成检索。

3．受控词检索（Thesaurus Search） Ei Compendex 中的 Ei 受控词（Ei Controlled Term）可以从 Ei 词表中查找。第 5 版 EI 叙词表含有 19，296 个词，其中包括 9 926 个受控词，9 370 个入口词（Entry Term）。利用受控词检索可以保证较好的检索效果，提高相关文献的查准率和查全率。

五、有效查找英文文摘型医学期刊文献应注意的问题

（1）根据课题内容选择合适的数据库进行检索。初步分析课题，根据课题研究内容所属学科，结合不同数据库对不同领域文献的收录情况，挑选合适的数据库；明确文献收集的目的和对文献查全或查准的特别要求，确定只需针对一个数据库检索相关文献还是需要全面检索多个数据库。据统计，世界上现有生物医学或相关专业的期刊超过 14，000 种，目前没有哪个数据库完全收录这些期刊。已有的研究表明，对于生物医学不同研究主题，各数据库检索出的相关文献重合比率也不尽相同，但没有一个数据库可以提供全部相关文献。

（2）熟悉所选用的数据库的检索功能，充分利用不同数据库提供的特色检索途径。现在有不少跨库检索平台，如 Web of Science、OVID 检索平台等，可以实现对不同数据库的一站式检索，方便用户快捷获取相关文献。跨库检索的缺点是一般只能针对各个数据库普遍都有的字段，如篇名、摘要、作者等进行字段限定检索，不支持对不同数据库所特有的、对文献有深度揭示作用或聚合作用的字段，如 BIOSIS Preview 的生物分类（Taxonomic Data）字段、PubMed 的医学主题词（MeSH）字段等进行字段限定检索，从而会影响检索效果。因此，建议在文献查全、查准要求比较高的情况下，分别检索不同数据库。可以通过把不同数据库检出的记录导入到参考文献管理软件如 EndNote 等，或是 Excel 等电子表格办公软件中，对重复记录进行剔除。

（3）在前两点的基础上，深度分析课题，提炼出反映课题内容的检索词，构建检索式，进行试检索。根据试检索得出的相关文献数量和文献内容与课题的相关程度，调整检索式后再进行正式检索。

（4）结合检出文献后面所附的参考文献、相关文献（Related Articles），可以从纵向、横向两方面去网罗与该课题研究内容相关的其他文献。还可利用命中文献中与所检索课题研究特别相关的某篇文献的作者、作者研究机构等途径，检索该作者或该机构其他作者发表的相关文献，以便从不同途径来完成该课题相关文献系统、全面的查询。

（邓小茹　程　鸿）

小结

文摘型数据库具有收录全、检索功能完善的特点，是系统、全面检索文献的重要工具，只有详细了解各个数据库的收录特色、功能特点，才能综合高效地使用这一类检索工具。本章介绍了医学、生物学、化学、工程学具有代表性的中外文检索型文摘数据库。中文重点介绍中国生物医学文献服务系统的中国生物医学文献数据库；外文数据库重点介绍 PubMed、Embase、BIOSIS Previews，同时简要介绍了 SciFinder Scholar、Ei Compendex 的功能特点，并总结了使用中外文文摘型数据库应注意的问题。

如何选择数据库检索

练习题

1．利用快速检索途径查找“胆囊切除术并发症”方面的文献。

2．利用高级检索途径查找“治疗中年男性晚期肺癌”临床试验方面的文献。

3．利用主题检索途径检索“再生障碍性贫血”方面的文献。比较不加权与加权后检索结果的区别。

4．利用分类检索途径查看“脘腹痛治疗”方面的文献。

5．查找“北京大学学报·医学版”期刊，查看最近发表文献。

6．某研究生要进行博士开题，其研究内容为动脉粥样硬化疾病进行基因治疗的可行性，请你帮助其检索相关的英文综述性文献。

7．请查找 Desai NR，Ross JS，Kwon JY，Herrin J，Dharmarajan K，Bernheim SM，Krumholz HM，Horwitz LI. Association Between Hospital Penalty Status Under the Hospital Readmission Reduction Program and Readmission Rates for Target and Nontarget Conditions. JAMA. 2016 Dec 27；316（24）：2647-2656. 并确定是否能获取免费全文。

8．请利用 Embase 检索有关京尼平（Genipin）和环氧氯丙烷（ECH，Epichlorohydrin）单独、联合处理对人工生物心脏瓣膜（heart valve prosthesis）预防钙化的影响及其机制研究的文献。

9．请利用 Embase 检索有关乳腺癌化疗引起骨髓抑制与预后相关性研究的文献，要求近 10 年发表的、临床研究类英文文献。

第 3 章练习题参考答案

第4章 全文型医学期刊文献检索

导 言

在文摘型数据库中检索到期刊文献的线索后，有时候需要获取文献全文详细阅读。全文型数据库不但可以检索文献，还可以直接获取全文。另外，全文型数据库还提供了文献分析等实用的功能，是现代文献检索中常用的数据库类型之一。

案例 4-1

案例 4-1 解析

阿司匹林（Aspirin）是一种历史悠久的解热镇痛药，人们发现其还可抑制血小板的释放反应及抑制内源性 ADP、5-HT 等的释放，使血小板的环氧酶乙酰化，在体内具有抗血栓的特性，可用于预防心脑血管疾病的发作。现在想查阅近三年国内外关于阿司匹林治疗脑梗死相关研究的期刊文献，并获取全文。

第一节 中文医学期刊全文检索

一、使用 CNKI 中国知网

（一）选取理由

本案例首先选择利用 CNKI 中国知网（http：//www.cnki.net）检索。CNKI 中国知网中国学术期刊网络出版总库收录国内 1915 年至今出版的 8 000 余种重要学术类期刊，部分期刊回溯至创刊。以学术、技术、政策指导、高等科普及教育类期刊为主，内容覆盖自然科学、工程技术、农业、哲学、医学、人文社会科学等各个领域。本节以 CNKI 中国知网检索平台期刊检索界面介绍文章的查找方法。

（二）功能特色

（1）根据学术研究的特点，提供了期刊论文、学位论文、会议论文、专利、标准等文献类型的统一跨库检索平台。用户既可以在跨库检索平台一次检索出各种类型的相关文章，也可以进入各文献类型的独立检索平台进行检索。

（2）基于学术文章查全查准的核心需求，提供了“三步骤”的标准检索模式，即首先输入检索控制条件，再输入检索内容条件，最后对检索结果分组筛选，使检索过程规范、标准、高效。

(3) 通过知网节功能，提供以节点文章为中心的知识网络，可以看到所引用参考文献的记录、被引用情况及相关文章的记录。

（三）检索方法

进入 CNKI 中国学术期刊网络出版总库检索界面后，左面可以看到包括 10 大专辑和 168 个专题分类的文章分类目录，用户可以进行文章系统调研和文章精准查询。右面提供了快速检索、标准检索、专业检索、作者发文检索、科研基金检索、句子检索、来源期刊检索 7 种面向不同需要的检索方式。

分析检索课题要求，本课题共有两个关键词：阿司匹林、脑梗死，要求检索最近三年的文章。

1．利用“检索”或“高级检索”

步骤①：选择检索限定的字段，输入相应的检索词。在字段下拉式菜单中有主题、篇名、关键词、作者、作者单位、刊名、ISSN、CN、期、支持基金、摘要、全文、参考文章、中图分类号字段可供选择使用。其中“主题”字段是指分别在篇名、关键词、摘要三个字段中检索。若一个检索字段需要两个关键词做控制，可选择“并含”“或含”或“不含”的关系，同时在第二个检索框中输入另一个关键词。点击检索项前的“+”号，可以添加一个字段限定检索项。

本案例中在检索条件输入区域选择“主题”字段，在第一个检索框中输入“阿司匹林”，第二个检索框中输入“脑梗死”；二者之间的逻辑关系选择“并含”；匹配方式选择“模糊”。

步骤②：在时间条件控制区域选择或输入最近三年的时间。

步骤③：来源期刊、来源类别、支持基金、作者、作者单位等条件限定在本例中采用默认选项或留空。

步骤④：点击“检索”按钮进行检索。

要检索出更多的相关文章，可以通过同义词进一步查找。例如与“脑梗死”相关的词有“脑血栓”“脑栓塞”“脑梗塞”等。

步骤①：在检索条件输入区域第一个检索框中输入“脑梗死”，第二个检索框中输入“脑血栓”，第三个检索框中输入“脑栓塞”；第四个检索框中输入“脑梗塞”；四者之间的逻辑关系均选择“或含”；字段均选择“主题”；匹配方式选择“模糊”。

步骤②：其他选项同第一次检索。

步骤③：点击“检索”按钮进行检索。

步骤④：在检索结果页面清除检索框中的检索词，重新选择“主题”字段，输入“阿司匹林”，点击“在结果中检索”。

2．利用“专业检索” 专业检索使用逻辑运算符和检索词构造检索式进行检索，是更灵活、方便地构造检索式的检索方式。

专业检索支持对以下检索项的检索：SU=“主题”,TI=“题名”,KY=“关键词”,AB=“摘要”,FT=“全文”,AU=“作者”,FI=“第一责任人”,AF=“机构”,JN=“中文刊名”&“英文刊名”,RF=“引文”,YE=“年”,FU=“基金”,CLC=“中图分类号”,SN=“ISSN”,CN=“统一刊号”,IB=“ISBN”，CF=“被引频次”。

可使用的逻辑运算符见表 4-1。

表4-1　CNKI可使用的逻辑运算符

逻辑运算符	检索功能	检索含义	举例	适用检索项
='str1'*'str2'	并且包含	包含 str1 和 str2	TI=' 转基因 '*' 水稻 '	所有检索项
='str1'+'str2'	或者包含	包含 str1 或者 str2	TI=' 转基因 '+' 水稻 '	
='str1'-'str2'	不包含	包含 str1 不包含 str2	TI=' 转基因 '-' 水稻 '	

续表

逻辑运算符	检索功能	检索含义	举例	适用检索项
='str'	精确	精确匹配词串 str	AU=' 袁隆平 '	作者、第一责任人、机构、中文刊名 & 英文刊名
='str /SUB N'	序位包含	第 n 位包含检索词 str	AU=' 刘强 /SUB 1 '	
%'str'	包含	包含词 str 或 str 切分的词	TI%' 转基因水稻 '	全文、主题、题名、关键词、摘要、中图分类号
='str'	包含	包含检索词 str	TI=' 转基因水稻 '	
=' str1 /SEN N str2 '		同段，按次序出现，间隔小于 N 句	FT=' 转基因 /SEN 0 水稻 '	
=' str1 /NEAR N str2 '		同句，间隔小于 N 个词	AB=' 转基因 /NEAR 5 水稻 '	主题、题名、关键词、摘要、中图分类号
=' str1 /PREV N str2 '		同句，按词序出现，间隔小于 N 个词	AB=' 转基因 /PREV 5 水稻 '	
=' str1 /AFT N str2 '		同句，按词序出现，间隔大于 N 个词	AB=' 转基因 /AFT 5 水稻 '	
=' str1 /PEG N str2 '		全文，词间隔小于 N 段	AB=' 转基因 /PEG 5 水稻 '	
=' str $ N '		检索词出现 N 次	TI=' 转基因 $ 2'	

注意事项：

（1）使用“AND”“OR”“NOT”等逻辑运算符，前后要空一个字节，三种逻辑运算符的优先级相同，“( )”符号将表达式按照检索目标组合起来。

（2）使用“同句”“同段”“词频”时，需用一组西文单引号将多个检索词及其运算符括起，如：AB=‘阿司匹林 /NEAR 5 脑梗死’。

（3）所有符号和英文字母，都必须使用英文半角字符。

在本例中第一次检索的检索式为：

SU= 阿司匹林 * 脑梗死

第二次检索的检索式为：

SU= 阿司匹林 *（脑梗死 + 脑血栓 + 脑栓塞 + 脑梗塞）

如果进一步查找阿司匹林的同义词，检索式为：

SU=（阿司匹林 + 醋柳酸 + 乙酰水杨酸）*（脑梗死 + 脑血栓 + 脑栓塞 + 脑梗塞）

3．查看检索结果

方法①：可以按照学科、发表年度、基金、研究层次、作者单位分组浏览检索结果。分组浏览可以对检索结果进一步筛选，找到所关注的文章。

方法②：检索结果提供了评价性排序，如主题相关度排序帮助找到与检索词最相关的文章；发表时间排序帮助找到最新文章或最早出版的文章，实现学术跟踪；被引频次、下载频次排序帮助选出被学术同行认可的高质量文章等。

方法③：点击文章的题目，则进入知网节页面。知网节提供单篇文章的详细信息和扩展信息。这些扩展信息通过概念相关、事实相关等方法提示知识之间的关联关系，达到知识扩展的目的。

4．导出题录与下载全文

方法①：选择一篇或多篇感兴趣的文章点击“导出 / 参考文章”，可以按指定的格式导出文章题录信息。

方法②：点击“下载”列中的下载图标、可以直接下载当前文章 CAJ 格式的全文。

方法③：也可以点击文章题名打开知网节页面，查看其摘要等信息后点击 CAJ 下载或 PDF 下载。

5．查看全文

技巧①：文章全文是通用的 PDF 文档格式或者 CAJ 格式。CAJ 格式的全文都必须使用中国知网的 CAJ Viewer 阅读器打开。CAJ Viewer 阅读器可以在中国知网网站下载。下载完成后直接运行安装，按默认的选项直到安装完毕即可。

技巧②：使用 CAJ Viewer 点击菜单项“工具 - 文本选择”，选择一段文字后点击鼠标右键，选择“复制”，可以将选择的文字作为文本粘贴到 word 等文字编辑软件中。点击菜单项“工具 - 选择图像”，选择一个图像区域后点击鼠标右键，选择“复制”，可以将选择的区域作为图片粘贴到 word 等文字编辑软件中。

技巧③：CAJ Viewer 阅读器还提供了标注、书签、查看知网节等实用的功能。

6．利用其检索途径进一步检索调研

（1）利用“作者发文检索”进一步调研：作者发文检索是指通过学者姓名、单位等信息，查找某作者或某机构发表的全部文章及被引用、下载等情况。

在本例中，可以通过对检索结果的作者分组和机构分组查找相关研究发表文章较多的作者和机构，再利用作者发文检索进一步查找该作者或机构发表的全部文章，全方位地了解某学者或机构主要研究领域、研究成果等情况。

（2）利用“科研基金检索”进一步调研：科研基金检索是指通过科研基金名称查找受科研基金资助的文章。通过对检索结果的基金分组了解对该研究方向资助较多的基金，再利用基金检索查找该基金资助的所有文章。通过对检索结果的分组浏览，还可以全面了解科研基金资助的学科范围、科研主题领域等信息。

（3）利用“句子检索”进一步调研：句子检索是指查找同时包含输入所有检索词的句子。由于句子中包含了大量的事实信息，通过检索句子可以为用户提供有关事实问题的答案。句子检索的检索结果以摘要的形式展示，并将关键词在文章中出现的句子摘出来，起到解释或回答问题的作用。

本例中如果想了解阿司匹林与脑梗死的关系，可以用句子检索，选择在全文“同一句”或“同一段”话中，含有“阿司匹林”和“脑梗死”的文章。浏览查到的结果可以看出阿司匹林对脑梗死有治疗作用。用户可对结果进行分组排序，筛选出有价值的句子，下载文章进一步阅读了解信息。

（4）利用“来源期刊检索”进一步调研：来源期刊检索是指以期刊为检索目标的检索方式。可以点击“期刊导航”按照期刊分类或期刊名称字顺找某期刊；可以在检索框中直接输入期刊名称作为检索词查找某期刊；可以根据期刊所属类别，选择全部期刊、SCI 来源期刊、EI 来源期刊或者核心期刊；也可以检索指定年期的期刊。

（四）检索技巧

技巧 1：检索结果为 0 时，可以尝试更换检索词、增加同义词检索等方式重新检索。本例中阿司匹林的同义词有醋柳酸、乙酰水杨酸。如果开始用“SU= 醋柳酸 * 脑梗死”检索，结果可能为 0。换用“SU= 阿司匹林 * 脑梗死”就会检索出相关的文章。用更多的同义词会检索到更多的相关文章。

技巧 2：检索结果不准确，可以尝试更换检索词、更换检索字段等方式重新检索。本例中如果选取“全文”字段检索，很多不相关的文章或相关度不大的文章也检索出来了。选择“主题”或“篇名”字段，检索的准确率会更高。这时应注意也会造成漏检的情况。

（五）易犯错误

错误1：当选择“篇名”和“全文”字段时，“精确”匹配是字段中完整包含检索词，不能将检索词拆分。例如用“阿司匹林治疗脑梗死”精确查询，查询结果包含“阿司匹林治疗脑梗死”这一完整词串；“模糊”匹配是全文中包含检索词，检索词可以拆分，排序不分先后顺序。例如用“阿司匹林治疗脑梗死”模糊查询，可能将包含有“阿司匹林治疗急性脑梗死”这样词串的文章也查出来。一般情况下，选择“模糊”匹配即可。

错误2：当逻辑关系复杂时，尽量使用专业检索。例如本案例第二次检索时，选择主题字段后在检索框中依次输入“脑梗死”“脑血栓”“脑栓塞”“脑梗塞”，四者之间的逻辑关系均选择“或含”，如果在第五个检索框中输入“阿司匹林”逻辑关系选择“并含”，会检索出错误的结果。因为此时的检索式为“SU= 脑梗死 + 脑血栓 + 脑栓塞 +（脑梗塞 * 阿司匹林）”。因此，当检索式存在多个逻辑关系时，应分步检索，检索式逻辑关系过于复杂时，应使用专业检索功能。

二、使用万方数据知识服务平台

（一）选取理由

万方数据知识服务平台（http：//www.wanfangdata.com.cn/）数字化期刊全文数据库收录自1998年以来国内出版的理、工、农、医、哲学、人文、社会科学、经济管理与教科文艺8大类100多个类目的各类期刊8 000余种，其中包括中华医学会和中国医师协会独家授权的期刊，论文总量有2000余万篇。

（二）功能特色

（1）具有一框式检索方式。一框式检索支持字段和逻辑检索的多种表达方式组配检索策略，同时，检索式的智能推荐功能也给检索带来方便。

（2）智能推荐检索词功能。系统可以根据用户输入的一段文本，如查新委托书的科学技术要点、立项报告正文等，自动推荐一些候选的检索词作为参考。

（3）检索结果采用智能排序方式。排序时对时间指标、质量指标、相关度指标综合考虑，提供了四种排序方式：相关度、发表时间、被引量和热度。不同的排序方式实际上是调整了各个排序指标在排序时的权重。也可以按照仅考虑某一指标的方式排序。

（三）检索方法

进入万方数据知识服务平台首页点击“期刊”，在检索框中输入检索式可以检索期刊文章。也可以通过不同分类方式的期刊导航检索期刊。点击“高级检索”可以看到高级检索和专业检索两种检索方式。

分析检索课题要求，本课题有两个关键词：阿司匹林、脑梗死，要求检索近三年的文章。

1．利用“高级检索”

步骤①：选择检索限定的字段，输入相应的检索词。在字段下拉式菜单中分别有主题、题名或关键词、题名、第一作者、作者单位、作者、关键词、摘要、DOI、期刊名称\刊名、期刊 - 期、期刊 - 基金字段可供选择使用。其中“主题”字段是指分别在标题、关键词、摘要三个字段中检索。

本案例中各个检索条件均选择“主题”字段，在第一个检索框中输入“阿司匹林”，第二个检索框中输入“脑梗死”；二者之间的逻辑关系选择“与”；匹配方式选择“模糊”。

步骤②：在时间条件控制区域选择最近三年的时间。

步骤③：点击“检索”按钮进行检索。

要检索出更多的相关文章，可以通过同义词进一步查找。例如“脑梗死”的相关词有“脑血栓”“脑栓塞”“脑梗塞”等。

步骤①：在第一个检索框中输入“脑梗死”，第二个检索框中输入“脑血栓”，第三个检索框中输入“脑栓塞”；第四个检索框中输入“脑梗塞”；四者之间的逻辑关系均选择“或”；第五个检索框中输入“阿司匹林”，与前四者的逻辑关系选择“与”；字段均选择“全部”；匹配方式选择“模糊”。

步骤②：选择最近三年的时间后点击“检索”按钮进行检索。

2．利用“专业检索” 专业检索使用逻辑运算符和检索词构造检索式进行检索，是更灵活、方便地构造检索式的检索方式。

万方数据为论文检索提供了多种字段，每个字段允许多种表达方式。如“题名”字段可以用“title”“标题”“题目”“篇名”等表示，“关键词”字段可以用“keyword”“关键字”等表示，“作者”字段可以用“author”“责任者”“著者”等表示。

逻辑运算符 AND 可以用“*”表示，OR 可以用“+”表示，NOT 可以用“^”表示。

本例中如果要限定检索词出现在题名字段中，检索式可以写为:“题名：脑梗死 + 题名：脑梗塞 + 题名：脑栓塞 + 题名：脑血栓 * 题名：阿司匹林”。如果要求检索词在全部字段中，检索式可以写为:“脑梗死 + 脑梗塞 + 脑栓塞 + 脑血栓 * 阿司匹林”。

3．利用“快速检索” 在万方数据知识平台首页点击“期刊”，在检索框中输入“脑梗死 + 脑梗塞 + 脑栓塞 + 脑血栓 * 阿司匹林”，点击“检索”，在检索结果页面左侧的聚类选项选择年份为“近三年”，可以得到相同的检索结果。

4．导出题录与下载全文

方法①：选择一篇或多篇感兴趣的文章点击“导出”，可以以指定的格式导出文章题录信息。

方法②：点击文章题目前面的下载图标，可以直接下载当前文章 PDF 格式的全文。

方法③：也可以点击文章题名，打开文章详细信息页面，查看其摘要等信息后点击“下载全文”，可以下载 PDF 格式的全文。

（四）检索技巧

技巧 1：系统通过自动分组聚类揭示检索结果在不同来源刊、不同时间以及不同学科领域的分布情况，帮助用户对检索结果进行限定和排除，使检索更精准。

技巧 2：根据检索结果提供相关文章中出现频次较高的关键词和相关词，以及相关文章、相关专家和机构等方式，启发用户进行扩展检索和阅读。

技巧 3：可以使用知识脉络等功能调研课题发展。知识脉络是以关键词为核心，根据对所发表论文的知识点和知识点的共现关系的统计分析，向用户揭示知识点新的研究方向、趋势和热点的一种服务。以本例说明：在万方数据知识服务平台首页中左上角点击“知识脉络”按钮进入知识脉络服务页面，在检索框输入“阿司匹林”后点击“知识脉络搜索”，可以看到“阿司匹林研究趋势”；或者在浏览文章详细信息时点击关键词“阿司匹林”后面的“知识脉络”图标，也可以看到“阿司匹林研究趋势”：阿司匹林治疗脑梗死或相关研究长时间以来一直较多，自 2004 年至今阿司匹林与氯吡格雷联合应用研究成为热点。

（五）易犯错误

下载的文章打不开，可能是因为没有安装 PDF 阅读软件；打开 PDF 文章资源的时候出现文章空白、乱码、需要输入口令、水印覆盖文字等问题，可能是当前的 PDF 阅读软件版本过低，需要升级或更换阅读软件。

三、使用重庆维普中文期刊服务平台

（一）选取理由

重庆维普资讯有限公司的主导产品中文期刊服务平台（http：//qikan.cqvip.com/）收录

1989 年至今的中文期刊 12 000 余种，全文 2 300 余万篇，引文 3 000 余万条。分 8 个专辑（社会科学、自然科学、工程技术、农业科学、医药卫生、经济管理、教育科学、图书情报）定期出版。

（二）功能特色

（1）提供了适用于大众用户的简单检索和适用于专业用户的高级检索等检索方式。

（2）在单篇文章的详细信息展示页面上，除了有文章的基本信息以外，还提供了相关主题、相关作者对象、相关机构对象等推荐功能。

（3）检索结果页面提供了期刊收录、学科、主题、机构、作者、期刊、年份、被引范围等聚类功能。并可以将检索结果按照文章、期刊、主题、作者、机构、基金等方式显示。

（三）检索方法

进入维普中文期刊服务平台。分析检索课题要求，本课题共有两个关键词：阿司匹林、脑梗死，要求检索最近三年的期刊文章。

1. 利用“高级检索” 高级检索提供了两种方式供读者选择使用：向导式检索和检索式检索。

（1）向导式检索：为读者提供分栏式检索词输入的方法。除可选择逻辑运算符、检索项、匹配度外，还可以进行相应字段扩展信息的限定，最大程度地提高了“检准率”。选择检索限定的字段，输入相应的检索词。在字段下拉式菜单中有任意字段、题名或关键词、题名、关键词、文摘、作者、第一作者、机构、刊名、分类号、参考文章、作者简介、基金资助、栏目信息字段可供选择使用。

步骤①：第一个检索条件选择“题名或关键词”字段，在检索框中输入“阿司匹林”，第二个检索条件选择“题名或关键词”字段，在检索框中输入“脑梗死”；二者之间的逻辑关系选择“与”。

步骤②：在时间条件控制区域选择最近三年的时间。

步骤③：范围和学科等选项均选择默认值。

步骤④：点击“检索”按钮进行检索。

要检索出更多的相关文章，可以通过同义词进一步查找。例如“脑梗死”的相关词有“脑血栓”“脑栓塞”“脑梗塞”等。

步骤①：点击检索框前面的“+”使检索界面显示四个检索框。

各个检索条件均选择“题名或关键词”字段，在检索框中依次输入“脑梗死”“脑血栓”“脑栓塞”“脑梗塞”，四者之间的逻辑关系均选择“或”。

步骤②：逻辑关系均选择“与”，检索条件选择“题名或关键词”字段，在检索框中输入“阿司匹林”。

步骤③：在时间条件控制区域选择最近三年的时间。范围和学科等选项均选择默认值。

步骤④：点击“检索”按钮进行检索。

（2）检索式检索：可在检索框中直接输入逻辑运算符、字段标识、检索词等，并可以对更多检索条件进行限制。使用逻辑运算符时，“AND”代表“并且”，“OR”代表“或者”，“NOT”代表“不包含”。检索字段用代码表示：U=“任意字段”，M=“题名或关键词”，K=“关键词”，A=“作者”，T=“题名”，C=“分类号”，R=“文摘”，S=“机构”，J=“刊名”，F=“第一作者”。

因此，本例可以在检索框中输入“M=（脑梗死 OR 脑梗塞 OR 脑血栓 OR 脑栓塞）AND M= 阿司匹林”，选择最近三年的时间后进行检索。

2. 利用“期刊导航”进一步调研 期刊导航是指以期刊为检索目标的检索方式。可以点击“期刊导航”按照期刊学科分类或期刊名称字顺找到某期刊；可以在检索框中直接输入期刊名称作为检索词查找到某期刊；可以查看该期刊的有关信息，也可以检索指定年期的期刊文章。

3．导出题录与下载全文

（1）查看检索结果时，可以选中自己感兴趣的文章，点击“导出题录”，在打开的详细信息的页面，再次点击“导出题录”，选择“文本”“参考文章”或文章管理软件的格式后，再次点击“导出”，可以导出相应的题录或摘要文本。

（2）在检索结果页面，有“在线阅读”和“全文下载”按钮实现相应的功能。也可以点击文章题目，打开文章详细信息页面，实现“在线阅读”或“全文下载”功能。对没有授权的文章，可以通过“文章传递”方式获取全文。

（四）检索技巧

技巧 1：维普检索结果还可以按照文章、期刊、主题、作者、机构、基金等方式显示，方便读者扩展调研。还可以将检索结果的发文量、被引量趋势以图形方式显示，使结果更加清晰明了。

技巧 2：维普采用《中国图书馆分类法》（第四版）为分类体系，根据文章的内容特征将文章准确地归入不同的类别。在高级检索时，选择“分类号”字段，点击检索框后面的“查看分类表”，可以选择并添加分类号后检索。本例选择分类号“R743.3”可以检索“急性脑血管疾病”类别的所有文章进行扩展阅读。

（五）易犯错误

高级检索中的向导式检索是严格按照由上到下的顺序进行的。本例中点击检索框前面的“+”使检索界面显示五个检索框，均选择“题名或关键词”字段。前四个检索框分别输入“脑梗死”“脑血栓”“脑栓塞”“脑梗塞”，四者之间的逻辑关系均选择“或”。第五个检索框中输入“阿司匹林”，逻辑关系选择“与”，选择三年的时间限制后点击检索。此时的检索式为“M=（脑梗死 OR 脑梗塞 OR 脑血栓 OR 脑栓塞）AND M= 阿司匹林”。

四、有效查找中文期刊全文文献应注意的问题

本节介绍的 CNKI、万方数据知识服务平台和重庆维普中文期刊服务平台是查找中文期刊全文最主要的数据库。三个数据库在信息资源、检索方式、增值服务等方面有交叉也有不同，各有长短。

（一）相同点

（1）三个数据库均提供了快捷友好的检索界面。既有适合初级用户的简单检索方式，又有适合专业人员使用的专业检索方式，满足简单或复杂的检索需求。

（2）除了检索和提供全文外，三个数据库都提供了一些增值服务。如提供相似文章、参考文章、相关作者等，对知识和知识网络进行多层次、多角度的揭示。

（二）不同点

（1）收录的期刊回溯年限不同。CNKI 中国知网回溯至 1915 年，部分期刊回溯至创刊；万方数据知识服务平台回溯至 1998 年；重庆维普中文期刊服务平台回溯至 1989 年。

（2）收录期刊范围不同。三个数据库范围都涵盖自然科学、工程技术、人文科学等领域，因此，不可避免地存在严重重复。但每个数据库都有一些独家授权的期刊，尤其是万方数据知识服务平台，收录了中华医学会和中国医师学会独家授权的期刊。

（三）应注意的问题

（1）三个数据库的主题途径检索仅提供关键词检索。关键词检索方便快捷，但容易造成漏检和误检。因此，在这三个数据库中检索时，要提高查全率与查准率，应尽可能地使用检索词的同义词、近义词、相关词进行检索。如本章案例中使用阿司匹林、醋柳酸、乙酰水杨酸及

脑梗死、脑梗塞、脑血栓、脑栓塞组合检索，就要比单纯使用阿司匹林与脑梗死组合检索效果要好得多。

（2）三个数据库的可检索字段均提供了篇名、关键词、摘要、全文等字段。在不同的字段中检索时，查准率、查全率会有所不同。应根据检索需要和检索结果情况，调整选择适当的字段。如本章案例 CNKI 中国知网选择主题字段、万方数据知识服务平台选择全部字段、重庆维普中文期刊服务平台选择题名或关键词字段，检索结果相差较多。

（3）因为各数据库收录的范围不同，相同的检索式在三个数据库中检索的结果可能会不同。检索时应注意三个数据库结合使用。

（李修杰）

第二节　外文医学期刊全文检索

一、使用 ScienceDirect

（一）选取理由

ClinicalKey 医学平台

本案例选择利用 ScienceDirect（http：//www.sciencedirect.com）进行检索。ScienceDirect 是爱思唯尔（Elsevier）出版集团 1997 年推出的科学、技术与医学研究全文数据库，每年发表经同行评审的科研文章 42 万余篇。截至 2017 年，共收录了来自该集团出版的 3 900 多种同行评审期刊和 38 000 多种图书，包括诸多经典参考书（如 *Gray's Anatomy*《格氏解剖学》）。著名期刊包括 *The Lancet*《柳叶刀》、*Cell*《细胞》、*Gastroenterology*《胃肠病学》等，期刊回溯至创刊号，最早的期刊是 *The Lancet*（1823 年）。

（二）功能特色

1．收录的学术期刊质量高　ScienceDirect 收录的 3 900 多种同行评审期刊，其中持续更新的活跃期刊有 1 800 余种，被 SCI、SSCI 引文数据库收录的期刊有 1 500 多种，占每年持续更新期刊总数的 85%。内容涉及四个大类：物理科学和工程学（Physical Sciences and Engineering）、生命科学（Life Sciences）、健康科学（Health Sciences）、社会科学和人文科学（Social Sciences and Humanities），涵盖 24 个学科领域。

2．提供个性化服务功能　在 ScienceDirect 平台，用户免费注册个人账户后，可以进行个人账户设置和个人通报设置，构建自己的个性化主页；通过保存检索式，利用 RSS 或 E-mail 推送服务可定期接收更新的检索结果；还可以接收个人感兴趣的新出版文献、相关学科主题或特定期刊、图书等的更新文献；使用通报服务功能可以即时获得更新文献，帮助跟踪感兴趣研究领域新的文献。

3．允许批量下载 PDF 格式的全文　大部分中外文全文数据库一次只允许下载单篇全文文献，下载多篇全文时需要多次点击“下载”按钮。ScienceDirect 数据库可以一次性批量下载选中文献的 PDF 格式全文，方便快捷。

4．收录大量开放获取资源　截至 2017 年底可获取部分或全部开放内容的期刊有 2 500 余种，其中完全开放期刊 618 种（开放获取的描述见第八章第二节）。

5．远程访问（Remote access）　ScienceDirect 的远程访问或称远程登录可以让用户在订购机构的网络 IP 地址外使用 ScienceDirect。打开 ScienceDirect 主页，用已注册的用户名密码登录后，点击下方 Activate remote access 按钮激活远程访问功能。

（三）检索方法

ScienceDirect 数据库提供检索（Search）和浏览（Browse）两种途径进行检索。可以检索该平台提供的同行评审期刊、文章、图书章节以及开放获取的内容。

1．检索　ScienceDirect 检索分为基本检索、高级检索和专家检索（Expert Search）三种方式。

在 ScienceDirect 首页可以直接进行基本检索，点击“Advanced search”按钮可进入高级检索和专家检索页面。

（1）基本检索：字段包括“所有字段”（Search all fields）[在首页面中这一字段是“关键词”（Keywords）]、作者名称（Author name）、书刊题名（Journal/book title）、卷（Volume）、期（Issue）、页码（Pages）。各字段之间为逻辑“与”关系。“所有字段”输入框里可以输入一个或几个检索词进行检索，无须区分大小写，词之间没有先后顺序，默认是单词检索，检索结果是全文中同时含有这些检索词的文献记录。如果要进行词组检索，就需要使用半角双引号，如“cerebral infarction”。

ScienceDirect 的基本检索几乎在该平台的每个窗口中都存在，方便用户利用该途径快速查找文献。

（2）高级检索：可以输入检索词在全部字段中执行检索，也可以进行作者名称字段、书刊题名字段及文献出处检索。高级检索增加了“题名、摘要或关键词”字段（With words in title，abstract or keywords）选项，可一次完成相关主题概念出现在题名、摘要或关键词三个字段中的任意字段，在检索实践中这一功能非常便捷。高级检索能够直接使用文献的数字对象唯一标识符“DOI”号、期刊的 ISSN 号和图书的 ISBN 号等进行文献查找。高级检索可以通过使用布尔逻辑运算符 AND、OR、NOT 及连字符“-”（“-”与 NOT 运算符含义相同）来完成较复杂的检索需求，布尔逻辑运算符必须使用大写字母，通过使用括号可以改变布尔逻辑运算的顺序，使用引号来指定组合在一起的词组术语。高级检索可根据需要对检索文献类型进行多选项限制，见图 4-1。

在本案例中，查阅近三年关于阿司匹林治疗脑梗死相关研究的英文期刊文献，并获取全文。使用 ScienceDirect 高级检索方式。

步骤①：分析主题概念，确定使用的检索词为 aspirin 和“cerebral infarction”，实际检索中可以通过增加近义词方式来扩大检索范围，以提高检索的查全率。

步骤②：在“题名、摘要或关键词”中输入检索词“cerebral infarction”AND aspirin。本案例将主题概念限定在“文摘、题目和关键词”字段中，检索结果更加符合检索需求。

步骤③：出版时间限制为近三年。在“年代”（Year）下面输入起 - 止年，如果此处不做年代限定，在检索结果页面左侧栏可通过进一步筛选需要的年代文献来达到检索要求。

步骤④：检索文献类型为期刊文献，在限定文献类型的选项中可以选择相应的文献类型：Review articles、Research articles 等与期刊文献类型相关的选项。检索时也可以不做限定，执行检索后在检索结果页面左侧栏进行文献类型的进一步筛选。

步骤⑤：点击“Search”按钮进行检索。ScienceDirect 平台可以实现同义词检索，例如本案例中输入 aspirin，系统自动将其同义词“acetylsalicylic acid”相关文献也检索出来。若要检索出更多的相关文献，可以通过增加近义词或相关主题概念的上下位词进一步查找。如“cerebral infarction”的相关词还有“cerebral thrombosis”“cerebral embolism”等。若要扩大检索范围可以通过增加近义词的方法修改检索表达式为：（“cerebral infarction”OR“cerebral embolism”OR“cerebral thrombosis”）AND“acetylsalicylic acid”。

（3）专家检索：和高级检索在同一界面内，通过标签按钮切换。专家检索是指通过使用限定字段、检索词以及布尔逻辑算符、截词符、邻近算符等，直接输入检索表达式进行检索。输入格式为：字段名（检索词）。在同一字段中，如果检索词之间没有运算符或引号，系统默认各检索词之间是逻辑“与”的关系，同时提供资源范围、分类主题、文献类型、出版时间等

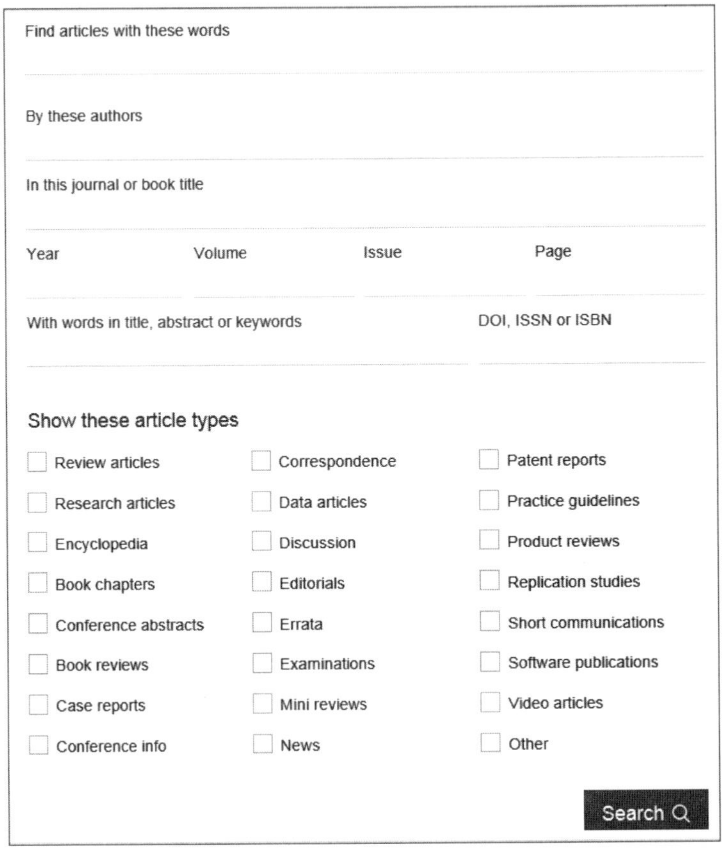

图 4-1 ScienceDirect 高级检索页面

限定条件。如本案例使用专家检索可以在检索框内输入检索表达式：

title-abstr-key（aspirin）AND title-abstr-key（“cerebral infarction”）或者使用字段缩写形式：tak（aspirin）AND tak（“cerebral infarction”），出版时间限制与高级检索相同，限定为近三年。

2．浏览 包括学科主题浏览和题名浏览两种。

（1）主题浏览：可直接点击 ScienceDirect 主页面四个学科大类下 24 个一级学科分类进行浏览，在浏览页面中书刊信息亦按题名排序。

浏览页面中每种书刊信息显示该期刊或图书章节全文访问（Full-text access）方式。主要包括订阅或赠送（subscription and complimentary）和开放获取（open access），具体获取方式包括全文（Full-text available）、文摘（Abstract only）、完全开放获取（Open Access Journals）和部分开放获取（Contains Open Access）。

（2）题名浏览：ScienceDirect 将所有期刊、图书等按题名的字顺排序，用 26 个英文字母作索引。题名中的 a、an、the 等冠词和定冠词无论在题名开头还是题名中间都不参与排序。从导航栏上选择“Journals”“Book”资源类型，进入题名字顺浏览页面。

书刊题名的字顺浏览可以进行学科主题限定。通过选择具体的学科类型后点击“使用”（Apply）按钮浏览书、刊。各级分类下的书刊均按照题名的字母顺序进行排序，并提供题名首字母索引。各学科的书刊之间存在少量的交叉重复。

（四）检索结果

（1）检索结果页面显示检索到的文献条数及所使用的检索表达式。本案例检索结果如下：Title，abstract，keywords：“cerebral infarction” AND aspirin。

（2）检索结果页面提供提炼筛选（Refine by）可以进一步对检索结果进行处理，查看相应筛选条件下的文献数量。可筛选的字段包括年代（Years）、文献类型（Article type）、出版物名称（Publication title）、文献开放类型（Access type）等。

（3）检索到的结果可以按时间（Date）或内容的相关性（Relevance）进行排序。每条检索结果记录前面有一个复选框，可以同时选取多篇文献进行结果批量处理，包括批量下载 PDF 全文（Download selected articles）和批量输出题录（Export）。

检索结果的每条题录内容包括标题、文献类型、文献出处、责任者，还提供 PDF 全文下载链接（Download PDF）、摘要（Abstract）、题录输出（Export）。题录输出指将选中的文献按一定格式输出，将其作为引文进行使用和管理。ScienceDirect 的题录输出包括：Save to RefWorks、Export citation to RIS、Export citation to BibTeX、Export citation to text 四种格式。

（4）检索结果的个性化处理。免费注册个人账户后，可以获得更多个性化的服务功能。个人账户提供我的建议（My recommendations）、管理提醒服务（Manage alerts）、个人账户及权限（My account & privacy）、更改密码（Change password）及购买文献（Purchased articles）等。

建立 ScienceDirect 平台个人账户，使用该平台可实现检索课题的跟踪服务：保存检索并生成定期提醒（Save search alert 和 RSS）。如本案例要跟踪关于阿司匹林治疗脑梗死相关研究的英文期刊文献，需要将检索结果保存为定期提醒，可以通过 E-mail 或 RSS 阅读器接收新的文献信息。如果注册的个人账户邮箱为授权机构域名邮箱，可以申请远程访问服务。

（五）检索技巧

技巧 1：进行主题检索时应尽量列举出主题概念的各种表达方式。因为一般全文数据库的标引系统不全面，查全率不高。另外，建议选择“文摘 / 题名 / 关键词”这一组合字段。

技巧 2：检索短语时要使用半角双引号括起来。当使用双引号时，系统不会自动在单词之间插入其他词。如本案例中如果不使用双引号将“cerebral infarction”括起来，会有关于 Myocardial Infarction …… Cerebral protection……这样的文献检索出来，影响查准率。

技巧 3：ScienceDirect 期刊页面提供进入该期刊的投稿页面的链接（Submit your article），方便作者投稿。

二、使用 OvidSP

（一）选取理由

本案例选择利用 OvidSP（http：//ovidsp.ovid.com）进行检索。OvidSP 是 Wolters Kluwer（威科）出版集团下的健康出版事业集团 Ovid 公司（Ovid Technologies INC.）提供的数据库平台。该平台提供包括 Lippincott Williams & Wilkins（以下简称 LWW）出版的医学期刊、ADIS 药学期刊、美国心理学会的心理学期刊等 60 余个出版商提供的 1 000 多种科技及医学期刊的全文，其中 LWW 出版的临床医学及护理学领域 400 余种期刊，超过一半被 SCI 收录，其临床医学及护理学尤其突出，著名的期刊有 *Circulation*《循环》、*Annals of Surgery*《外科年鉴》、*Hypertension*《高血压》、*AIDS*《艾滋病》等。

学科主题包括替代和补充医学（Alternative & Complementary Medicine）、艺术与人文（Arts & Humanities）、行为和社会科学（Behavioral & Social Sciences）、临床医学（Clinical Medicine）、卫生学（Health Professions）、生命和生物医学（Life & Biomedical Sciences）、生命科学（Life Sciences）、医学人文（Medical Humanities）、护理学（Nursing）、患者教育（Patient Education）、药理学（Pharmacology）、物理科学和工程学（Physical Science & Engineering）、公共卫生（Public Health）、科学（Science）、技术（Technology）、中医学（Traditional Chinese Medicine）、心理学（Psychology）。

（二）功能特色

（1）除了可检索期刊、图书全文外，还提供二次文献、事实型等多种其他类型数据库。

其中医学相关的主要有 MEDLINE、BIOSIS Previews、Embase、EBM Reviews 等。OvidSP 平台支持同时对多个数据库进行跨库检索。

（2）除支持英文检索界面外，还支持简体中文、法语、德语、日语、繁体中文、西班牙语和韩语等多语种检索界面。语种切换在页面底端，界面亲切，为用户提供无语言障碍服务。

（三）检索方法

进入 OvidSP 检索平台首页面，系统会显示可使用的资源列表，可选择单库检索，也可选择多个资源库进行跨库检索。选择完成后页面中将列出已经有几个资源被选择（Resource selected），同时还可以隐藏显示（Hide）或变更选择的资源（Change）。如果已经执行了检索操作，选择变更资源后可直接点击按钮“Select Resource（s）& Run Search”，得到检索策略在新选资源库中的检索结果。

1．浏览 选择单个资源库，如期刊（Journal），可按标题字顺、主题分类等方式浏览。

2．检索 进入平台检索（Search）窗口，OvidSP 平台提供基本检索、题录检索（Find Citation）、字段检索（Search Fields）、高级检索和多字段检索（Multi-Field Search）五种检索菜单。

（1）基本检索：可快速找到最新发表的相关文献。基本检索支持自然语言检索，可检索整句话或一个问题，系统会将输入的检索问题翻译成适当的检索策略。

本案例查阅近三年关于阿司匹林治疗脑梗死相关研究的英文期刊文献，可以使用 OvidSP 基本检索帮助发现相关词汇。

在基本检索框中输入需要检索的语句：aspirin and cerebral infarction，并勾选“包含相关词”（Include Related Terms）选项。系统会对检索词进行扩展，从 Ovid 词库中找出与之相关的词汇并应用到各组主题词里。本案例系统自动分析使用检索词 aspirin 相关词汇有 aspirin、acetylsalicylic acid、asa、aspergum、ecotrin；“cerebral infarction” 的相关词汇有“cerebral infarction”、infarctions cerebral、infarction cerebral、infarct cerebral、cerebral infarctions、cerebral infarction，进行组合检索，组内词之间为逻辑“或”关系。

（2）题录检索：是根据一条题录信息快速查找原文的方便途径，提供题录相关字段包括：文章标题，期刊名称，作者姓氏，期刊的出版年、卷、期、起始页，出版者，唯一标识符和 DOI 等。

（3）字段检索：在检索框中输入检索词，选择所要限定的字段，选择多个字段时表示检索词出现在任何选中的字段中即为命中记录。字段检索中包括“我的字段”（My Fields）和“全部字段”（All Fields）两种选项。全部字段包括作者关键词、文献类型、全文、作者等多个字段选择。光标移到一个字段后可以通过点击随后出现的加 / 减（+/-）按钮添加 / 删除这个字段到“我的字段”中进行个性化设置。

在本案例中，查阅近三年关于阿司匹林治疗脑梗死相关研究的英文期刊文献，并获取全文。可以使用字段检索。

步骤①：进入平台后，选择资源 * Journals@Ovid（* 代表被授权的机构）。

步骤②：复选“全部字段”中作者关键词、题名、文摘三个字段，输入检索词 aspirin，进行检索，选择同样的检索字段，输入检索词 cerebral infarction 进行检索。或者将“全部字段”中作者关键词、题名、文摘三个字段加入到“我的字段”中，在我的字段中选择此三个字段分别检索 aspirin 和 cerebral infarction。

步骤③：打开检索历史，选择阿司匹林和脑梗死的两个检索式，进行 AND 逻辑组配，生成新的检索式。

步骤④：点击查看检索结果（Display Results），检索结果显示在检索框下方。限制出版年范围为“Past 3 years”。

（4）高级检索：提供关键词（Keyword）、作者（Author）、标题（Title）、刊名（Journal）、书名（Book Name，该字段在选择了图书资源时才显示）等检索字段。支持输入的词或短语使用“$”或“*”为截词符号。

高级检索默认选中关键词字段，输入关键词或短语后，系统会在文章的标题、文摘、全文等字段中检索。作者字段输入时要求姓在前、名在后（仅用首字母即可）拼写方式，姓名之间用空格分开。题名字段是指在文献题目中查找输入的检索词。刊名检索不支持缩写刊名检索，也不支持刊名或书名的关键词检索。刊名或书名检索时必须输入期刊、图书的全称，或使用截词符号进行检索。

（5）多字段检索：提供多种字段进行逻辑关系（包括 AND、OR、NOT）组配检索，提供的检索字段会根据选择的资源库不同而有所变化。

（四）检索结果

检索结果页面左侧可以进一步处理结果。包括检索信息（Search Information），显示系统分析并使用的检索词、命中记录数、结果去重、结果排序方式、结果显示格式设置等；筛选结果（Filter By），可以对命中结果的相关性、出版年、学科主题、作者、期刊、来源数据库、文献类型等进行精选检索结果；我的课题项目（My Projects），需要注册登录后使用，可以添加几个课题，将检索结果的文献加入相应课题中。

检索结果的全文支持网页 HTML 格式浏览和 PDF 格式文件下载，并支持打印、发邮件、输出等功能。

（五）检索技巧

技巧 1：除可以检索一次文献外，还可检索一些二次文献数据库，如 MEDLINE、BIOSIS Previews、International Pharmaceutical Abstracts 等。选择 ***Journals@Ovid 可检索订购单位已购买的全文期刊；选择 Journals@Ovid Full Text 可查到 Ovid SP 全库 1000 多种期刊，并可直接获取机构已订购的期刊全文。

技巧 2：基本检索支持自然语言检索。用户可以自由输入检索词或提问语句，系统将自动分析和转换，再根据检索分析和转换结果改进检索表达语句。应尽量使用名词表述，提高检索效率。

技巧 3：OvidSP 平台授权时有的机构有登录用户数量的限制，长时间未操作数据库系统会出现提示，并自动注销退出。可重新点击 Start Ovid 按钮进入。

技巧 4：OvidSP 平台期刊全文库侧重临床医学及护理学，在使用该库查找文献时应注意课题的研究方向。

三、使用 Wiley Online Library

（一）选取理由

本案例选择使用 Wiley Online Library（http：//onlinelibrary.wiley.com）进行检索。John Wiley & Sons 出版社是美国老牌出版商之一。2007 年，该出版社的科学、技术、医药与学术出版业务与全球最大的学协会出版机构、英国的 Blackwell Publishing 合并，成为全球较大的综合性出版社。

Wiley Online Library 是 John Wiley & Sons 出版集团 2007 年上线的全文数据库检索平台。目前与超过 900 个学会协会合作，截至 2017 年，Wiley 每年出版 1 600 多种同行评审的学术期刊，平台提供 20 000 本电子图书，170 多种在线参考工具书，580 多种在线参考书，19 种生物学、生命科学和生物医学的实验室指南（Current Protocols），17 种化学、光谱和循证医学数据库等，收录的学科范围涵盖化学、高分子与材料科学、物理学、工程学、农业、兽医学、食品科学、医学、护理学、口腔医学、生命科学、心理学、商业、经济、语言学、新闻传播学、历史学、政治学、社会学、艺术类、人类学等多个学科。通过 Wiley Online Library 平台提供全文电子期刊、在线图书和在线参考工具书的服务。其中包括 *CA*：*Cancer Journal for Clinicians*《临床医生肿瘤学杂志》、*Hepatology*《肝病学》等著名期刊。

（二）功能特色

（1）收录的学术期刊质量高。《2017 年期刊引用报告》（Journal Citation Report，2017）中，Wiley 共有 1214 种期刊被收录。在 JCR 收录的 233 个学科中，218 个类别收录了 Wiley 期刊。Wiley 期刊在 27 个学科类别中排名第一，240 种 Wiley 期刊在其各自的学科类别排名前十位。其中 *CA*：*Cancer Journal for Clinicians*《临床医生肿瘤学杂志》影响因子为 187.040，是影响因子最高的期刊。

（2）注册并完成邮箱验证，用户登录后使用 Wiley Online Library 可以获得一些个性化功能。“My account”主要功能包括：个人信息（Personal information）、地址（Address）、订阅（Subscriptions）、订阅访问（Subscription access）、免费接入码（Free access code）、管理通知（Manage alerts）、收藏夹（Favorites）、保存检索（Saved searches）。

（3）除传统出版方式外，还提供 Wiley 开放获取（Open Access）和混合型开放获取（Online Open）等模式。Online Open 是指作者、作者的资助机构或作者单位通过支付一定的费用，以保证文章在发表后通过 Wiley Online Library 面向非订阅者开放。

（三）检索方法

Wiley Online Library 在线平台提供检索和浏览两种检索途径。

1．检索 包括快速检索和高级检索两种方式。

（1）快速检索：Wiley Online Library 平台快速检索提供一个检索输入框，可以输入出版物（Publications）、文章（Articles）、关键词（Keywords）等进行检索。

（2）高级检索：提供了包括全部字段（All Fields）、标题（Titles）、作者（Author）、关键词（Keywords）、文摘（Abstract）等字段选项。用户可在搜索字段中使用布尔逻辑运算符组配检索，布尔逻辑运算符包括 AND（可使用“+”或“&”代替）、OR 和 NOT（可使用“-”代替），输入时必须使用大写字母。如果在一个检索框中输入不止一个单词，系统自动将各单词之间使用逻辑运算符 AND 进行检索，为了检索一个词组，需要将其用半角双引号括起来。高级检索可以限定检索时间范围，检索结果中可根据需要进一步筛选文献类型。

在本案例中，查阅近三年关于阿司匹林治疗脑梗死相关研究的英文期刊文献，并获取全文。使用 Wiley Online Library 高级检索方式。

步骤①：确定使用的检索词为 aspirin 和“cerebral infarction”，可限定在文摘字段“Abstract”中。检索时可根据检索结果数量调整限定字段，本案例中文章篇名（Article Titles）、关键词（Keywords）也是需要考虑的检索字段。

步骤②：两个检索词的逻辑组配的关系为“AND”。

步骤③：出版时间限制为近三年。该平台时间限定有三种选项：选“All Dates”表示不做时间限制；选“Last”可选最近 1、6 或 12 个月；选“Custom range”时间的区间限制，可输入起始年月和终止年月进行限定。

步骤④：点击“Search”按钮进行检索。在检索结果页面可以通过侧边的筛选器列表（Filter List）进一步限制文献类型（Publication Type）为期刊（Journal）。

若需要检索出更多相关文献，可以通过增加同义词或近义词方式进一步查找。

2．浏览

（1）按书刊标题字顺浏览：可在首页点击“1，600+ Journals”浏览期刊（Browse Journals）。例如查找期刊 *CA*：*A Cancer Journal for Clinicians*，可以在书刊题名字顺表中点击字母 C 进入浏览页面，进一步使用筛选器选项，只选“期刊”（Journal）文献类型，浏览找到该期刊，点击刊名 *CA* 即可进入该刊首页，除显示该刊近几期的链接外，该页面还显示期刊的封面缩略图和详细信息，包括主编、影响因子、突出显示的文献等。

在期刊页面中设有投稿“CONTRIBUTE”栏目。该栏目提供了作者指南（Author Guidelines）、开放获取（Open Access）、提交稿件（Submit an Article）和审稿人（For Referees）4 个选项。其中在作者指南中介绍了期刊的详细信息，以便作者了解期刊收稿内容及格式要求，进行在线投稿等。

（2）按学科主题浏览（Browse by subject）：Wiley Online Library 将书刊分为 47 个学科分类。用户通过点击要浏览的学科分类类名进入该学科浏览页面，该学科下的书刊按照标题的字母顺序进行排序。

（四）检索结果

检索结果提供按相关性、日期和题目字顺三种排序方式，点击标题进入单篇文献，读者可以在授权 IP 范围内无障碍下载论文全文、图书章节全文和完整的实验室报告。如果是注册的用户，可将检索条件、检索结果保存至您的文档中或者导出题录，题录输出包括纯文本、EndNote、Reference Manager 及 RefWorks 四种格式。

（五）检索技巧

技巧 1：Wiley Online Library 平台提供在期刊中进行检索的功能。进入某种期刊的页面，在其右侧提供检索功能，检索选项默认是在本刊中检索（In this journal）。

技巧 2：Wiley Online Library 平台重视为作者、投稿者提供投稿平台和服务，在中文平台（www.WileyChina.com）中会经常安排相关内容的在线培训。

技巧 3：如果高级检索中包含多个逻辑运算符，系统将按以下顺序执行检索：先“非”（NOT），然后“与”（AND），最后“或”（OR），但是执行的顺序可以通过使用括号来改变，优先执行括号内的检索内容。

四、使用 SpringerLink

（一）选取理由

本案例选择使用 SpringerLink（http：//link.springer.com）进行检索。SpringerLink 是德国 Springer 出版社提供的全文数据库检索平台，截至 2017 年收录 3 400 多种期刊，其中与医学、公共卫生及生命科学相关的期刊有 1 100 余种。另外，还收录电子图书（每年新增 5 000 余册）、丛书、实验室指南、参考工具书等。学科涵盖生物医学（Biomedicine）、工商管理（Business and Management）、化学（Chemistry）、计算机科学（Computer Science）、地球科学（Earth Sciences）、经济学（Economics）、教育（Education）、工程学（Engineering）、环境科学（Environment）、地理（Geography）、历史（History）、法律（Law）、生命科学（Life Sciences）、文学（Literature）、材料学（Materials Science）、数学（Mathematics）、医学与公共卫生学（Medicine & Public Health）、药学（Pharmacy）、哲学（Philosophy）、物理学（Physics）、政治学与国际关系（Political Science and International Relations）、心理学（Psychology）、社会科学（Social Sciences）、统计学（Statistics）等。

SpringerLink 期刊内容以 1997 年为界分为现刊库和过刊库。国家科技图书文献中心（NSTL）订购了 SpringerLink 电子期刊及丛书 1996 年以前的回溯库内容，并为国内非营利性学术机构开通使用。

（二）功能特色

1．Springer 提醒（Springer alerts）及 RSS 信息源服务 用户可以基于作者、学科、关键词及出版物设置出版提醒或订阅 Springer 的 RSS 信息源，以获取将新出版内容直接传送至用户的服务。

2. 在线优先出版 该项服务可以让用户在印刷出版前即可访问经同行评审的文章，并可以通过数字对象标识符（DOI）更加快速地完全检索和引用文章文本，从而加快了重大科研成果的传播速度。

3. 开放获取 SpringerLink 平台中除收录 Springer 等出版社的期刊外，还与 BioMed Central 等 OA 出版商合作，收录一定数量的 OA 免费期刊全文。目前 Springer 许多订阅期刊都向作者提供开放获取选项，通过这一选项，作者可以选择让其文章通过开放获取的方式出版。开放获取方式出版的文章可存档在机构或资助者的典藏中，并可立即公开获取。文章根据知识共享署名协议（CCBY）出版，同时版权仍然属于作者。

（三）检索方法

提供检索（Search）和按学科浏览（Browse by discipline）两种检索途径。

1. 检索 分为简单检索和高级检索两种方式。

（1）简单检索：在检索框中既可以输入检索关键词进行全文检索，也可以构建表达式进行组合检索。

在本案例中，查阅近三年关于阿司匹林治疗脑梗死相关研究的英文期刊文献，并获取全文。使用 SpringerLink 简单检索方式。

步骤①：在检索框中输入“cerebral infarction”AND aspirin，点击按钮进行检索。

步骤②：通过检索结果页面左侧的“精炼你的检索”（Refine Your Search）将文献内容类型限制为期刊论文（Article），语言限制为英文。

步骤③：同时在检索结果中点击“出版日期”（Date Published）按钮打开日期区间选项，输入起止年代限制为近三年文献，点击检索按钮。

检索表达式为：* Result(s)for ‘“cerebral infarction”AND aspirin’ within English Article 起－止年（* 表示检索结果数量）

（2）高级检索：点击主页“简单检索”框后面的“Open Search Options”图标，选择 Advanced Search 进入高级检索页面。高级检索提供了更精确的表达：“包括所有词”（With all of the words）、短语检索（with the exact phrase）、至少含一个词（with at least one of the words）、不含检索词（without the words）、题目中含有（where the title contains）、作者中含有（where the author / editor is）等。

步骤①：确定使用的检索词为 aspirin，限定在“至少含一个词”的选项，使用检索词组“cerebral infarction”限定在“精确的短语”的选项。

步骤②：出版时间限制为近三年，填写四位的起始年和终止年。

步骤③：点击 Search 按钮进行检索。

步骤④：通过检索结果页面左侧的“精炼你的检索”（Refine Your Search）将文献内容类型限制为期刊论文（Article），语言限制为英文。

2. 浏览 选择某一学科点击后进入该学科资源浏览页面，可以对内容类型（Content Type）、学科（Discipline）、分学科（Subdiscipline）、出版物（Published In）、语种（Language）进行限定以进一步筛选结果。

（四）检索结果

检索结果列表提供按相关性、最新文献和最旧文献三种排序方式文献，并可进行出版时间限定。利用检索结果页面左侧提供筛选条件进一步精炼检索结果。筛选条件与浏览检索时相同，包括内容类型、学科、分学科、出版物、语种，按分组的特性描述当前的结果集，每个项目旁边的数字显示相匹配的记录数量。

检索结果的全文支持网页 HTML 格式浏览和 PDF 格式文件下载。检索结果记录上面如果有一个锁形图标，表示需要付费才能获得全文。用户对检索结果集合可进行 RSS 定制和输出。

SpringerLink 平台为用户提供免费申请个人账户，享受个性化服务。包括及时记录检索历史、保存检索结果、设置各种提醒服务等。

（五）检索技巧

SpringerLink 新平台检索目前只支持英文和德文两种检索语言。新平台检索功能非常简洁，在检索时应适当使用逻辑运算符和通配符（如："？"代表单个字母，"*"代表多个字符）等以提高检索效率。

检索词组时使用英文半角引号进行限定检索。还可充分运用筛选条件以达到检索目的。检索时限定条件选中后除非主动删除，否则会一直存在。

五、有效查找英文医学期刊全文文献应注意的问题

（一）使用技巧

技巧 1：本节介绍的四种英文全文数据库大都是出版社自主的平台（OvidSP 除外），与本章第一节的中文数据库不同，收录的文献内容不重复。在使用单个全文数据库进行检索时，检索结果仅为该数据库中收录的相关文献。若需要全面检索某一主题的文献时，建议先使用 MEDLINE、Embase、BIOSIS Previews、SciFinder Scholar 等文摘型数据库进行系统检索，再根据检索结果使用全文库获取相应的全文文献。

技巧 2：可先通过 PubMed、EBSCO 等发现平台及 Google Scholar 搜索引擎等查找文献，如果使用的终端设备在被授权的范围内，可直接链接到文献全文。

技巧 3：ScienceDirect、OvidSP、Wiely Online Library、SpringerLink 全文的参考文献都提供 CrossRef 链接，即使该参考文献由其他出版社出版，只要获得授权，即可在线浏览参考文献全文。

（二）易犯错误

错误 1：尽管全文数据库有检索和高级检索的功能，可以进行简单的课题检索，但不能直接使用全文数据库进行课题的查新等服务，只能作为获取全文的一种途径或查新的辅助工具。

错误 2：全文数据库一般没有规范标引，在检索时应尽可能列出检索概念的各种表达和拼写方式，以免漏检文献。

错误 3：在检索英文文献时，无论使用文摘型数据库还是全文型数据库，输入的括号或引号等标点符号需要使用半角格式。

（邓岩彬　李修杰）

小结

期刊全文数据库不仅可以方便快捷地获得文献全文，还提供了检索功能，是获取文献资源最常采用的数据库类型之一。检索时可以通过使用检索概念的同义词、近义词、相关词及不同的拼写方式来扩大检索结果；同时，由于各个数据库收录文献资源内容不同，应尽量选用发现系统/一站式检索平台、文摘型数据库等检索或者多个全文数据库组合检索。

练习题

1. 阿仑膦酸钠商品名称为福善美、固邦，近年常用于防治骨质疏松症，请用三个中文全

第4章练习题参考答案

文数据库检索出核心期刊上发表的文献并下载全文。

2．“高血压病患者不遵医行为原因分析与健康教育”一文是在同类研究中被引用较多的文章，请检索出这篇文章，并查看相似的文献有哪些。

3．利用分类途径，查看关于胃溃疡最近一年发表的相关文献。

4．在阅读文献时发现如下一篇参考文献，想进一步阅读全文：Jean-Philippe Collet, et al. Dual-antiplatelet treatment beyond 1 year after drug-eluting stent implantation（ARCTIC-Interruption）：a randomised trial, The Lancet, 2014, v.384, no. 9954：1577-1585，如何查找原文？

5．分别使用 ScienceDirect、OvidSP、Wiely Online Library、SpringerLink 数据库查找近三年关于“脑损伤中自噬作用的研究”方面的英文全文文献。

第5章 引文检索

导言

对已发表文献进行被引用情况分析是开展科研评价的重要参考指标，在各级成果鉴定以及项目和奖励申报时经常被要求提供。另一方面，通过分析文献间的引用与被引用关系，也是掌握相关信息的一种方法，可了解某研究发展的历史进程、来龙去脉。因此，熟练掌握中外文引文信息的检索方法，有利于更深层次的知识挖掘、揭示科技文献内容之间的相互关系，以获取到越来越多的相关文献信息。

第一节　引文检索概述

一、引文检索及其目的

引文（Citation）是通常所说的参考文献，由美国科学信息研究所（Institute for Scientific Information，ISI）的创始人 Dr. Eugene Garfield 提出，具体指一本著作或一篇论文中所引用的参考文献，通常以脚注或尾注的形式出现。引文表达了对被引作者的尊重，反映着文献作者的科学态度，也反映了文献作者获取信息的能力，有助于开展文献计量学研究。

引文检索是对文章的参考文献进行检索，即利用文献之间的相互引证关系来检索文献。文献的相互引证直接反映学术研究之间的交流与联系，通过引文检索可查找相关研究课题早期、当时和最近的学术文献，进而有效地揭示过去、现在、将来的科学研究之间的内在联系，揭示科学研究中所涉及的各个学科领域的交叉联系，协助研究人员迅速地掌握科学研究的历史、发展和动态。此外，通过引文检索还可以得知文章曾经被哪些人引用过，了解过去发表文献对后来发表文献的学术影响，后来发表文献对过去发表文献的评价，相关研究成果的认可利用程度和学术价值。因此，引文检索已成为科研成果申报、重点实验室审批、职称评审、科研绩效评价、优秀人才选拔、核心期刊筛选和衡量地区或单位总体科研水平的重要评价工具，受到研究人员和行政管理部门的高度重视。

可以看到，引文检索可用来实现信息检索与成果评价的双重目的。具体来说，在信息检索方面，可以探索和跟踪某个概念、方法和研究领域从最初提出到当前的历史和研究概况，掌握某作者（或单位）发表论文及被引用状况，关注同行最新的研究动态和争论热点，把握某学科领域的研究前沿；在成果评价方面，可通过对引文信息的分析统计，实现对期刊、人才、机构和学科的评价。如利用影响因子和当年被引指数等指标评价期刊的影响力；利用 H 指数评价科研人员的影响力和学术成就；从机构的发文量和总被引次数两个分别表示量和质的指标来衡量机构的研究水平及学术影响力；通过对某学科成果发表的地域、作者、核心期刊等信息的分析，既可进行初步的学科评价，又可进一步构建知识地图。

二、常用的引文检索工具

引文检索工具按照收录文献的语种分为中文引文检索工具和外文引文检索工具。目前常用的6个中文引文检索工具分别是：中国科学引文数据库（CSCD）、中文社会科学引文索引数据库（CSSCI）、中国生物医学期刊引文数据库（CMCI）、CNKI中国引文数据库、万方中国科技论文与引文分析数据库（CSTPC）、中国科技期刊数据库（引文版）（CCD）；2个常用的外文引文检索工具分别是：Web of Science核心合集数据库和Scopus数据库。此外，Google Scholar也提供中外引文信息的检索。下面对这9种中外文引文检索工具进行简要介绍。

（一）中国科学引文数据库

中国科学引文数据库（Chinese Science Citation Database，简称CSCD）始建于1989年，由中国科学院文献情报中心与中国学术期刊（光盘版）电子杂志社联合主办，并由清华同方光盘电子出版社正式出版，它的出版填补了国内引文检索系统的一个空白。1995年CSCD出版了印刷本的《中国科学引文索引》，1998年出版了中国科学引文数据库检索光盘，2003年CSCD推出了网络版，2007年与美国Thomson Reuters Scientific公司（现更名为Clarivate Analytics）合作，以ISI Web of Knowledge为平台，实现了与Web of Science的跨库检索。CSCD是ISI Web of Knowledge平台上第一个非英文语种的数据库。CSCD在中国产生了巨大影响，目前该数据库已被国家自然科学基金委员会列为中国科学院院士推选人指定查询库、自然基金委国家杰出青年基金指定查询库、自然基金委资助项目后期绩效评估指定查询库以及自然基金委国家重点实验室评估查询库，众多高校及科研机构职称评审、成果申报、晋级考评指定查询库，具有较高的权威性。

（二）中文社会科学引文索引数据库

中文社会科学引文索引（Chinese Social Sciences Citation Index，简称CSSCI）是由南京大学投资建设、中国社会科学研究评价中心开发研制的人文社会科学引文数据库，用来检索中文人文社会科学领域的论文收录和被引用情况。它是我国第一个人文社会科学引文数据库，采取定量与定性相结合的方法从全国2 700余种中文人文社会科学学术性期刊中精选出学术性强、编辑规范的期刊作为来源期刊。目前收录包括法学、管理学、经济学、历史学、政治学等在内的25大类的500多种学术期刊，现已开发CSSCI（1998—2015年）17年的数据，来源文献100余万篇，引文文献一千余万篇。

（三）中国生物医学期刊引文数据库

中国生物医学期刊引文数据库（Chinese Medical Citation Index，简称CMCI）由解放军医学图书馆研制，是我国第一个生物医学领域规模最大的引文数据库。目前的CMCI数据库可实现发表文献查询、引文查询、出具引证报告等一体化功能，使用方便快捷。该库收录了1994年以来中文生物医学期刊1 800余种，累积期刊文献近810余万篇，并含有参考文献。每月更新，一年出版12期光盘。CMCI自2003年出版发行以来，已被全国医学院校、医院、科研机构、医学杂志社等单位广泛使用，成为医学文献检索、科研立项、成果鉴定、期刊评价、学术绩效分析的必备检索工具之一。

（四）CNKI中国引文数据库

CNKI中国引文数据库是依据CNKI收录数据库及部分未收录重要期刊的文后参考文献和文献注释为信息对象建立的、具有特殊检索功能的文献数据库。其收录了中国学术期刊电子杂志社出版的所有源数据库产品的参考文献，包括中文参考文献和外文参考文献，并揭示各种类型文献之间的相互引证关系。目前CNKI中国引文数据库已有1.5亿条引文链接数据，并以每年2 000万条的速度扩增，收录年限从1979年至今。学术资源类型涵盖期刊、博硕士学位论文、会议 / 国际会议论文、图书、中国专利、中国标准、年鉴、报纸以及外文题录库。主要功能包括引文检索、检索结果分析、作者引证报告、数据导出、数据分析器及高被引排序等功能，全面有效地助力学术科研。

（五）万方《中国科技论文与引文分析数据库》

中国科技论文与引文分析数据库是中国科学技术信息研究所在多年开展科技论文统计分析工作的基础上，于 1996 年和万方数据公司合作开发的数据库。它分为论文统计与引文分析两部分，是科研人员查找参考文献的重要工具，也是各级科技管理部门和各科研机构、高等院校统计本单位科技论文发表情况的重要依据。

（六）维普中国科技期刊数据库（引文版）

中国科技期刊数据库（引文版）是维普公司于 2010 年全新推出的期刊资源整合服务平台的重要组成部分，涵盖了广泛的中文科技期刊文摘、参考文献及索引统计数据，并能实现与《中文科技期刊数据库》的全文对接。它采用科学计量学方法对文献之间的引证关系进行深度数据挖掘，除提供基本的引文检索功能外，还提供基于作者、机构、期刊的引用统计分析功能，可广泛用于课题调研、科技查新、项目评估、成果申报、人才选拔、科研管理、期刊投稿等用途。目前数据库收录文摘覆盖 8 000 多种中文科技期刊，包括经济管理、教育科学、自然科学、农业科学、医药卫生、工程技术和图书情报等学科专辑。

（七）Web of Science 核心合集数据库

1997 年，美国 Thomson Scientific（汤姆森科技信息集团，现更名为科睿唯安）基于 Web 开发了 Web of Science 数据库，它是大型综合性、多学科的学术文献文摘索引数据库。Web of Science 包含了 MEDLINE、BIOSIS Previews、SciELO Citation Index、中国科学引文数据库、Web of Science 核心合集等诸多数据库。其中的 Web of Science 核心合集数据库包含 7 个子库，即 3 个期刊引文子数据库：Science Citation Index Expanded（SCIE，1900 至今）、Social Sciences Citation Index（SSCI，1998 年至今）和 Arts & Humanities Citation Index（A&HCI，1998 年至今）；2 个会议论文引文子数据库：Conference Proceedings Citation Index Science（CPCI-S，1998 年至今）和 Conference Proceedings Citation Index Social Science & Humanities（CPCI-SSH，1998 年至今），数据来源于自然科学、社会科学及人文科学等多学科领域的超过 120 000 个会议的国际会议录，每周更新；2 个化学数据库：Current Chemical Reactions 收录了来自期刊和专利文献的一步或多步新合成方法；Index Chemicus 则收录世界上有影响的期刊报道的新颖有机化合物，两个化学数据库可以用结构式、化合物和反应的详情和书目信息进行检索。用户订购后可通过 ISI Web of Knowledge 平台（isiknowledge.com）实施检索。

SCI 是科学引文索引（Science Citation Index）的简称，创刊于 1961 年。它是根据现代情报学家加菲尔德（Eugene Garfield）1953 年提出的引文思想而创建的，由美国科学情报研究所（Institute of Scientific Information，ISI）编辑出版。SCI 与 EI（工程索引）和 ISTP（科技会议录索引）被称为世界著名的三大科技文献检索系统，是国际公认的进行科学统计与科学评价的主要检索工具。

SCI 扩展版（Science Citation Index-Expanded，SCI-E）涵盖学科超过 150 个，主要涉及农业、生物及环境科学、工程技术及应用科学、医学与生命科学、物理学及化学、行为科学等领域，收录期刊 8 000 余种，记录包括论文与引文，引文所涉及的范围十分广泛，包括图书、期刊论文、会议论文、专利和其他各种类型的文献。

（八）Scopus 数据库

Scopus（www.scopus.com）由爱思唯尔（Elsevier）出版公司于 2004 年 11 月正式推出，是目前全球规模最大的文摘和引文数据库，由全球超过 500 位使用者及图书管理人员共同设计发展而成，它涵盖了由 5 000 多家国际出版商出版发行的近 22 000 种出版物。文献类型包括期刊、会议论文、丛书、专利等。该库收录学科全面，涵盖四大门类 27 个学科领域（医学、农业与生物科学、物理、工程学、社会学、经济、商业与管理、生命科学、化学、数学、地球与环境科学、材料、计算机、工程技术、心理学、艺术与人文学等各个领域）。用户利用 Scopus 可以检索到 1847 年以来超过 4 000 万篇文摘以及自 1996 年以后的所有文后参考文献信息，特别是在获取亚太地区出版的文献方面，用户可检索出更多的文献数量。Scopus 不仅为用户提供了其收录文章的引文信息，还在其界面整合了网络和专利检索，并直接链接到全文、图书馆资源及其他应用程序如参考文献管理软件，其数据每日更新。

（九）Google 学术搜索

Google 学术搜索（Google Scholar）是一个可以免费搜索学术文章的网络搜索引擎，由计算机专家 Anurag Acharya 开发。它可以帮助用户快速检索学术资料，如专家评审文献、论文、书籍、预印本、摘要以及技术报告等，操作简便。Google 学术搜索在索引中涵盖了来自多方面的信息，信息来源包括万方数据资源系统、维普资讯、外文商业数据库、主要大学发表的学术期刊和论文以及网上可以搜索到的各类文章。其搜索结果的排序考虑到每篇文章的全文内容、作者影响度、发表文章刊物权威性以及该文章被其他学术著作引用的次数等要素；搜索结果不仅针对文字搜索，还包括评论等多方面的结果和多语言的搜索。此外，Google 学术搜索涵盖了各方面的学术著作，甚至包括还没有在线发布的学术研究结果，如爱因斯坦的很多著作并未在线发布，却被众多学者引用。Google 学术搜索通过提供这些引用信息使检索者了解到重要的未在线论文和书籍。在 Google 学术搜索的检索结果中，可显示学术文献被引用的具体信息，不仅包括存储在各种数据库中的引用文献，还包括在书籍中和各类非联机出版物中的引用文献，但引文信息仅供参考。

如上所述，中文引文数据库收录文献的年限都较短，与 SCI-E、Scopus 收录 60 多年的文献相比，我国很多引文数据库不超过 20 年；从数据库收录期刊数量看，SCI-E、CSCD 和 CSSCI 选刊均较严格，其比例和数量严格控制。从更新周期看，与 SCI-E、Scopus 数据库相比，除 CNKI 中国引文数据库外，其余大部分中文引文数据库明显滞后，更新较慢；从功能上看，SCI-E、Scopus、CSCD 等数据库不仅提供了引文信息，还提供了比较便捷的引文分析功能。

三、自引及他引、影响因子及分区

（一）自引及他引

文献被引用分为自引和他引。文献计量学定义“他引”是指文献被除作者及合作者以外的其他人引用，即引用文献和被引用文献中只要有一个作者相同，引用即是自引。自引可在一定程度上反映了科技工作者研究工作的连续性和继承性，但在一般的成果评价中，往往需要提供他引的情况，以便更能体现成果的社会效应和价值。

（二）影响因子及分区

影响因子（Impact factor，简称 IF）是表征期刊影响力大小的一项定量指标，它反映了某一期刊刊载的文章在特定年份或时期被引用的频率。具体是指某刊在某年被数据库包含的所有刊物引证该刊前两年发表论文的次数，与该刊前两年所发表的全部可引论文数之比。计算公式为 IF（k）=（nk-1+nk-2）/（Nk-1+Nk-2）（说明：k 代表年份，Nk-1+Nk-2 为刊物在前两年发表的可引论文数量，nk-1 和 nk-2 为刊物前两年发表论文在 k 年的被引用数量）。例如，某刊在 2017 年的影响因子是其 2016 年和 2015 两年刊载的论文在 2017 年的被引总数除以该刊在 2016 年和 2015 两年刊载的可引用论文总数。

英文期刊最常用的影响因子一般指美国 ISI 编辑出版的期刊引证报告（Journal Citation Reports，JCR）中提供的数据。JCR 每年通过分析上一年度世界范围期刊的引用数据，提供了 Web of Science 数据库中收录的每种期刊的影响因子。JCR 的引用数据来自 3 000 多家出版机构的 1 万余种期刊，分为自然科学版（Science Edition）和社会科学版（Social Sciences Edition），它是目前世界上评估期刊最为重要的一个工具。中文期刊的影响因子主要由中国科学技术信息研究所每年发布的《中国科技期刊引证报告》提供。该报告选取了总被引频次、影响因子、即年指标、被引半衰期、论文地区分布、基金论文数和自引总引比等期刊评价指标，按期刊所属学科、影响因子、总被引频次和期刊字顺分别排序，是我国权威的期刊质量评价报告之一。

H 指数

目前 SCI-E 收录期刊 8 000 余种，但这些期刊的质量和影响力存在很大的差距，尤其是不同学科之间的 SCI 期刊，很难进行比较和评价，单靠影响因子并不能客观、公证地反映论文的学术水平。为了更科学地对学术期刊进行评价，对科研人员的工作业绩进行合理考核，中国科学院文献情报中心将 JCR 公布的期刊分为 13 大类，分别为数学、物理、化学、地学、地学天文、生物学、农林科学、医学、工程技术、环境科学与生态学、管理科学、社会科学、综合性期刊，在每一类期刊中根据期刊的影响因子及被引频率等指标分成四个区，期刊档次由高到低排列，分别为一区、二区、三区、四区；而小类分区是将期刊按照 JCR 已有学科分类体系所做的分区。其中第一区期刊加上第二区少量期刊，被界定为顶级刊物。此外，JCR 中也有对期刊进行分区，即汤森路透（现科睿唯安）公司自身制定的分区，只区分小类，分别用 Q1、Q2、Q3、Q4 表示。两个检索平台均是付费数据库，各有所长。在中科院期刊分区中，各区的期刊数量由低到高呈金字塔式分布；科睿唯安的 JCR 分区中，每个分区的期刊数量是均分的，因此，同一本期刊在不同的分区平台上检索出的分区信息可能会不同。例如，期刊 *BRAIN STRUCTURE & FUNCTION* 在科睿唯安 2016 的 JCR 分区情况是：分属两个学科，均为一区；在中科院分区平台 2016 分区的情况是：大类（医学）：2 区；小类（ANATOMY & MORPHOLOGY 解剖学与形态学）：1 区；小类（NEUROSCIENCES 神经科学）：2 区。

四、引文分析的局限性

文献引用是一种研究人员进行科学思维和判断的过程，本身受到如下诸多限制因素的影响。

1．文献被引用并不完全等于重要 例如有错误观点或结论的论文，后来的研究人员出于批评或商榷的目的，被引次数可能很多，但并不代表它很重要；另一方面，被引次数较少的文章也不能一概认为不重要，它受发表时间、语种、学科专业等多种因素的影响。此外，被引次数的微小差别也不能完全说明质量上的优劣，它有很大的随机性，只有当这一差别特别大时，才有可能说明问题。

2．参考文献的选择受到文献可获得性的影响 索普（M.E. Soper）的研究发现，作者引用的文献大部分是个人收藏，少部分是本部门和附近图书馆的资料，而其他城市或国家的文献所占比例甚小，这说明作者选用参考文献以方便为准则，以占有为前提，同时还受到作者语言能力、文献本身年龄和流通周期及二次出版物报道等可获得性因素的影响。

3．马太效应的影响 有研究者认为文献引用方面也存在着马太效应，人们往往以“名著”“权威”作为选择引文的标准，有的确实出于需要，也有的则是为了装饰门面，抬高自己论文的价值。一种期刊因为发表名人的文章而为众人所引用，以至引起连锁反应，结果其引用率很高，这种马太效应在某种程度上掩盖和影响着文献引用的真实性。

目前，学术界从引文分析的角度进行定量评价存在的问题还有很多。例如，同行专家的引文动机较为复杂，许多引用不规范，存在伪引（未用而引）、漏引（用而不引）、过度自引等问题；一些作者和期刊违反引用规范，罗列、照抄现成的目录，索引编成参考文献表；许多文献后不标注具体页码，正文中也无标注。这些引文标注的不规范，直接影响到引文数据的准确性，数据的准确性又直接影响到评价的科学性。因此，在引文分析之外，联合其他定性方法（如同行专家会议评审），引文评价作用将得到更好的发挥。

第二节　中文引文检索

案例 5-1 解析

案例 5-1

某医院教授拟申报国家科学技术进步奖，按要求应提供近 5 年自己发表的中文期刊文献的收录及引用情况，请您帮助他进行相关信息的查找。

一、使用 CSCD 中国科学引文数据库

（一）选取理由

CSCD 中国科学引文数据库在国内具有较高的权威，本案例选择 CSCD 数据库进行检索。目前该数据库在中国科学文献服务系统平台（http：//sciencechina.cn/）和 ISI Web of Knowledge 平台（http：//isiknowledge.com/）均可进行检索。CSCD 为付费数据库，用户或其所在机构购买后可直接登录检索。

（二）功能特色

1．可进行 CSCD 收录文献的检索　CSCD 收录我国数学、物理、化学、天文学、地学、生物学、农林科学、医药卫生、工程技术和环境科学等领域出版的中英文科技核心期刊和优秀期刊千余种，目前已积累从 1989 年到现在的论文记录 487 万余条，年增长 20 万余条，数据库界面提供的“来源文献检索”功能可用来检索被 CSCD 收录的文献。

2．可检索 CSCD 收录文献的引用信息　CSCD 除具备一般的检索功能外，还提供引文检索功能。数据库界面的“引文检索”功能可使用户迅速从数百万条引文中查询到某篇文献被引用的详细情况；同时，还可以从一篇早期的重要文献或著者姓名入手，检索到一批近期发表的相关文献，对交叉学科和新学科的发展研究具有重要的参考价值。

3．可进行全文获取　CSCD 提供了数据链接机制，在文献检索的基础上支持用户获取全文。提供的链接包括电子版全文链接、在其他文摘数据库的进一步描述、网络上的相关信息、获取纸质馆藏的指南、原文传递、参考咨询服务等多种途径。

（三）检索方法

步骤 1：进入 CSCD 数据库界面后，点击“来源文献检索”可查找被 CSCD 收录的文献。

步骤 2：分析检索课题要求，检索点主要有三个：某医院、某教授、时间范围为近 5 年。在检索区域，如图 5-1 所示，在检索项选择“作者”字段并输入某教授的名字，再选择“机构”字段后输入医院名字，逻辑运算符仍为数据库默认的“与”，在限定条件中选择文献发表的时间范围，点击“检索”按钮即可。CSCD 数据库提供的检索项包括作者、第一作者、题名、刊名、ISSN、文摘、机构、第一机构、关键词、基金名称、实验室等，用户可以根据需要选择不同的检索项，并利用不同行检索框之间的“与”“或”进行组配检索，还可以点击“检索”上方的“+”增加检索行。

步骤 3：通过步骤 2 检索到某教授发表且被 CSCD 收录的文献，在检索结果界面显示了所有已发表文献的标题、作者、来源和被引频次等信息。用户如需单独检索文献被引用情况，也可直接选择图 5-1 中的“引文检索”功能。该功能提供了被引作者、被引第一作者、被引来源、被引机构、被引实验室和被引文献主编等检索项以及文献发表时间和文献被引时间的限

图 5-1　CSCD 数据库检索界面

定，可对某一时间内发表文献或者文献在某一时间内被引用信息进行检索。

（四）检索技巧

技巧 1：检索结果的分析。CSCD 数据库检索结果界面提供了按来源（被引出处）、年代、作者和学科进行分析的功能。用户可以根据需要对检索得到的文献从出处、时间等角度进行分析，得到发表文献的期刊来源分布、时间分布、核心作者和学科分布等信息，以便进一步发现研究趋势、研究热点等。

技巧 2：引文分析报告。对于检索到的文献，CSCD 提供了引文分析报告功能，在报告中，可以看到检索到文献的被引频次总计、每项平均被引次数统计以及检索到的每篇文献在每一年度的被引情况和平均每年引用次数等详细的引文统计信息，用户可从宏观、微观角度对文献的引用情况做进一步了解。

技巧 3：检索结果的输出和管理。对于检索到的文献，CSCD 提供了 E-mail、打印、下载、输出引文格式、保存到 EndNote 等输出选项。用户在勾选需要文献后可以实现对文献的打印、保存和管理操作。此外，点击检出文献的标题链接，用户还可以获取全文或进行文献传递。

（五）易犯错误

进行作者检索时应考虑汉字与拼音两种形式。CSCD 虽然收录的是中国国内出版的核心期刊，但不代表收录的文献均为中文，不少国内出版的外文期刊文献也在 CSCD 收录之列。因此，用户在进行作者检索尤其是引文检索时，应注意汉字和拼音两种书写形式，同时，拼音要注意采用全拼和缩写两种形式。

二、使用CNKI中国引文数据库

（一）选取理由

CNKI 中国引文数据库（http：//ref.cnki.net/）是目前收录中文引文信息较为全面的一个数据库，检索年限自 1979 年至今。本案例也可利用 CNKI 中国引文数据库进行检索。

（二）功能特色

1．可用来检索各类型文献被引用情况 CNKI 中国引文数据库提供了期刊、学位论文、会议论文、报纸、图书、专利、标准、年鉴等不同类型文献被引用信息的查找。用户可以根据需要利用快速检索或高级检索选择不同的引文检索类型，如案例 5-1 中检索某教授发表期刊文献的被引用情况，则只需要点击期刊或期刊类型引文，检索时建议使用高级检索，其检索字段、检索限定及排序方式较多且方便，检索结果可显示被引用次数及被引用具体情况，并可生成检索报告。

2．可通过作者、机构等多途径进行统计分析 CNKI 中国引文数据库主页左上侧提供了数据统计的功能。数据统计以 CNKI 平台所有文献资料为基础，从作者、机构、期刊、专题、基金和出版社等角度进行统计分析，分析指标有发文量、被引量、下载量、H 指数、被引排名、作者关键词排名、引用专题排名等，用户可以根据需要进行科研成果的评价分析。

（三）检索方法

步骤 1：进入 CNKI 中国引文数据库检索界面后，选择高级检索；在高级检索界面，首先根据需要设置引文检索类型，默认为“期刊类型引文”，符合案例检索要求。

步骤 2：分析检索课题要求，检索点有三方面：某医院、某教授、时间范围为近 5 年；在检索区域，点击“逻辑”下的“+”，增加检索项；在第一和第二行的检索项下拉菜单分别选择“被引单位”和“被引作者”，并输入医院和作者名字；第一行和第二行之间的逻辑符选择“并且”；发布时间选择从“2013”到“2018”。

步骤 3：点击检索后，检索结果下侧即显示检索结果数量及每篇文章被引用的次数，点击被引用次数的数字，即可看到每篇文章被哪些文章具体引用；数据库的排序方式功能支持出版时间、被引频次等。此外，用户还可以在所需要的检索结果前面的□打✓，点击检索结果右上侧的报告，即可自动生成引文检索报告。

（四）检索技巧

技巧 1：某一领域影响力较大文献的查找。引用次数一般被认为是评价文献影响力大小的重要指标，因此，要检索某一领域影响力较大的文献，只需要在检索的引文类型中勾选所有类型（尤其是图书类型引文），在检索区域选择“被引题名”（或者“被引关键词”）检索项，然后输入要检索的主题，如“肠癌”，按照“被引频次”排序即可显示出影响力由高到低的肠癌领域文献。

技巧 2：检索结果为 0 时的检索策略调整。在 CNKI 中国引文数据库进行检索时，如果一篇文献没有被引用，则会出现检索结果为 0。实际检索时我们会发现部分文献存在被引用情况，但是输入文献的标题后却没有检索结果。这是由于数据库对个别输入词、符号、字母等无法匹配所造成的误检。解决的技巧有两种：一是改变检索字段，如开始限定“被引题名”字段，检索结果为 0，可以尝试通过“被引作者”结合“发布时间”等字段进行检索，在检索结果中查看是否有待查找的那篇文献；二是可以通过 CNKI 中国知网平台首页进行检索，输入文献标题后，在查找到的结果中可显示出文章的下载频次及被引频次等，这样可以避免漏检。

（五）易犯错误

错误 1：选择“匹配”为“精确”时造成错检、漏检。不少用户习惯在检索区域下的“匹配”方式中选择“精确”，误以为精确可以更加准确地查找文献。实际上“精确”是指输入的检索字词需与检索字段中出现的字词完全一样，而"模糊"指输入的检索词只要包含在检索的字段中即可。一般情况下，选择模糊匹配在查找文献时不容易出错。

错误 2：2008 年以后中华医学会系列期刊文献被引用情况的检索。由于中华医学会系列期刊自 2008 年起由万方数据独家收录，故而要检索该系列期刊上发表文献的被引用情况，利用 CNKI 中国引文数据库检索会造成漏检。如文献"秦君璞，陈姗，狄娜，等. 流产后咨询与教育对意外妊娠行人工流产的未婚青少年干预效果 [J]. 中华妇产科杂志，2010，45（3）：201-204"在 CNKI 中国引文数据库检索不到被引用信息，但是利用万方数据知识服务平台检索到该文献，文献标题后即显示被引用频次，如图 5-2 所示。

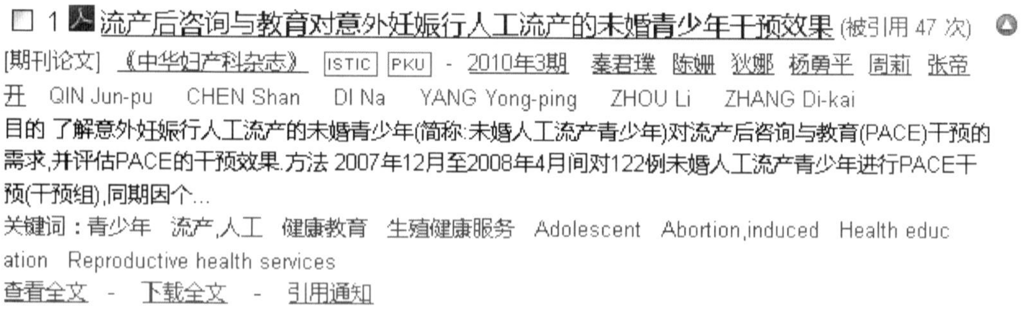

图 5-2　万方数据知识服务平台检索结果被引频次

三、中文引文检索应注意的问题

除了上述 CSCD 中国科学引文数据库和 CNKI 中国引文数据库外，还有 CMCI 中国生物医学引文数据库、维普中国科技期刊数据库（引文版）和万方《中国科技论文与引文分析数据库》等引文数据库，在进行引文检索时可以从以下三个方面考虑选择数据库。

1. 引文检索时的要求　引文检索一般是成果鉴定、奖励申报时需要提供的支撑材料，如果主管部门要求提供某一特定引文检索工具的引用情况，用户需要通过具有查新资质的机构（图书馆、情报所等）利用特定引文数据库（如国家杰出青年基金申报时要求的 CSCD、CSTPCD）出具相关的引证报告；如果仅仅是为了了解自己发表文献被他人引用情况或者考虑从引文信息发现自己研究领域的进展，注重查找收录文献信息较为全面的引文数据库较好，如 CNKI 中国引文数据库和 Google 学术搜索等。

2. 考虑待检索文献的特点　不同引文检索工具收录的文献在学科方面有所不同。如要查找人文社科文献被引用情况，显然 CMCI 或者 CSCD 均不妥当。CNKI 中国引文数据库和维普中国科技期刊数据库（引文版）是综合性的引文数据库，各类文献引用情况均可检索；CSCD、CSTPCD 主要是用于科技文献被引用情况检索；CMCI 主要用于查找医药卫生期刊文献被引用情况；CSSCI 主要用于查找人文社科文献被引用情况；CNKI 中国引文数据库除期刊外，还提供图书、专利、学位论文等各种文献的引用信息。

3. 数据库的使用权限　前文中的 7 个中文引文数据库中，除 Google 学术搜索可以免费检索使用外（暂时在中国无法使用），其他几个引文数据库均需付费购买。因此，如用户想使用上述的中文引文数据库，可联系单位所在图书馆或者数据库商方可检索相应的引文信息。

第三节 外文引文检索

案例 5-2 解析

案例 5-2

张同学阅读文献时发现，近年来大规模平行测序技术成为主流的测序技术，他想查找 2005—2018 年大规模平行测序技术（Massively parallel sequencing，MPS）的外文文献，该领域被引频次最高、影响力最大的文献是哪一篇？哪位作者、哪种期刊发表该领域文献最多？

一、使用 Web of Science 核心合集数据库

（一）选取理由

Web of Science 核心合集包含的 SCI-E 数据库，由于所收录的科技领域文献质量较高，兼有文献分析功能，因此，通常是用户检索高质量外文文献引文信息的首选。案例 5-2 要求检索大规模平行测序技术领域被引频次最高、影响力最大的文献，故而选择 SCI-E 数据库。

（二）功能特色

（1）可用来检索高水平外文期刊论文以及期刊、图书、会议论文等被收录与引用情况。

（2）可进行作者、期刊、被引频次、年份等多角度的情报分析。Web of Science 数据库提供了检索结果的排序和分析功能。用户既可以从日期、相关性、被引频次、来源出版物等方面排序，还可以从作者、国家地区、基金资助机构、语种、机构、出版年、研究方向等角度进行分析，从而检索到最相关、最有影响力的文献，以及发表文献最多的作者、国家、基金、机构、出版时间和研究方向。

（3）可获取部分文章全文进行深度阅读。Web of Science 是一个引文检索工具，是文摘型数据库，并不能在平台上直接下载全文，但该平台为用户提供了获取网上部分免费全文的路径。在检索结果页面的左侧“精炼检索结果”功能中，有一项为开放获取（OA）期刊的精炼，通过对 OA 期刊文章的精炼，用户可以免费获取这些文章全文进行深度阅读。

（三）检索方法

步骤 1：进入 Web of Science 数据库，它是 ISI Web of Knowledge（https：//apps.webofknowledge.com）平台系列数据库之一，之后选择 Web of Science 核心合集数据库，用户可以根据需要，再选择 SCI-E、SSCI、A & HCI 等不同的数据库进行检索。

步骤 2：分析案例 5-2 检索的要求主要有：主题（Massively parallel sequencing，MPS）、时间（2005—2018 年）、排序得到被引频次最高的论文、分析检索结果得到发表文献最多的作者和期刊。如图 5-3，分别在检索范围“主题”中输入“Massively parallel sequencing OR MPS”，“时间跨度”检索范围中输入“2005—2018”，勾选引文数据库 Science Citation Index Expanded，点击“检索”按钮。

步骤 3：在检索结果界面，通过选择界面上方的排序方式“被引频次（降序）”，第一条检索结果即是被引频次最高、影响力最大的文章；通过点击页面右侧的“分析检索结果”，可以对“作者”“来源出版物”进行分析，即可得到不同作者和期刊发表文献的情况，也可使用页面左侧的“精炼检索结果”，如图 5-4 所示。

（四）检索技巧

技巧 1：检索式输入的技巧。Web of Science 提供了主题、标题、作者、团体作者、编者、

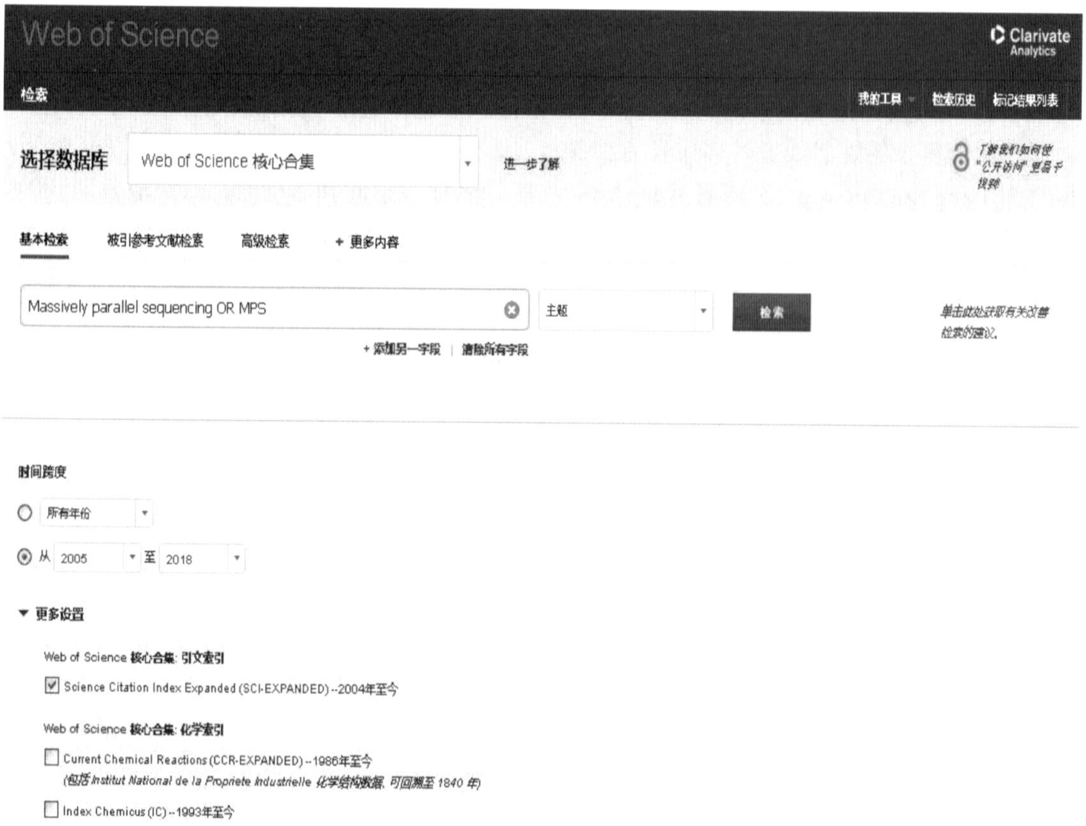

图 5-3　Web of Science 核心合集检索相关文献

图 5-4　Web of Science 核心合集数据库检索结果

出版物名称、出版年、地址、会议、语种、文献类型、基金资助机构和授权号等检索项，其中主题、作者、出版物名称和地址是常用的检索项。主题是对论文题名、关键词、文摘中的单词或者短语进行检索；作者检索时姓在前，空一格输入名首字母，头衔和学位等不作为姓名录入，对于比较复杂的姓名或者姓名中含有特殊符号，应该检索该姓名可能的各种写法，如王小明可写为 wang xm OR wang x 或者 wang x*；出版物名称检索即刊名检索，需要输入期刊的全称，或者输入刊名单词的前几位字母并利用通配符 * 来检索；地址检索时，文献的每个作者地址都会在 Web of Science 记录中列出来，检索时可以用地址全称、缩写或者邮政编码。数据库通常在每个检索项下面会列出检索示例，用户在检索时可参考。

技巧 2：采用的检索技术。Web of Science 中应用的检索技术主要有通配符、逻辑运算符、邻近算符和词组检索四种。其中通配符主要有 *、? 和 $ 三个，* 代表 0 个到多个任意字符，? 代表 1 个任意字符，$ 代表 0 或 1 个任意字符。逻辑算符有 NOT、AND 和 OR 三种。邻近算符有 SAME，表示连接的检索词必须出现在同一个句子、一个关键词短语里或者同一行地址内，如利用 SAME 算符来检索作者地址为某个大学某个具体的院系时，即可输入“大学名称 SAME 院系名称”。当一个检索式出现多个算符时，运算优先级为 SAME > NOT > AND > OR，若改变运算优先级可利用括号（）实现。词组检索主要是为提高检索结果的准确度，使用双引号“”对短语进行检索，如“Heart Attack”，若不加“”系统会按照 Heart AND Attack 的方式进行检索。

技巧 3：高级检索的使用。Web of Science 界面提供了基本检索、被引参考文献检索、高级检索、作者检索、化学结构检索和检索历史等功能。对于一些复杂的检索课题，可通过高级检索功能完成。高级检索主要通过使用字段标识符、布尔运算符、括号和检索结果集来创建检索式，检索结果显示在页面底部的“检索历史”中。系统在高级检索界面右侧列出了常用的检索字段标识，如 TS= 主题、TI= 标题、AU= 作者、SO= 出版物名称，检索式输入方式为：TS=（nanotub* SAME carbon）NOT AU=Smalley RE。

技巧 4：被引参考文献检索。Web of Science 除了在每条检索结果后列出文献被引频次外，还提供了专门的被引参考文献检索功能，可用于查找未被 Web of Science 收录的文献在 Web of Science 中被其所收录文献引用情况。检索项有被引作者、被引著作、被引年份、被引卷、被引期、被引页、被引标题，各字段之间系统默认的是布尔逻辑运算符 AND 关系。

技巧 5：作者检索的使用。在 Web of Science 中，虽然可以通过作者姓名和地址组配检索某一作者发表的文献，但是部分作者由于其拥有在不同机构学习、工作的经历或者机构名称有过变更，检索文献时会加大难度且容易漏检。利用 Web of Science 提供的“作者检索”功能，可以发现输入某作者姓名并选择作者关联的研究领域后，系统会给出某作者的不同署名机构以及在不同机构发表的文献数量。用户可以根据对被检索对象的了解选择符合要求的机构名称，即可全面检索出某作者发表的文献。

技巧 6：检索历史的使用。Web of Science 提供了检索历史的功能，它显示了之前操作的每一个步骤。用户可以在检索历史界面勾选不同步骤的检索式并利用逻辑算符 AND、OR 进行组配，以实现复杂课题的检索要求。

技巧 7：精炼检索结果。在 Web of Science 检索结果页面左侧，有精炼检索结果的功能，如图 5-4 所示。用户可以在当前检索结果中选择按学科类别、文献类型、研究方向、作者、团体作者、来源出版物、出版年、语种、国家 / 地区等对文献进行精炼检索。如需要查找综述类型的文献，只需勾选“文献类型”下的 Review 选项，点击“精炼”按钮即可。同样的方法可以得到某个学科相关研究的文献、发表文献最多且最适合投稿的期刊、成果最多的作者、研究的年份趋势、研究的国家和地区分布等信息。

技巧 8：检索结果的管理。对于查出的检索结果或者引文信息，若要进行输出操作，第一步勾选需要输出的记录，如页面上所选记录、所有记录等；第二步选择需要输出的字段，如作者、标题、来源出版物字段，或者上述字段 + 摘要、全记录、全记录与引用的参考文献等；第三步输出记录，同时，用户也可以将选定的记录输出到 EndNote 等参考文献管理软件进行管理和使用。

技巧 9：个性化登录与服务。用户在 Web of Knowledge 中进行注册并登录后，在 Web of Science 数据库中找到感兴趣的论文，在论文的全记录页面点击“创建引文跟踪”，当数据库进行数据更新时，如果发现新的论文引用了这篇文献，系统会自动发邮件到用户的邮箱提示最近又有哪篇文章引用了这篇文献，确保用户及时地跟踪某一篇论文被新发表论文引用的情况，进一步了解国际上有哪些人在关注自己的研究工作，如为什么要引用自己的论文以及是否在自己的课题基础上做了新的改进？是否对用户的假说或理论提出了事实证据？是否指出了用户研究工作的不足？新论文中的工作展望是否对自己下一步工作有借鉴意义？此外，在检索历史中，之前的每条检索式均可勾选后进行“保存 / 创建跟踪”，同样，关于这些检索课题如有新发表的文献，系统也会自动发送到用户的邮箱，使用户了解整个课题的最新进展情况，进行定题跟踪。

（五）易犯错误

错误 1：不同数据库选择的错误。前文提到，Web of Science 包含诸多数据库，其中的 Web of Science 核心合集数据库较为重要，核心合集中又包含 7 个子库，很多用户默认地使用所有数据库进行检索，检索出来的文献数量多且缺乏针对性，如果只想检索 SCI-E 收录的文章，需要在选择 Web of Science 核心合集后，点开“时间跨度”下方的“更多设置”，只勾选 SCI-E，如图 5-3 所示，检索出的结果才是 SCI-E 收录的文章。

错误 2：不同字段缩写、全写的错误输入。Web of Science 中不同的字段其输入的方式不同，如“出版物名称”字段需要输入出版物的全称，如 PLOS NEGLECTED TROPICAL DISEASES。检索时用户需要注意参考检索项下方的示例、缩写列表，或者利用检索项旁列出的索引表。

错误 3：作者信息识别的错误。Web of Science 中检索到的文献在论文全记录页面中可以看到全部作者，在“作者信息”中有通讯作者的标识。一般来说，排在第一位的作者默认为第一作者，但有些文章的全文中会有并列第一作者的标记，即该文章不仅有一位第一作者，Web of Science 中并没有标识并列第一作者的情况，用户只可看到排在第一位的作者，如需进一步了解，要获取全文查看。关于共同通讯作者的识别，Web of Science 中的部分文章在“作者信息”中已经标记了全部通讯作者，但年代较早的文章 Web of Science 中只随机标记了文中的一位通讯作者。

二、使用 Scopus 数据库

（一）选取理由

Scopus 是除 Web of Science 外另一个需要付费的引用文献索引数据库，收录的文献虽与 Web of Science 有重复，但并不完全一致。Web of Science 收录的期刊均为同行评审过的专业学术期刊；而 Scopus 则收录了包含未经同行评审的商业期刊、学术期刊、开放存取期刊、出版中的期刊论文、研讨会论文、图书著作、各国专利文献、科学网站等各类型学术信息。比较同一篇学术文献被收入两个数据库的时间，Scopus 会早于 Web of Science，因此，对于比较新的外文文献，检索其被引用情况时可首先选择 Scopus 数据库，所以案例 5-2 也可使用 Scopus（http：//www.scopus.com）进行检索。

（二）功能特色

1．全球最大的引文索引数据库　Scopus 收录学科开始以自然科学、医学、应用科学类文献为主，有关人文社会学科的相关文献较少，但自 2009 年起增加收录了全球 3 500 种人文社会学科期刊后，所收录的学科领域大为扩增。其中美国期刊占 35%，超过 60% 的期刊来自于美国以外的国家和地区，亚洲期刊占 10%，是全球文献量最大的引用索引数据库。

2. 提供的网页与专利引用分析功能独具特色 Scopus 收录了一些大学自建的机构典藏、数字图书馆与线上课程等网络资源以及专利文献。其中网络资源的选择是根据 Elsevier 公司开发的 Scirus 科学搜索引擎所获得的专家评审刊物、发明专利信息、作者网页及大学网站等，Scopus 藉由收集这些网页的参考文献来提供网页引用分析的功能。而专利文献来自 USPTO（United States Patent and Trademark Office）、EPO（European Patent Office）、WIPO（World Intellectual Property Organization）和 JP（Japan Patent Office）四大专利机构。由于网页引用与专利引用信息为用户提供了不同于 Web of Science 的学术期刊引用信息，从而使学术研究的内容在期刊引用外的网页与专利引用信息中也能被发现。

3. 具备排序和结果分析功能 与 Web of Science 一样，Scopus 也提供了日期、施引文献、相关性、第一作者、来源出版物名称的排序方式，以及对开放获取、年份、作者姓名、学科类别、文献类型、来源出版物名称、关键字、归属机构、国家 / 地区、来源出版物类型和语言等进行精炼分析的功能。用户可以通过这些分析工具，从中发现隐藏在文献中更有价值的信息。

（三）检索方法

步骤 1：进入数据库界面后，系统默认为文献检索，系统还提供了作者检索、机构检索和高级检索功能。根据本案例要求，在文献检索界面可选择检索项“论文标题、摘要、关键词”，输入“Massively parallel sequencing OR MPS”；打开限制条件后出版时间输入“2005—2018”，点击检索即可。对于复杂课题的检索，在 Scopus 检索界面可以通过点击“+”增加检索项。可供选择的检索项还包括作者、第一作者、来源出版物名称、论文标题、摘要、关键词、归属机构、资金资助信息、语言、DOI 等；可供选择的限制条件除出版时间外，还包括文献类型和 Access type 中的 Open Access（开放获取）。

步骤 2：检索后的文献可以发现在 Scopus 中的施引文献，点击施引文献可以看到引用文章的文献具体信息。检索结果的右上侧有排序对象功能，左侧是精炼搜寻结果功能，可以利用此两项功能完成案例中确定大规模平行测序技术领域中被引频次最高、影响力最大的文献，以及哪位作者、哪种期刊发表该领域文献最多。

（四）检索技巧

技巧 1：多种检索技术的应用。与 Web of Science 一样，Scopus 支持逻辑算符（AND、OR、NOT）、截词算符（? 和 *）、词组检索（“”）、位置算符（W/n、PRE/n）等多种检索技术。W/n 表示两词相隔不超过 n 词，词序不定，如 pain W/15 morphine；PRE/n 表示两词相隔不超过 n 词，词序一定，如 neonatal PRE/3 screening。

技巧 2：搜索历史和个性化设置的应用。Scopus 提供了搜索历史功能，显示了之前操作的每一步骤。用户可将每一步利用逻辑算符 AND、OR、NOT 进行组合搜索（如 #1 And #2 NOT#3），以实现复杂的课题检索要求。此外，用户注册个人账户后，Scopus 会根据所设置的检索式定期发送被 Scopus 收录的最新相关文献；或者设置一篇文章后，如果该文章被别的文章引用，系统也会自动发送提示信息。

三、外文引文检索应注意的问题

除了上述介绍的 Web of Science 和 Scopus，Google Scholar 也常用来检索中外文文献的被引用情况，它们是目前最重要的三个外文引文检索工具。

（1）根据荷兰 Utrecht University Library 2006 年的研究结果显示，Scopus 收集的文献内容较多，使用者认为其检索界面也比 Web of Science 清楚友善，在引文信息的全面性方面有优势。不过，虽然 Scopus 在收录内容和数量上多于 Web of Science，但是一般认为 Web of Science 所收录的文献较 Scopus 质量高，因为 Web of Science 收录的文献通常来自经过同行评议的学术期刊，且 JCR 提供了这些期刊的影响因子，可供研究者判断期刊的学术影响力。

（2）Google Scholar 作为一个免费的学术信息搜索工具，具有许多优点，如检索者容易使用、可跨领域搜索学术文献、提供多元渠道的学术文献、可检索到开放的 WorldCat 书目信息以及未出版的期刊预印本资料、可在检索结果中链接到网页和学术文献的引用资料及相关文献。不过，Google Scholar 包含的内容除了学术性数据库的文献具有品质保证外，其收集到的网络学术资源并没有进行品质评估的工作，与 Web of Science 收集高品质期刊的论文相比，Google Scholar 会有更多杂乱的学术文献被找到。此外，由于 Google Scholar 并非付费资源，其收录的文献来自多个渠道，且 Google Scholar 的被引次数统计不只根据参考文献，所以，使用 Google Scholar 的被引次数作为文献的被引次数分析工具并不完全可靠，其引文功能仍有许多需改善之处。

（3）使用 Google Scholar 时要注意以下几点：①有些全文资料的获取来源描述不一致，检索到的文献会包含许多不同的版本，在选择时须检查来源是否正确；② Google Scholar 所收录的学术资源主题以科技及医学领域为主，社会科学或人文学科的文献较为缺乏；③年代久远的期刊文献不容易找到，其中包含 JSTOR（Journal Storage）的期刊存档，虽然 Google Scholar 可检索的资料非常多元，数量也很庞大，但对部分重要文献的检索结果并不完整；④检索功能较为简单，无法编排更高级详细的检索策略进行检索；⑤引用数据并非根据文献的参考书目，从检索结果可发现许多近期的文献反而被早期的文献引用，这样 Google Scholar 提供错误的引用资料并以此数据进行检索结果的排序将对用户造成误导，可能会让用户对文献的影响力分析有错误的认知，在选择文献时也可能因此错过更重要的相关文献。

（于雅楠）

小结

引文检索是从参考文献的角度查找文献并进行分析的一种方法和手段。通过引文分析可以探索和跟踪某个概念、方法和研究领域从最初提出到当前的历史、发展过程和研究情况。用户可以通过引用与被引用的关系分析发现文献之间深层次的内在联系；可以通过文献被他人引用的情况来评价学术价值和影响力。由于中外文引文数据库在收录文献的学科、时间、文献量等方面均有不同，用户需要根据特定的检索要求选择不同的引文数据库。

中文的引文检索工具有很多，常用的有 CSCD 中国科学引文数据库和 CNKI 中国引文数据库。这些数据库在检索方法、检索规则等方面均有不同。CSCD 主要收录自然科学领域的文献，且兼具检索和引文评价的功能，通过它可以实现对检索结果的分析；CNKI 中国引文数据库是综合性的引文检索工具，仅用于查询检索文献的被引用情况。由于 CNKI 收录文献来源的局限（如部分中华医学会系列期刊未被收录），一些引文检索需要借助于万方 CSTPC 等工具完成。

外文引文检索的工具主要有 Web of Science 核心合集、Scopus 和 Google Scholar。Web of Science 核心合集收录的期刊均为经过同行评审的学术期刊，且 JCR 提供了这些期刊的影响因子可用于判断期刊的影响力，检索结果可再进行分析和知识发现，故而受到用户的认可和广泛应用，但该库在收录文献方面有延迟情况。Scopus 是当今世界最大的文摘引文数据库，收录文献类型和数量均超过 Web of Science 核心合集，在人文和社会科学文献方面有较大优势，同时对生物医学领域的文献实现了100%涵盖MEDLINE内容，文献更新较快，检索结果也可进行精炼分析。Google Scholar作为一个免费的引文检索工具，具有使用方法简单和文献数量较多等优点，但是存在引文信息错误、引文次数不可靠等缺点。

练习题

第5章练习题参考答案

1．请利用CSCD中国科学引文数据库检索贵校解剖学教研室某教授近5年发表论文被CSCD收录及引用情况，并找到被引次数最高的文章。

2．请利用CNKI中国引文数据库检索贵校某教授主编的中文专著的被引用情况。

3．请利用SCI-E检索贵校2010年以来发表的被SCI-E收录的文献有多少篇？其中被引频次最高的文献标题是什么？哪一年收录文献最多？收录哪位作者、哪个学科的文献最多？

4．一篇文献“Chu PS，Kwok SC，Lam KM，Chu TY，Chan SW，Man CW，Ma WK，Chui KL，Yiu MK and Chan YC et al.：'Street ketamine'-associated bladder dysfunction：a report of ten cases. Hong Kong Med J. 13：3113，2007”虽未被SCI-E数据库收录，请检索其在Web of Science中被引用的情况。

5．请利用Scopus检索近10年发表的有关hepatocyte growth factor（HGF）的文献，其中哪个杂志、国家和哪一年发表这个主题的文献最多？其中被引频次最高的综述文献作者是谁？

第6章 特种文献检索

导 言

特种文献包括专利文献、会议文献、学位论文、科技报告、标准文献和政府出版物等文献类型。以前由于这些文献不公开发行或一般图书馆收藏不全，不易获得，加上这些文献具有特定的作用，所以统称为特种文献。在知识经济迅猛发展的今天，特种文献由于具有种类繁多、报道内容新、技术含量高、报道速度快、专业性强、参考价值大等特点，使人们越来越重视这方面信息的获取。随着计算机和网络通讯技术的发展，大量的特种文献数据库应运而生，本章主要介绍一些与生物医学相关的常用特种文献数据库。

第一节　专利文献检索

案例 6-1

某医生设计开发了一种有效的治疗技术，并将这种技术传授给很多外地来本院进修的医生，这些进修医生把这项治疗技术带回当地的医院开始实施并根据实施效果撰写论文发表了。为了保护自己的研究成果，这位医生想对该治疗技术申请专利保护。请帮助他分析一下是否能申请专利，如何去申请？

案例 6-1 解析

一、专利基础知识

随着知识经济的迅猛发展，经济全球化进程的加快，自主知识产权产品和技术的拥有量已经成为决定一个国家和地区经济发展的重要指标，世界各国越来越重视知识产权的开发、利用和保护。

知识产权（intellectual property）即"智力成果权"，是指科学、技术、文化艺术等领域从事智力活动而创造的精神财富所享有的占有、使用、处置和收益的权利。知识产权是一种无形财产权，与汽车、房屋等有形财产一样具有价值和使用价值。知识产权包括专利权、著作权、商标权等智力成果权，其中比较重要的是专利权。

（一）专利的概念与特征

1. 专利的概念 专利是指国家以法律形式授予发明人或其权利继承人在法定期限内对其发明创造享有的专有权。因此，专利是一种法律制度，是一个国家对本国或外国科学技术领域中的发明用法律给予保护，凡获得这种保护权利的发明称之为专利。专利实际上包含三方面的涵义：专利权，即对受到专利法保护的某项发明创造在法定期限内享有的独占实施权；受专利法保护的发明创造；专利说明书。

2. 专利的基本特征 主要包括独占性、地域性和时间性三种。

（1）独占性：又称专有性、排他性、垄断性。一定时间内，未经专利权人许可，任何人不得制造、使用或销售已获得专利权的发明创造。

（2）地域性：一件发明只能在申请国家或地区受到保护，对其他国家和地区不发生效力。

（3）时间性：专利权受法律保护是有期限的，法律期限截止时，专利权就自行终止。各国法律对专利权保护期限不一样。

（二）专利分类

我国依据专利法保护对象，将专利分为以下三种类型。

知识拓展

1. 发明专利 是指对产品、方法或者其改进所提出的新的技术方案。发明专利权有效期各国不同，我国为自申请之日起20年。发明专利的含义包括以下几个方面。

（1）发明是一项技术方案：所谓技术方案，是指发明人利用自然规律为了解决某一个技术问题而提出的解决方案。因此，仅仅是提出课题或解决课题的方向性设想是不够的，必须提出解决课题完整的切实可行的方案。技术方案并非等同于技术，尽管两者都是利用自然规律，通过创造性的脑力劳动和采用必要的物质条件做出的成果，但它们之间是有区别的。技术更为具体，它是经过实践证明可以直接应用于产业的成果，而技术方案则达不到这种程度。“技术”当然可以作为发明得到专利保护，但从专利法的要求来说，“技术方案”就已经可以作为发明得到专利保护。就是说，对于申请专利的发明，不一定要求它是已经成熟的，已经达到了实践程度的“技术”，但一定要求它已构成“技术方案”，已具备成为“技术”的可能，一旦付诸实施，必能解决技术领域中的某个特定问题。

（2）发明是一种新的技术方案：所谓新的技术方案，是指该技术方案是前所未有的，富有首创性的，并且这个前所未有的是以申请日为时间界限的。就是说，在申请日以前，没有同样的发明在世界上被人们所公知，在国内被人们所公用。

（3）发明可分为产品发明、方法发明和产品或方法的改进发明：产品发明，是指经过人工制造的各种新产品，包括有一定形状和结构的物品以及固体、液体、气体之类的物质。完全在自然状态下的天然物，未经人工加工制造，就不是专利法规定的产品发明。

方法发明是指为解决某一技术问题所采用的手段与步骤。方法发明可以是机械方法发明、化学方法发明、生物方法发明。

改进发明是指对已知产品或方法的改进，经过改进，改善了已知产品的性能或已知方法的效果，使其获得新的特性或特征。

2. 实用新型专利 是指对产品的形状、构造或者其结合所提出的适于实用的新的技术方案。在我国实用新型专利权有效期为自申请之日起10年。

（1）实用新型专利只保护产品，而产品必须具备两个要素：第一，它是个物品；第二，它的产生必须经过一定的生产制造过程。

（2）实用新型保护的产品必须是具有确定的形状、构造，占据一定空间的实体。产品的形状是指产品具有的、可以从外部观察到的确定的空间形状。产品的构造可以是机械构造，也可以是线路构造。机械构造是指构成产品的零部件的相对位置关系、连接关系和必要的机械配合关系等；线路构造是指构成产品的元器件之间的确定的连接关系、产品的微观结构特征。以摆放、堆积等方法获得的非确定的产品形状特征或者生物的或自然形成的形状特征，不能作为实用新型产品的构造和形状的特征。

（3）实用新型必须是一种适于实用的技术方案。申请人对产品的形状、构造或其结合所提出的技术方案必须适于实用，即该产品必须能够在产业上制造，并且能够产生积极效果。

（4）实用新型必须是一项新的技术方案。所谓新的技术方案，是指该技术方案在申请日以前没有被公知公用，既没有在国内外出版物上被公开披露，也没有相同的内容在先申请并公布在中国专利公报上，该产品没有在国内被公开出售、公开使用。

3．外观设计专利 外观设计也称工业品外观设计。我国专利法所称外观设计，是指对产品的形状、图案或者结合，以及色彩与形状、图案的结合所作出的富有美感并适于工业应用的新技术。在我国，外观设计专利权有效期为自申请之日起10年。外观设计必须具备下列要素：

（1）外观设计必须与产品有关。也就是说，它必须应用于具体产品之上。

（2）必须是产品形状、图案或者色彩与形状、图案的设计。形状是指具有三维空间的产品造型，也就是产品或者部件外表的装饰性形状；图案是指通过各种手段设计出的线条的各种排列或者组合；色彩是指用于图案上的颜色或其组合，并且该色彩应理解为制造产品所用材料的本色以外的装饰性颜色。

（3）富有美感。凡是富有美感的外观设计必须是肉眼可以直接看到的，因为肉眼看不到的设计无法使人产生美感。是否富有美感，应按照消费者的眼光看，认为是美观的，就可以认为富有美感。

（4）适合工业上应用。是对外观设计的工业实用性方面的要求。即使用一项外观设计的产品能够在工业上大量复制生产，也包括通过手工业大量复制生产。

（三）专利的申请

专利申请手续应当以书面形式或者以专利局规定的其他形式办理。

1．申请专利所需文件

（1）请求书：是确定发明、实用新型或外观设计三种类型专利申请的依据，应谨慎选用，建议使用专利局统一表格。请求书应当包括发明、实用新型的名称或使用该外观设计产品名称、发明人或设计人的姓名、申请人姓名或者名称、地址以及其他事项。

（2）说明书：应当对发明或实用新型做出清楚、完整的说明，以所属技术领域的技术人员能够实现为准。

（3）权利要求书：应当以说明书为依据说明发明或实用新型的技术特征，清楚、简要地表述请求专利保护的范围。从属权利要求应当用附加的技术特征，对所引用的权利要求作进一步的限定。

（4）说明书摘要：发明、实用新型应当提交申请所公开内容概要的说明书摘要（限300字）。

（5）说明书附图：是实用新型专利申请的必要条件。发明专利申请如有必要也应当提交附图。附图应当使用绘图工具和黑色墨水绘制，不得涂改或易被涂擦。

（6）外观设计的图片或者照片：外观设计专利申请应当提交该外观设计的图片或者照片，必要时应有简要说明。

（7）优先权文件：要求优先权的，须在提出申请的三个月内（从申请日算起）提交经原受理机关证明的优先权文件。对于发明和实用新型专利申请，其优先权期限为自首次申请的申请日起12个月。对于外观设计，其专利申请的优先权期限为自首次申请的申请日起6个月。

2．专利申请的一般性原则

（1）请求原则：申请专利时，需要递交一份请求书。

（2）书面原则：申请专利时，需要若干书面材料，当申请成功后，这些书面材料具备一定的法律性质。

（3）先申请原则：当有两个或多个申请人申请同一项专利时，优先授予第一个申请人专利权。

（4）优先权原则：一项专利在其他国家再次提出申请时，可以享有优先权。

3．申请专利的途径 专利申请按照国家保护范围的不同，可分为国内申请和国际申请。

（1）国内申请：一般向我国的国家知识产权局或委托专利代理机构直接申请。国内申请途径又分为：①自行申请：专利申请人自己直接向中国专利局或者其代办处办理专利申请；②委托代理申请：专利申请人委托代理机构以委托人的名义按照专利法规定向中国专利局或其代办处办理专利申请。

（2）国际申请：主要有两种途径：一是按照巴黎公约原则提出申请（一般适用于一个或少数几个国家保护的专利申请）；二是利用 PCT（Patent Cooperation Treaty，专利合作条约）途径提出申请（适用于多个国家保护的专利申请）。

4．生物技术领域中专利申请的主题范围 主要有微生物、动植物细胞系、DNA/RNA 物质、质粒、蛋白质、疫苗和抗体。该领域中不授予专利权的主题有动植物品种和疾病的预防与针对的治疗方法。可申请专利的微生物主要有：细菌、放线菌、真菌、病毒、病原生物和藻类。另外，该微生物是已知种的新菌株或变种或是已知属的一个新种，并具有工业应用价值也可以申请。微生物的专利申请必须说明获得该微生物的途径、保藏信息、新微生物的特征描述（形态学特征、培养特征、生理特征和代谢特征）、新微生物的培养方法和繁殖方法、新微生物的具体用途和效果。

（四）授予专利权的条件

1．授予专利权的发明和实用新型，应当具备创造性、新颖性和实用性。

（1）创造性：是指与申请日以前已有的技术相比，该发明有突出的实质性特点和显著的进步，或该实用新型有实质性特点和进步。

（2）新颖性：是指在申请日以前相同的发明或实用新型在国内外出版物上未公开发表过，在国内未公开使用过，相同的发明或实用新型未曾由他人向专利局提出过申请。

（3）实用性：是指该发明或实用新型能够制造或者使用，并能够产生积极效果。

2．授予专利权的外观设计，应当同申请日以前在国内外出版物上公开发表过或者国内公开使用过的外观设计不相同和不相近似，并不得与他人在先取得的合法权利相冲突。

具备以上条件的一般均授予相应的专利权，但对于下列各项不授予专利权：①科学发现；②智力活动的规则和方法；③疾病的诊断和治疗方法；④动物和植物品种；⑤用原子核变换方法获得的物质。

案例 6-1 中，该医生对其发明的治疗技术不能获得专利权。原因是进修医生把这项治疗技术带回当地的医院开始实施并根据实施效果撰写论文发表了，该医生对其发明的治疗技术已不具备授予专利条件的新颖性。

（五）专利文献

1．专利文献的概念 是实行专利制度的国家、地区及国际性专利组织在审批专利过程中产生的官方文件及其出版物的总称。专利文献有狭义和广义之分，狭义专利文献是指专利说明书；广义专利文献包括专利公报、专利文摘、专利索引、专利分类表和专利书刊报纸等。

2．专利文献的种类 按不同属性可将专利文献分为多种类型。

（1）按法律性质：分为申请说明书和专利说明书两种。申请说明书（也称公开说明书）是指申请案经一般形式审查后，自申请之日起满 18 个月向公众公开该项发明并出版的说明书。对其所公开的技术内容，法律上给予临时性保护（最短 6 个月，最长 7 年）。

专利说明书有三种情况：①在实行登记制的国家，申请案通过形式审查后出版的说明书；

②在实行审查制的国家，申请案通过实质性审查批准后出版的专利说明书；③实行早期公开、延迟审查制的国家有两种情况：一种是自申请之日起申请人即提出实审请求，经实审后出版的说明书；另一种是公开说明书出版后，在专利法规定的时间内提出实审请求，经实审后出版的说明书。

（2）按技术内容：分为发明专利说明书、实用新型专利说明书和外观设计文件。

（3）按加工层次：分为专利说明书；专利文摘、索引、题录、公报等；专利分类表、分类表索引等。

（4）按载体形式：分为印刷型、缩微型和电子型。

3．专利文献的特点

（1）提供经济、技术和法律信息。专利文献收录了解决一项技术课题的新方案的专利，同时它又是宣布发明所有权和权限范围的法律文件。据 WIPO（World Intellectual Property Organization）统计，90% ~ 95% 的最新技术首先见于专利文献。经常查阅专利文献可节省60% 的科研时间，节约 40% 的科研经费。专利文献将经济、技术和法律三种信息融于一体，是优于其他文献的最主要特点。

（2）内容新颖、范围广泛。要获得专利权，首先就必须具备创新性、新颖性，因此，经专利局批准的专利说明书，在当时来讲应该是最高水平的、最新内容的。范围广是指专利文献收录了所有应用技术领域的专利，从日常生活小用品如拉锁、卫生筷到复杂的高精尖技术如手术器械等。

（3）内容详尽、可操作性强。专利说明书详细地记录了每件专利的全部信息，普通专业人员能根据说明书中的内容，制造出该产品。

（4）出版迅速，重复量大。全世界每年公布 150 万件专利文献，其中基本专利说明书只有 35 万 ~ 40 万件。这是因为一个发明有时向好几个国家申请，造成重复公布；另一个原因是受理审批过程中多次出版。

（5）分类和检索方法特殊。各国专利文献都有它自己独特的分类方法和检索方法，但都标注上统一的国际专利分类号，这样也为阅读和查找带来了便利。

4．专利文献的作用

（1）传播发明创造，促进技术进步：专利文献记载了每件专利的技术内容。95% 的发明创造被记录在专利文献中，80% 的发明创造仅在专利文献中记载，因此，专利文献在传播发明创造方面作用比其他文献更加突出。

（2）警示竞争对手，保护知识产权：专利权人通过专利法来保护其劳动成果，同时也向竞争对手展示了专利保护范围，向竞争对手传达了一种警示信息。

（3）借鉴权利信息，避免侵权纠纷：专利文献为外贸和技术交流提供准确的经济信息。在引进技术和设备或出口技术和产品时，只有熟悉引进或出口项目是否为专利，专利权是否在有效期内，或是否接近自动终止的期限，专利权保护范围等，才能减少盲目性、防止上当受骗、避免侵权和经济上的损失。

（4）提供技术参考，启迪创新思路：专利文献系统性强，反映新技术时差短。每一件专利说明书都详细记载着解决某项课题的最新技术方案。因此，查阅专利文献不仅可以了解最新技术，还可追踪、预测某项技术的发展趋势、决策等。

5．专利文献的著录内容 专利说明书属于一次文献，记载了发明成果的详细内容，是专利文献的核心内容。通常由扉页、说明书正文和附图三部分内容组成。

（1）扉页：著录了该发明技术及其法律信息的题录内容。主要内容包括发明名称、发明人姓名、申请人姓名、地址、申请日期、申请号、分类号、专利号、文摘等。每个国家著录这些内容的排列顺序有差异，但每个著录内容前面的代码是国际通用的，该代码为 INID

（Internationally agreed Numbers for the Identification of（bibliographic）Data）代码，即专利局间信息检索国际合作委员会用于标记专利著录项目的代码。

（2）说明书正文：详细记录了发明内容。这些内容包括序言、发明细节叙述及权利要求三部分。

（3）附图：用于解释说明发明内容原理，一般放在说明书的最后。

二、中国国家知识产权局专利检索

（一）选取理由

中国国家知识产权局专利检索与分析系统（http：//www.pss-system.gov.cn/）是国家知识产权局开发的专利文献检索系统，该系统直接嵌入在国家知识产权局官方网站上。它收录从1985年至今的中国专利文献，免费提供专利检索服务和部分分析功能。内容每周更新一次，与中国国家知识产权局的专利公布信息同步。系统首页如图6-1所示。

图 6-1 国家知识产权局专利检索系统首页

（二）功能特色

检索途径多；检索提示清楚；可提供专利题录、文摘、全文的检索；便于用户掌握。

（三）检索方法

检索方法包括专利检索和药物检索。其中专利检索又分为常规检索、高级检索、导航检索和命令行检索四种方法。

1．常规检索　主要通过自动识别、检索要素、申请号、公开（公告）号、申请（专利权）人、发明人、发明名称等检索途径查找专利。点击三角号标识，可以对检索途径进行选择；点击地球图标，可以对专利范围进行选择，包括中国专利（发明专利、实用新型专利和外观设计专利、香港、台湾和澳门地区的专利）和主要国家和地区的专利。常用的检索途径有以下两项。

（1）自动识别：系统将自动识别输入的表达式类型，并自动完成检索式的构建，识别的类型包括号码类型（申请号、公开号）、日期类型（申请日、公开日）、分类号类型（IPC、ECLA、UC、FI/FT）、申请人类型、发明人类型、文本类型等。系统默认的逻辑运算符为AND，并且最多输入 20 个检索词。支持逻辑运算符 AND、OR。日期支持间隔符"-"".";支持半角（）括号算符和半角双引号' '算符。输入关键词（组）默认匹配字段是复合文本，即在文本字段中进行匹配，符合条件的都是命中专利。

（2）检索要素：是一个复合检索字段，包括标题、摘要、权利要求和分类号。输入一个检索词，会同时在上述 4 个字段中查找。支持逻辑运算符 AND、OR、NOT；支持半角双引号' '算符。系统默认逻辑运算符为 OR。

2．高级检索　可使用多种检索途径或检索式编辑区查询中外专利文献的检索方法。

（1）号码字段的检索：分类号可由《国际专利分类表》查得，同一专利具有若干个分类号时，第一个为主分类号；申请（专利）号由文献的申请国 + 申请流水号构成，流水号一般由 1 ～ 9 位数字组成，前 2 ～ 4 位表示年份，其余表示随机号码；公开（公告）号由 1 ～ 9 位数字组成。优先权号的检索方法同申请号的检索。

（2）日期字段的检索：日期均由年、月、日三部分组成，各部分之间用圆点隔开，年为 4 位数字，月和日为 1 或 2 位数字。年、月、日分别可以用来检索，如可键入".10.5"检索公开日为某年 10 月 5 日的专利。可以用"="">""> =""<""< ="" ："等进行日期范围的检索，键入"2015：2016"可检索公开日为 2015 到 2016 年的专利。

（3）申请（专利权）人和发明人等字段的检索支持多个申请人或发明人的逻辑运算。

（4）专利名称、摘要、权利要求和关键词等字段的检索尽量选用多个同义关键词检索。

（5）检索表达式构建：利用生成检索式按钮，可以将上述检索框中输入的检索词添加到检索式编辑区中，进行浏览修改，之后再点击检索按钮，即可完成专利信息查询。如果希望获取更全面的专利信息，或者对技术关键词掌握的不够全面，可利用系统提供的"扩展"功能辅助扩展检索要素信息。

3．导航检索　即通过 IPC 分类号查询专利的方法。在导航检索页面中，可输入要查询的 IPC 分类号，对其中英文含义进行浏览，并点击分类号检索即可查询到专利信息；也可通过八大部专利分类号导航找到所需分类号检索到专利信息。

IPC（International Patent Classification）又称为国际专利分类号或国际专利分类法，是检索国内外专利文献的辅助工具。IPC 是一种等级分类系统，它的等级结构按层次的递减顺序分割技术知识。它的分类原则是将科学发明和专利的技术主题尽量作为一个整体，按功能分类或按应用分类，而不是将它的各组成部分分别分类。

IPC 的八大部类：A 部－人类生活必需；B 部－作业、运输；C 部－化学、冶金；D 部－纺织、造纸；E 部－固定建筑物（建筑、采矿）；F 部－机械工程；G 部－物理；H 部－电学。

分类体系：由高至低依次排列的等级式结构，设置的顺序是：部、分部、大类、小类、主组、小组。

生物医药领域的专利可归属于产品类、技术类和设备类等，囊括了IPC分类的八大部，涉及技术主题领域广泛，因此，采用单一的IPC分类号检索容易造成漏检，建议采用多个主题领域的IPC分类号检索才能查全。

4．命令行检索 主要包含命令行检索和批处理管理两个功能。普通注册用户不能使用该项检索功能。故不做详细介绍。

5．药物检索 是基于药物专题库的检索功能，为从事医药化学领域研究的用户提供检索服务。用户可以使用此功能检索出西药化合物和中药方剂等多种药物专利。系统提供高级检索和方剂检索等检索模式。此处的高级检索在原来高级检索基础上增加了分析方法、生物方法、制剂方法、物理方法、治疗作用、CN登记号、CAS登记号、化合物名称等药物、化合物检索的特殊字段。方剂检索提供了药物的组方成分的检索功能。

6．热门工具 可以进行同族查询、引证/被引证查询、法律状态查询、国别代码查询、关联词查询、双语词典、分类号关联查询、申请人别名查询、CPC查询（IPC分类号和新技术发展通用标签）等。

同族专利是专利文献中特有的现象，是指基于同一优先权文件，在不同国家和地区，以及地区间专利组织多次申请、多次公布或批准的内容相同或基本相同的一组专利文献。同族专利的查询对于了解一个专利家族具有非常重要的意义，尤其是在分析专利文献时起到重要作用。

专利法律状态是一件专利的重要指标，不同的法律状态说明受专利法保护的权限不同。法律状态包括实质审查请求的生效、专利权的无效宣告，专利权的终止，权利的恢复，专利申请权、专利权的转移，专利实施许可合同的备案，专利权的质押、保全及其解除，著录事项变更、通知事项等。中国专利法律状态检索可以从申请（专利）号、法律状态公告日进行检索，但是法律状态检索所提供的状态信息仅供参考。

还可对与IPC分类（国际专利分类体系）关联的其他分类体系号码进行查询。如ECLA（欧洲专利分类）、UC（美国专利分类）、FI/FT（日本专利分类）等。

（四）检索技巧

1．逻辑运算符 “AND”表示逻辑与；“OR”表示逻辑或；“NOT”表示逻辑非。

2．模糊运算符 “+”“？”和“#”表示截词符。“？”代表0～1个字符；“+”代表任何长度的字符串；“#”代表一个强制存在的字符。所有截词符为半角字符。

（五）易犯错误

错误1．过度依赖关键词检索，而不使用分类号检索

如果一个研究主题有准确的分类号，则优选分类号途径进行检索。分类号准确表达一个技术领域，检索结果比较准确。例如C07D413/14的技术主题是含有3个或更多个杂环的杂环化合物，用分类号检出的专利有99 219件，而用关键词检出的专利有6 374件，相比之下漏检了很多专利。而关键词表达的是一个概念而已，它可能存在很多同义词、近义词，检索过程存在漏选或名词术语不规范等，使得检索结果不准确、不全面。

错误2．使用与分类号含义重复的关键词

将表示同一检索要素的分类号和关键词用“AND”算符连接进行检索容易导致漏检。例如：一种外科手术刀，表示“外科手术刀”这一检索要素的分类号是A61B17/3211，表示“外科手术刀”这一检索要素的关键词是“手术刀”“柳叶刀”等。检索式A61B17/3211 AND（“手术刀”OR“柳叶刀”）得到的检索结果是分在该分类号下同时具有该关键词的文献，这会遗漏没有分在该分类号下但具有上述关键词的文献，以及分在该分类号下但不具有上述关键词的文献。因此，那些由于分类错误或分类习惯的原因没有分到该分类号下的文献会被遗

漏，采用其他与所选择的“手术刀”或“柳叶刀”不同的表述方式（如解剖刀）的文献也会被遗漏。

错误 3．关键词表达不全面

如检索手机方面的专利时，使用的关键词不仅有“手机、移动电话、大哥大”等，还要加上“进行通话的移动设备或移动工具”。检索一个研究主题或产品或药品，不仅要从字面内容进行检索，还要从功能和用途，以及上位概念等方面拟定检索词进行检索。

错误 4．使用错误的检索字段检索

当查询某个大学、科研机构或企业申请或授权的专利时，很多用户一般使用地址字段进行检索，它是查询科技文献常使用的字段。但是，在中国专利数据库中有更好的字段——专利权人，它表示专利所有权的归属，可以非常准确地显示结果。

（六）检索国内专利文献应注意的问题

问题 1．分类号检索时，如果该分类号下文献数量比较少，可以直接阅读文献；如果该分类号下文献数量比较多时，不适于逐篇阅读，可以再缩小文献数量。但是对没有准确分类号的主题内容，往往需要使用关键词检索。

问题 2．注意不规范的表达方式。在中国专利数据库中检索时，要注意一些错别字的出现，如“艾滋病”写作“爱滋病”；桂圆常误写作“桂园”，二氧化硅误写为“二氧化矽”等。

问题 3．常规检索中采用自动识别检索功能时，输入检索词为主题内容，最好选择关键词字段检索。否则，系统会自动执行复合文本字段匹配文献，导致检索效果不理想。

三、美国专利商标局专利检索

（一）选取理由

美国专利商标局（USPTO）网站（http：//www.uspto.gov）是政府性官方网站，它已将1790 年以来的美国各种专利的数据在其网站上免费提供给世界上的公众查询。该网站针对不同信息用户设置了专利授权数据库、专利申请公布数据库、法律状态检索、专利权转移检索、专利基因序列表检索、撤回专利检索、延长专利保护期检索、专利公报检索及专利分类等。数据内容每周更新一次。

（二）功能特色

检索途径多；提供电子版全文和图像全文说明书；专利授权和专利申请分开检索，还可以查询专利法律状态、专利权人变更等信息。

（三）检索方法

USPTO 网站提供了专利授权数据库和专利申请公布数据库。专利授权数据库收录了自1790 年至今的各种美国授权专利，其中 1790 年至 1975 年的数据只有全文图像页，可通过专利号和 UC 分类号进行检索；1976 年以后的数据除了全文图像外，还涵盖了授权专利全文，用户可通过多个检索入口进行检索。专利申请公布数据库收录了自 2001 年 3 月 15 日以来公布的美国专利申请公布文献，用户可通过多个检索入口进行检索。

专利授权数据库有三种检索方式：快速检索、高级检索和专利号检索；美国专利申请公布数据库也有三种检索方式，包括快速检索、高级检索和专利申请公开号检索。两个数据库收录范围和少数几个字段有所不同。

1．快速检索　提供两个检索入口：Term 1 和 Term 2。与两个检索入口对应的是两个相应检索字段选项：Field 1 和 Field 2。在快速检索的两个检索字段（Field 1、Field 2）之间有一个布尔逻辑运算符选项。在检索字段“Field 2”下方有一个年代选择项（Select years）。所有选项均可以展开一个下拉式菜单，供用户根据检索需求选择所需的特定检索字段和检索年代，并在两个检索字段之间用布尔逻辑运算符来构造一个完整的检索式。

2．高级检索 在该页面有一个可输入检索表达式的文本框 Query，一个可选择检索的年代范围的选项（1976 年至今的美国授权专利的全文文本和 1790 年至今的整个数据库内的授权专利），下面的字段框内有 31 个可供检索的字段，包括“Field Code（字段代码）”和“Field Name（字段名）”的对照表。点击“Field Name（字段名）”可以查看该字段的解释及具体信息的输入方式。检索的表示方法为：检索字段代码 / 检索表达式。

两个数据库中高级检索界面公布日期、申请公布号、文献种类代码等检索字段代码有区别。

3．专利号及专利申请公开号检索 在检索框中输入专利号或专利申请公布号进行检索。

专利分类号有两种检索方式：

（1）通过类号 / 小类号进入分类系统。用户需输入某种分类号，选择相应的方式，如：Class Schedule（HTML），Class Definition（HTML）。

（2）键入关键词，查找对应的分类号。页面上方有几个按钮，常用的有 Class Number & Titles（类号 / 类名），Class Number Only（仅有类号）和 Index to the U.S. Patent Classification（USPC）System（美国专利分类的索引系统）。

检索结果中，类号前面的红色字母“P”可与专利检索数据库进行链接，结果显示该类号或类号 / 小类号下的美国专利文献数目，并可查看每一件文献的全文文本。

4．法律状态检索 在“Patent Application Information Retrieval”检索界面点击公众查询数据库链接（https：//portal.uspto.gov/pair/PublicPair），输入需要查询法律状态的申请号或专利号，即可获得该号码的专利记录结果。选择“Fees”一项，可查询该美国专利维持费的缴费情况。

（四）检索技巧

1．短语检索 用引号标记，实现短语检索，如：“liver cancer”，引号中不能用“$”截词符。

2．逻辑组配检索 逻辑运算符包括逻辑与“AND”、逻辑或“OR”和逻辑非“NOT”。

3．右截词检索 截词符“$”，表示前方一致检索，截词符必须使用在至少三个字母之后，并适用所有的检索词。选定某个输入框（单一字段检索）时“$”前至少有 3 个字符，选 all fields（全部字段检索）时“$”前至少有 4 个字符。

4．各字段的检索表达式

（1）发明者或申请者的名字：Doe-John-E；Doe-$；Doe-John$；Doe-J$ 等。

（2）专利号：除发明专利外，其他专利均需表明类型代码。如 D339456，PP8901，H645 等。

（3）申请号：由 6 位数字组成，不足 6 位前面补零，如 65423，应为 065423。由于申请号为多循环编制，同样的申请号会出现不同循环阶段的文献，可通过年代加以辨别。

（4）专利类型：1=Utility；2=Reissue；4=Design；5=Defensive Publication；6=Plant；7=Statutory Invention Registration，检索时仅输入数字代码即可。

（5）日期：表达式为 19960103；1-3-96；1/3/96 或 1/$/96；1/3/96 －＞ 2/14/96（表示日期的时间段）等。

（6）国际专利分类号：输入格式要求大组必须 3 位数，不足补 0。如：G06F19/00，应输入为：G06F019/00。

（7）美国专利分类号：表达式为 427/2.31；427/3A；427/$ 等。

（8）参考文献：查找一篇专利被引用情况时，输入专利号即可。

（9）PCT 信息：表达式为 PCT/FR88/00100（PCT 申请号）或 WO88/06811（PCT 公开号）。

（10）发明人国别：用两个大写字母表示，具体查看统一的 INID 代码表，如 GB、CN、FR 等。

（五）易犯错误

错误 1：引号中的词组中不能使用截词符。

错误 2：专利号输入时也可采用右截断进行检索，如 514664$，$ 代表 0 ～ 9 的数值，不能代表无数个值，检索结果为 5146640 ～ 5146649 共 10 件专利。

错误 3：国际专利分类号的大组必须有 3 位，不够位的填 0 补充。如 A61K31/785 应该为 A61K031/785。

（六）检索国外专利文献应注意的问题

问题 1．高级检索注意事项

（1）允许使用复合逻辑检索表达式，即用括号（）表示运算顺序，括号内的检索式先运算。如 tennis AND（racquet OR racket）。

（2）用标识符指定字段

IN/Bobbs　（发明名称字段）

CLAS/270/31　（分类字段）

AN/MCNC AND TTL/solder（多字段）

ttl/（nasal or nose）与 ttl/nasal or ttl/nose 等同

在关键词前若不注明字段代码，系统则默认在全字段检索。

问题 2．专利号检索注意事项

（1）多个专利号输入时，专利号之间需用空格或使用“OR”逻辑运算符；专利号之间使用逗号或缺省均可。

（2）不同的专利类型在专利号前加入相应的代码。

问题 3．专利权人检索注意事项

（1）公司的并购重组是很常见的事情，在专利权人检索过程中非常有必要了解专利权人的更名，避免检索失误。

（2）专利权人名称的翻译版本有多个，容易造成漏检。一件发明创造在向本国以外的国家申请专利时，需要使用目标国家专利局规定的语种，由此产生了不同专利代理机构对相同专利权人名称的不同翻译，只有将这些不同的翻译名称全部找到，才能查全该专利权人的专利。

第二节　学位论文检索

案例 6-2

某同学即将开始撰写博士学位论文，请帮助他检索有关肿瘤药物耐药性方面的学位论文。

案例 6-2 解析

一、中文学位论文检索

（一）CNKI《中国博硕士学位论文全文数据库》

1．选取理由　《中国博硕士学位论文全文数据库》是目前国内相关资源最完备、高质量、连续动态更新的学位论文数据库。

2．功能特色

（1）学科范围广：覆盖基础科学、工程技术、农业、医学、哲学、人文、社会科学等各个领域。

（2）文献来源广泛：收录1984年以来的全国439家培养单位的博士学位论文30万篇和728家硕士培养单位的优秀硕士学位论文300万篇。

（3）专辑专题多：分为十大专辑：基础科学、工程科技Ⅰ、工程科技Ⅱ、农业科技、医药卫生科技、哲学与人文科学、社会科学Ⅰ、社会科学Ⅱ、信息科技、经济与管理科学。十大专辑下分为168个专题。

3．检索技巧

（1）文献检索：可以通过高级检索、专业检索、句子检索和一框式检索等方式检索学位论文，还可以通过学位授予单位导航来查找学位论文。

1）高级检索：在三个区域输入检索词：第一区域，在主题、题名、关键词、摘要、目录、全文、参考文献、中图分类号、学科专业名称等字段输入检索内容；第二区域，在作者、导师、第一导师、作者单位等字段输入检索内容；第三区域，在学位年度、学位单位、优秀论文级别、支持基金等条件进行选择或输入检索词进行查询。检索表达式只能是字、词或词组，不能带有逻辑运算符和空格。

案例6-2，要查询肿瘤药物耐药性方面的学位论文，使用该库的检索方法：选择高级检索，第一行检索框中输入"肿瘤"并含"耐药性"，匹配题名字段，之后选择逻辑算符"或者"，第二行检索框中分别输入"肿瘤"并含"耐药性"，匹配关键词字段，点击检索按钮，可查询到肿瘤多药耐药的论文。这里需要解释一下，肿瘤化疗时一般为多种药同时服用，所以药物耐药性、多药耐药性都是符合要求的文献。

2）专业检索：使用字段标识符和逻辑运算符编制复合逻辑式的检索方式。可通过主题、题名、关键词、目录、摘要、全文、作者、导师、作者单位（或导师单位）、学位授予单位、参考文献、发表时间、基金、中图分类号、被引频次15个字段进行检索。有多个检索词或选项时，可以使用AND、OR、NOT运算符进行逻辑组配检索；三种逻辑运算符的优先级相同；如要改变组合的顺序，可使用英文半角圆括号（）将条件括起。如果不清楚复合逻辑表达式的规则，点击"检索表达式语法"，查看专业检索语法表进行检索。

3）句子检索：在全文的同一段或同一句话中进行检索。同句指两个标点符号之间，同段指5句之内。由于句子中包含了大量的事实信息，通过检索句子可以为用户提供有关事实的问题答案。在每个检索项后输入检索词，检索词之间可以进行三种组合：并且、或者、不包含。

4）一框式检索：输入一个检索词快速查询到文献的检索方式。其中检索词首先匹配的字段是主题，如果主题字段的结果为0，则再扩展为全文字段。检索表达式只能是字、词或词组，不能带有逻辑运算符和空格。

（2）学位授予单位导航：将学位授予单位导航细分为地域导航和学科专业导航。可在"按学位授予单位检索"的检索框中直接输入单位名称进行检索。点击任何地区的名称，可以显示该地区下所有学位授予单位的名称；括号中的数字代表该地区下包括的学位授予单位的数量。

4．应注意的问题 ①没有主题概念检索，因此，要增加同义词或近义词进行检索，以提高文献的查全率。②使用一个字段检索，往往查不到论文。应多选用更多字段检索，扩大搜索范围。

（二）NSTL《中文学位论文》

1．选取理由 NSTL《中文学位论文》（http：//www.nstl.gov.cn/NSTL/）收录了1984年以来我国高等院校、研究生院及研究院所发布的硕士、博士和博士后的论文。包括自然科学各专业领域，并兼顾社会科学和人文科学。由中科院文献情报中心、中国科技信息研究所、机械工业信息研究院、冶金信息标准研究院、中国化工信息中心、中国农科院农业信息研究所、医科院医学信息研究所、中国标准化研究院国家标准馆、中国计量科学院文献馆共同研制，为以上9个单位的馆藏。

2．功能特色　检索简单，易于掌握。可以免费获取题录文摘信息。

3．检索技巧　通过题名、作者、关键词、导师、学位、培养单位、研究专业、研究方向、授予年、文摘等字段查询论文内容。检索词之间可以选择相应的逻辑运算符。

（三）CALIS学位论文中心服务系统

1．选取理由　CALIS学位论文中心服务系统（http：//etd.calis.edu.cn/）面向全国高校师生提供中外文学位论文检索和获取服务。

2．功能特色　检索功能便捷灵活，提供简单检索和高级检索，可进行多字段组配检索，也可从资源类型、检索范围、时间、语种、论文来源等多角度进行限定检索。系统能够根据用户登录身份显示适合用户的检索结果，检索结果通过多种途径的分面和排序方式进行过滤、聚合与导引，并与其他类型资源关联，方便用户快速定位所需信息。部分论文可以免费阅读前16页。

3．检索技巧　一框式检索，输入检索词通过题名、作者、导师、摘要和关键词等字段匹配到所需论文。还可以对出版年、语种、学科范畴等进行限定。

4．应注意的问题　检索框中输入检索的词或词组，不能输入复合逻辑表达式。输入主题方向的检索词，需要增加同义词或近义词提高查全率。

（四）万方学位论文

1．选取理由　万方学位论文全文数据库由北京万方数据股份有限公司建立和维护，收录自1980年以来我国自然科学领域各高等院校、研究生院以及研究所的硕士、博士以及博士后论文。

2．功能特色　检索途径多，检索方便，易于掌握。

3．检索技巧

（1）可按学科专业和学校所在地浏览论文内容。

（2）可通过主题、题名、关键词、创作者、作者单位、摘要、日期、学位专业、学位授予单位、导师、学位等字段检索论文内容。

（3）检索方式分为高级检索和专业检索。专业检索时可以使用逻辑运算符，“*”表示为逻辑与，“+”表示为逻辑或，“^”表示为逻辑非。表达式用“()”括起来才能进行检索。

4．应注意的问题　①主题字段检索，是指检索词来自篇名、关键词、摘要三个字段的学位论文，所以比单独用三个字段检索的论文数量要多。②检索框中只输入检索的词或词组，不能输入复合逻辑表达式。③没有规范主题词的检索，需要增加同义词或近义词扩大检索结果。

二、外文学位论文检索

（一）ProQuest Digital Dissertations（PQDD）学位论文数据库

1．选取理由　由美国ProQuest Information and Learning公司出版，是世界著名的学位论文数据库。PQDD收录了欧美1 000余所大学文、理、工、农、医等领域的200万篇博士学位论文的摘要及索引，是学术研究中十分重要的参考信息源，每年约新增7万篇论文摘要。目前国内通过上海交通大学和CALIS中心的镜像站点提供服务，可以下载博士论文的PDF全文。如果是1997年以后的论文，还可以点击“24页预览”查看前24页内容。

2．功能特色　检索功能便捷灵活，提供简单检索和高级检索功能。

3．检索技巧　主要提供简单检索、高级检索、论文分类浏览三种方式。

（1）简单检索：通过关键词、作者来查询论文的方法。关键词可以是单词或者短语。输入作者名字时，可以以任意顺序输入。例如，输入 John A. Smith 或者 Smith，John A. 得到的检索结果是一样的。还可以同时输入多个作者名字，中间用 AND 进行分隔，就可以检索出多个作者合作撰写的论文。

（2）高级检索：在标题、摘要、全文、作者、学校、导师、来源、ISBN、出版号等字段检索。各字段间增加了并且、或者和排除等布尔逻辑运算符。对输入的检索词又包含 3 种检索方式：所有词、任一词和短语。

案例 6-2，要查询肿瘤药物耐药性方面的学位论文，使用该库的检索方法：选择高级检索，第一行检索框中输入“multidrug resistance”匹配所有字段，之后选择逻辑算符“AND”，第二行检索框中分别输入“antineoplastic drug”OR“antineoplastic agents”匹配所有字段，点击检索按钮，可查询到肿瘤多药耐药的论文。肿瘤化疗时一般为多种药同时服用，所以研究肿瘤多药耐药具有实际意义，使用了 multidrug resistance 检索词。

（3）论文分类浏览：按照学科类目进行浏览查询。学科类目分一级类目和二级类目。在浏览结果时，系统还提供在所有字段进行二次检索。

（二）NDLTD 学位论文数据库

1．选取理由 NDLTD（http：//search.ndltd.org/）全称是 Networked Digital Library of Theses and Dissertations，是由美国国家自然科学基金支持的一个网上学位论文共建共享项目，为用户提供免费的学位论文文摘，有部分可获取免费全文。

2．功能特色 目前，全球有 170 多家图书馆、7 个图书馆联盟、20 多个专业研究所加入了 NDLTD。其中 46 个成员已提供学位论文文摘数据库 7 万条，可以链接到全文的大约有 3 万条。参与共建学校通过共享免费获取全文。覆盖的地域范围较广，有德国、丹麦等欧洲国家和中国，并包括中国香港、台湾地区等。NDLTD 的学位论文比 PQDD 的学位论文少，适合作为国外学位论文的补充资源利用。

第三节 医学会议文献检索

案例 6-3

某老师想知道国内外即将召开的遗传学会议，并想了解国内外遗传学的新技术和方法，同时想结识业内更多的学者，请帮助他查询相关的会议信息和会议文献。

案例 6-3 解析

一、医学会议消息检索

传统的会议消息获取途径主要有专门预报会议信息的期刊、医学期刊上刊载的会议信息和专业学会的通知等。目前，因特网上汇集了大量的生物医学会议信息，下面介绍几个主要的网站。

（一）Doctor’s Review Meetings

1．选取理由 Doctor’s Review Meetings（http：//www.doctorsreview.com/meetings/）由加拿大魁北克蒙特利尔 Parkhurst 出版公司建立，它提供了全球 209 个国家和地区的医学会议和医学教育材料，是深受医生和患者欢迎的一个会议网站。

2．功能特色　检索途径多，检索方便灵活，网站除了提供会议信息外，还包括会议举办城市的自然景观等旅游信息，比较人性化。用户还可以发布会议消息。

3．检索技巧

（1）关键词检索时，可以输入单个词组，也可以输入带有逻辑运算符的复合表达式。

（2）会议地点和专业，按照网站中设置的选项加以选择。

（3）会议日期，可以按照系统中设置的方式加以选择。

案例 6-3，要查找国外遗传学方面的会议信息，使用该平台检索方法为：选择关键词检索，在检索框中输入“genetics”，点击 Search 2000+ Medical Meetings 按钮，可查询到今年和明年即将召开的国际遗传学会议信息和遗传学课程培训信息。

4．检索会议消息应注意的问题　根据学科专业范畴大小，拟定合适的关键词。如果学科专业范畴小，就使用宽泛的关键词；如果学科专业范畴大，就使用专指的关键词。

（二）医脉通医学会议

1．选取理由　医脉通医学会议（http：//meetings.medlive.cn/）是由北京医脉互通公司创建的专门提供国内外医学学术会议消息的网站。

2．功能特色　涉及生物医学多个学科，提供广泛的国内外医学会议信息，同时还可以发布会议信息。

3．检索技巧

（1）学科分类：主要是临床医学、基础医学和公共卫生等学科。

（2）地域浏览：包括国内外会议信息。

（3）会议时效：可按照最新会议和过往会议进行浏览。

（三）丁香会议

1．选取理由　丁香会议（http：//meeting.dxy.cn/）由丁香园主办，是面向广大医学生和医学科研人员提供医学学术会议信息的服务平台。该网站还可以链接到丁香园提供的其他医学科研论文的信息。

2．功能特色　为用户提供国内外生物医学学术会议预告、会议快讯、视频播报、专家视点、精彩幻灯、会议专题、论坛、会议 APP 等服务。会议信息定期及时更新。

3．检索技巧

（1）浏览：从会议预告栏目中选择所需要学科，浏览会议信息。还可以对时间和地点进行限定。

（2）搜索：输入会议主题进行查询。可以对会议类型、学科专业、时间和地点进行限定。

4．检索会议消息应注意的问题　由于会议消息网站没有规范主题标引，所以对研究主题内容尽可能增加同义词和近义词检索，以扩大会议信息量。

二、会议论文检索

（一）CNKI 会议论文数据库

1．选取理由　CNKI 会议论文数据库收录中国科协系统及国家二级以上的学会、协会，高校、科研院所，政府机关举办的重要会议以及在国内召开的国际会议上发表的文献。

2．功能特色　重点收录 1999 年以来国内外会议文献信息。其中，国际会议文献占全部文献的 20% 以上，全国性会议文献超过总量的 70%，部分重点会议文献回溯至 1953 年。

该库分为基础科学、工程科技Ⅰ、工程科技Ⅱ、农业科技、医药卫生科技、哲学与人文科学、社会科学Ⅰ、社会科学Ⅱ、信息科技、经济与管理科学十大专辑，168 个专题。

3．检索技巧　可通过高级检索、专业检索、作者发文检索、句子检索和一框式检索查找会议论文。

（1）高级检索：在检索条件区域，可选择主题、篇名、关键词、摘要、全文、论文集名称、参考文献、中图分类号等字段输入检索内容；在作者输入行可选择作者或第一作者进行查询；还可以对会议时间、会议名称、支持基金、报告级别、论文集类型、语种等进行限定。

（2）专业检索：使用字段标识符和逻辑运算符编制复合逻辑式的检索方式。可通过主题、篇名、关键词、摘要、全文、作者、第一作者、作者单位、会议名称、论文集名称、参考文献、更新时间、基金、中图分类号、ISBN、被引频次 16 个字段进行检索。有多个检索词或选项时，可以使用 AND、OR、NOT 运算符进行逻辑组配检索；三种逻辑运算符的优先级相同；如要改变组合的顺序，请使用英文半角圆括号（）将条件括起。如果不清楚复合逻辑表达式的规则，点击“检索表达式语法”，查看专业检索语法表进行检索。

（3）作者发文检索：通过作者或第一作者及作者单位查找会议文献的方法。注意每个字段最好都选择准确匹配方式。

（4）句子检索：在全文的同一段或同一句话中进行检索。同句指两个标点符号之间，同段指 5 句之内。由于句子中包含了大量的事实信息，通过检索句子可以为用户提供有关事实的问题答案。在每个检索项后输入检索词，检索词之间可以进行三种组合：并且、或者、不包含。

（5）一框式检索：通过会议主题方向进行快速查询的检索方式。一般默认匹配字段为主题字段，主题字段包含篇名、关键词和文摘字段。

案例 6-3，要查询遗传学会议文献，使用该库的检索方法为：进入高级检索界面，选择会议名称字段，检索框中输入“遗传学”，之后点击检索，可查询到国内的遗传学会议论文。

4．检索会议论文应注意的问题 ①检索会议消息时，可以多选几个字段分别进行查询。②会议文献主题不规范，需要增加同义词或近义词检索。

（二）万方《中国学术会议论文库》

1．选取理由 该库收录了 1985 年以来国家一级学会、协会、研究会在国内组织召开的全国性学术会议的论文全文。包括自然科学和社会科学各领域，每年的会议数量达上千个。由中国科技信息研究所、医科院医学信息研究所、农科院文献中心、林业部科技情报所共同研制，并在以上四个单位收藏全文。

2．功能特色 检索途径多，检索方便，易于掌握。

3．检索技巧

（1）浏览：按学科分类和会议主办单位浏览会议内容。

（2）检索：通过高级检索和专业检索进行查询。检索常用的字段有全部、主题、篇名或关键词、创作者、作者单位、摘要、日期、会议来源、DOI、会议名称、主办单位、会议 ID 等字段检索会议内容。

专业检索时可以使用逻辑运算符，“*”表示为逻辑与，“+”表示为逻辑或，“^”表示为逻辑非。专业检索表达式用（）括起来才能进行检索。

4．检索会议论文应注意的问题 ①主题字段检索，可检索出检索词来自篇名、关键词、摘要三个字段的会议论文，所以比单独用三个字段检出的论文数量要多。②专业检索表达式，用（）括起来才能进行检索。③会议文献主题不规范，需要增加同义词或近义词扩大检索结果。

（三）国家科技图书文献中心（NSTL）《中文会议论文库》

1．选取理由 国家科技图书文献中心（National Science and Technology Library，NSTL）《中文会议论文库》（http：//www.nstl.gov.cn/NSTL/）收录了 1980 年以来我国国家级学会、协会、研究会以及各部委等组织召开的全国性学术会议论文。包括自然科学领域，年增论文 4 万余篇。该库由中科院文献情报中心、中国科技信息研究所、机械工业信息研究院、冶金信息标准研究院、中国化工信息中心、中国农科院农业信息研究所、医科院医学信息研究所、中国标准化研究院国家标准馆、中国计量科学院文献馆共同研制，为以上 9 个单位的馆藏。

2．功能特色　检索简单，易于掌握。可以免费获取会议文摘信息。每月更新。

3．检索技巧　通过篇名、作者、关键词、时间、会议名称、ISBN、文摘等字段查询会议内容。检索词之间可以选择相应的逻辑运算符。

4．检索会议论文应注意的问题　①检索框中输入检索的词或词组，不能输入复合逻辑表达式。②会议文献主题不规范，需要增加同义词或近义词扩大检索结果。

（四）Conference Proceedings Citation Index - Science（CPCI-S）

1．选取理由　该库是由科睿唯安（Clarivate Analytics）公司基于 Web of Knowledge 平台开发的自然科学会议录文献数据库。

2．功能特色　该库收录了 1990 年至今的重要会议、评论、研讨会、座谈会、人类学到动物某学科大范围的例会资料。每年以 22 万多条的会议录递增，数据内容每周更新，可以了解新的研究，再现会议情形。该库包括 Science & Technology 和 Social Sciences & Humanities 两个子库。目前，该库已整合到 Web of Science 核心合集数据库平台，可以单独选择会议数据库进行检索。

3．检索技巧　检索方法包括基本检索、引用文献检索、化合物检索和高级检索。会议文献数据库的检索字段不同于期刊论文，检索字段有主题、作者、出处、文献类型、交流语种、被引用信息、会议信息（名称、日期、举办者）、作者通讯地址、出版社、IDS 号、ISSN 或 ISBN 等内容。检索方法和技巧详见第五章第三节内容，此处不再赘述。

4．检索会议论文应注意的问题　①会议文献主题不规范，需要增加同义词或近义词扩大检索结果。②用会议名称缩写和全称同时检索。③国外的会议论文通常在期刊或图书上发表，可以利用 ISSN 或 ISBN 进行检索。如果发表在图书上，还可以选择丛书或丛编名字段检索。如果发表在期刊上，注意期刊封面中有“conference issue”的标识。

第四节　标准文献检索

案例 6–4

有位用户请求帮助查询偏瘫患者社区康复训练技术规范方面的标准文献。请问该怎么做？

案例 6-4 解析

一、标准文献

（一）标准文献概述

1．标准文献的概念　标准文献是按照规定程序编制，经协商一致决定并由公认机构批准，共同适应和重复使用的规范性文件。标准化是国民经济中一项综合性的基础工作，它对发展国民经济和科学技术，提高工农业产品和工程建设质量，提高科学管理水平，扩大对外贸易，提高人民健康，增加社会经济效益，都具有重要作用。

2．标准文献的种类

（1）按使用范围：可分为六大类。①国际标准：如国际标准化组织（ISO）标准。②区域性标准：如欧洲（EN）标准。③国家标准：如美国国家标准（ANSI），我国的国家标准（GB）。④专业标准：如我国轻工业部的部颁标准（QB）。⑤企业标准：如营口电火花机床厂的标准 Q/YD1001。⑥地方标准：如上海市的标准，沪 Q/SG4-25-82。

（2）按内容：可分为基础标准、制品标准、方法标准。

3．标准分类体系和代号

（1）分类体系：各国都编有适合国情的标准分类体系。概括起来有三种形式：①字母分类法：即以字母为标记的分类法。这种方法将标准分成若干类，每类用一个字母表示。采用这种分类法的有澳大利亚、加拿大、墨西哥等国。②数字分类法：即以数字做为标记的分类法。这种方法将标准分成若干类，有的还分为几级类目，每个类用一组数字表示。采用这种分类法的有丹麦、印度、葡萄牙、意大利、西班牙、比利时、阿根廷、荷兰、瑞士等国。③字母数字混合分类法：即采用字母和数字相结合，这种方法把标准分类后，每一类用字母加数字表示。采用这种分类法的有美国、日本、芬兰、法国、苏联、罗马尼亚、波兰、中国等国。

（2）标准代号：各国的标准都有各自的代号。了解这些代号，对于查找各国标准很有用处。中国的标准代号为 GB，其他主要国家的标准代号如表 6-1 所示。

4．标准文献特点 与一般技术文献相比，标准文献有着自己独特的风格和体制。其主要特点有：①独立的文献体系；②技术成熟度高，有约束力；③新陈代谢频繁，时效性强；④数量多，篇幅小，文字简炼；⑤严格准确可靠；⑥出版形式多样。

表6-1 主要国家的标准代号

国家	标准代号	国家	标准代号
美国	ANSI	俄国（苏联）	OCT
英国	BS	日本	JIS
法国	FN	瑞典	SIS
意大利	UNI	荷兰	NEN
联邦德国	DIN	挪威	NS
加拿大	CSA	比利时	NBN
澳大利亚	AS	丹麦	DS

（二）中国标准文献

1．概况 1978 年 9 月，我国以中国标准化协会（CAS）名义加入了国际标准化组织（ISO），并参加了其中 103 个技术委员会。1979 年 7 月，《中华人民共和国标准管理条例》的颁布标志着我国标准化工作进入了一个新的发展时期。自 1979 年原国家质量技术监督局统一规划和组建技术委员会以来，经过 30 多年的发展，我国已形成由技术委员会（TC）、分技术委员会（SC）和标准化工作组（SWG）构成的技术委员会体系。截至 2017 年，我国已成立技术委员会 537 个，分技术委员会 737 个，标准化工作组 11 个，共计 1 285 个技术委员会的建设有效支撑了我国标准化工作的稳步发展，社会关注度日益提高。

我国标准的分类是采用字母数字混合分类法。字母表示大类，数字代表小类，由 A-Z 共分 23 个大类。我国标准号的形式为：标准代号 + 标准编号 + 发布年份。如 GB13668—92。

2．我国标准文献的检索工具类型 查找我国各类标准的检索工具有以下几种：

（1）印刷型检索工具

1）《中国标准化年鉴》：由国家标准局编辑，1985 年创刊，以后每年出版一本。内容包括我国标准化事业的现状、国家标准分类目录和标准序号索引三部分。

2）《中华人民共和国国家标准目录》：由中国标准化协会编辑，不定期出版。内容除包括现行国家标准外，还列出了行业标准。该目录分标准序号索引和分类目录两部分编排。

3）《最新国家标准和国际标准目录》：由中国标准信息中心编辑出版。该目录汇总了 91.1 ～ 92.9 发布的所有新的国家标准和国际标准，以及对现行标准的修改（补充）和作废情况。内容包括分类目录和标准序号索引两部分。

（2）标准数据库

1）中外标准数据库：由中国标准信息中心建立，是中西文混合检索标准数据库。该库除国家标准（GB）外，还包含中国台湾地区标准、ISO、IEC、日本、美国等国际标准组织和西方各国的标准，提供了以 30 天为周期的标准发布、修改、作废信息。

2）中国标准全文数据库：由国家质量技术监督局提供，包括国家标准、国家推荐标准、行业标准、行业规范等内容。目前可以使用《中国标准全文数据库》中矿业、能源、化工、机械、电工、土木、环境保护、电子元器件与信息技术等类目下国家标准及行业标准，共计 1 万 6 千余条，电子全文为 PDF 格式。标准的内容来源于中国标准出版社，相关的文献、专利、成果等信息来源于 CNKI 各大数据库。可以通过标准号、中文标准名称、起草单位、起草人、采用标准号、发布日期、中国标准分类号、国际标准分类号等检索项进行检索。

（3）相关免费网络资源：目前提供标准文献查询的网站很多，如中国标准服务网、中国国家标准咨询服务网等。因特网上的标准文献网站收录范围大同小异，相比较而言，中国标准服务网仍是查询国内外标准内容最齐全的国内站点。另外，几乎所有网站都仅提供免费题录信息，获取全文需要付费。仅有中国国家标准化管理委员会对我国强制性标准提供全文免费下载服务。

（三）国际标准文献

国际标准是由国际标准化组织采用的标准或在某些情况下由国际标准化团体采用的技术规范。

目前，国际标准包括两部分：①国际标准化组织（ISO）和国际电工委员会（IEC）指定的标准；②国际标准化组织认可的其他 27 个国际组织制订的一些标准。如国际无线电干扰特别委员会、国际电报电话咨询委员会等组织。

1．国际标准化组织（ISO）及其标准文献

（1）国际标准化组织（International Organization for Standardization，ISO）

ISO 成立于 1947 年 2 月 23 日，是制作全世界工商业国际标准的各国国家标准机构代表的国际标准建立机构，成员包括 162 个会员国。其主要职能是制订 ISO 国际标准，协调世界范围内的标准化工作。其制订标准范围除电气工程和电子工程以外的其他学科领域。它的目标和宗旨是：“在世界范围内促进标准化工作的发展，以利于国际物质交流和互助，并扩大知识、科学、技术和经济方面的合作。”

ISO 下设技术委员会（Technical Commottee，TC）、分技术委员会（SubCommittee，SC）和工作小组（Working Group，WG）。ISO 国际标准均由 TC、SC 和 WG 负责制订，其标准制订审批程序十分严密。到目前，ISO 共颁布 21 907 个国际标准。ISO 标准每隔五年就要重新修订审定一次。

ISO 标准分类法是采用 ISO 技术委员会（TC）和国际十进分类法（UDC）两种标志。如 TC43 为声学。1971 年前，其标准以推荐标准（ISO/R）形式公布，其编号结构形式为 ISO/R+ 顺序号 + 年份。1992 年以后正式标准公布，其编号结构形式为 ISO+ 顺序 + 年份。

（2）ISO 标准检索工具及其文献

1）《国际标准目录》：由 ISO 编辑出版，报道 ISO 各技术委员会制订的标准。该目录为年刊，用英法文对照本形式出版，部分还加俄文对照。每年 2 月份出版发行，报道上一年 12 月底为止的全部现行标准。每年还出版 4 期补充目录。主要内容包括：技术委员会序号目录、作废标准目录、标准号序表、国际十进位分类号技术委员会序号索引、主题索引。除了上述部分主要内容外，该刊还附有“ISO 指南索引”“标准手册索引”和“参考文献索引”。

2）《ISO 技术规则》：由国际标准化组织编辑出版，年刊，报道 4000 多份可视为国际标准的文件和已达到委员会草案（CD）阶段和国际标准草案（DIS）阶段的全部文件。

2．国际电工委员会（IEC）及其标准文献

（1）国际电工委员会（International Electrotechnical Commission，IEC）

IEC 成立于 1906 年。现该组织有 89 个技术委员会（Technical Committee，TC）和 107 个分委员会（sub-Committee，SC）。目前有 60 个国家和地区参加该组织。IEC 负责电气和电子领域中标准化组织和协调工作，制订电子、电力、电信和原子能等领域的国际标准。由于 ISO 制订的标准所涉及的专业范围不包括这些内容，这些领域的世界标准完全由 IEC 负责制订。所以，IEC 标准可以说是国际标准的组成部分。

IEC 制订标准的范围大致分名词术语、电路用的图形、符号、单位、文字符号等。在试验方法方面制订产品质量或性能指标，以及有关人身安全的技术标准。1975 年前，IEC 以推荐标准形式发布，1975 年后改为 IEC 国际标准。目前，已发布电子电工国际标准近 4 885 件。

IEC 国际标准分类均按专业技术委员会（TC）名称设立类目，其后加数字序号，如 TC1 名词术语，TC61 家用电器的安全。

IEC 标准号结构形式为标准代号 IEC+ 顺序号 + 制订年份。例如 IEC335—2—1980。

（2）IEC 标准文献检索工具

检索工具为《国际电工委员会标准目录》，年刊，由 IEC 中央办公室以英法文对照的形式编辑出版。其内容分为标准顺序排列的“标准号目录”和按主题词词顺排列的“主题索引”两部分，没有分类目录。可以从序号和主题途径查找所需 IEC 标准的名称、页数、价格、简介、版次等内容。

国际标准除了 ISO 和 IEC 制订的标准外，还包括国际标准化组织认可颁布国际标准的其他 27 个国家组织制订的一些标准。可以利用这些组织主办的学术刊物和专门的检索刊物查找其制订的标准。

（四）区域标准组织及其标准文献

1．欧洲标准化委员会（European Committee for Standardization）

该组织成立于 1957 年。欧共体成立后，为了使共同市场得以正常发展与协调，向成员国推荐标准，统一成员国的标准，以便增进贸易和促进业务交流。

2．亚洲标准咨询委员会（Asian Standard Advisory Committee—ASAC）

该组织成立于 1967 年，是亚洲及远东地区政府间的标准化机构，其宗旨是在 ISO 标准基础上制订亚洲地区性标准，培养标准技术人员，统一、协调和健全认证制度。

3．非洲地区标准组织（African Regional Standard Organization—ARSO）

该组织成立于 1977 年，其目的是促进非洲地区的标准化开发活动，制订非洲地区性标准。

4．泛美技术标准委员会（Ran American Standards Commission）

该组织成立于 1965 年，其目的是促进中美和南美各国的经济发展，制订统一使用的技术标准——泛美标准。

二、国内外标准文献检索

（一）CNKI《标准数据总库》

1．选取理由 《标准数据总库》是国内数据量最大、收录最完整的标准数据库，分为《中国标准题录数据库》（SCSD）、《国外标准题录数据库》（SOSD）、《国家标准全文数据库》和

《中国行业标准全文数据库》。《中国标准题录数据库》（SCSD）收录了所有的中国国家标准（GB）、国家建设标准（GBJ）、中国行业标准的题录摘要数据，共计标准约13万条；《国外标准题录数据库》（SOSD）收录了世界范围内重要标准，如国际标准（ISO）、国际电工标准（IEC）、欧洲标准（EN）、德国标准（DIN）、英国标准（BS）、法国标准（NF）、日本工业标准（JIS）、美国标准（ANSI）、美国部分学协会标准（如ASTM、IEEE、UL、ASME）等标准的题录摘要数据，共计标准约31万条。《国家标准全文数据库》收录了由中国标准出版社出版的、国家标准化管理委员会发布的所有国家标准，占国家标准总量的90%以上。《中国行业标准全文数据库》收录了现行、废止、被代替以及即将实施的行业标准，全部标准均获得权利人的合法授权。标准的内容来源于中国标准化研究院国家标准馆，相关的文献、专利、成果等信息来源于CNKI各大数据库。可以通过标准号、中文标题、英文标题、中文关键词、英文关键词、发布单位、摘要、被代替标准、采用关系等检索项进行检索。

2．功能特色　检索功能强大，检索入口多，界面简洁，使用方便。

3．检索技巧　主要提供高级检索、专业检索和一框式检索。

（1）高级检索：将检索过程规范为三个步骤：第一步，在标准名称、标准号、关键词、摘要、全文、发布单位、出版单位、起草单位、中国标准分类号、国际标准分类号和起草人等字段输入检索内容；第二步，选择标准状态：在全选、现行、作废、被代替、废止转行标、即将实施等选项中加以选择；第三步，对检索结果的分组排序的选择，浏览检索结果。

案例6-4，要查询偏瘫患者社区康复训练技术规范的文献，使用该库的高级检索方法：选择全部库检索界面，第一行关键词字段，检索框输入偏瘫，关键词模糊匹配；第二行关键词字段，检索框输入康复训练，模糊匹配，检索结果为0。调整检索词，选择全文字段，检索框中输入康复训练，模糊匹配，可查到相关的文献，其中有脑中风、脑梗死、脑出血的标准文献，全文中涉及康复训练的方法。所以，目前没有偏瘫患者社区康复训练技术规范的标准，可以参考脑中风、脑梗死、脑出血的标准文献中康复训练方法。

（2）专业检索：使用逻辑运算符和关键词编制复合逻辑式的检索方式。可通过中文标准名称、英文标准名称、中文主题词、英文主题词、标准号、发布单位名称、发布日期、被代替标准、摘要等字段进行检索。有多个检索词或选项时，可以使用AND、OR、NOT运算符进行逻辑组配检索；三种逻辑运算符的优先级相同；如要改变组合的顺序，请使用英文半角圆括号（）将条件括起。如果不清楚复合逻辑表达式的规则，点击“检索表达式语法”，查看专业检索语法表，进行检索。

（3）一框式检索：通过标准主题方向、标准发布日期和标准分类号进行快速查询的检索方式。一般默认匹配字段为全文字段，包含标准名称、标准号、关键词、摘要、发布日期、实施日期、发布单位名称、出版单位、中国标准分类号、国际标准分类号和起草人等字段。

4．应注意的问题　①分类途径查找时，应注意我国标准的分类体系。②注意数据录入过程存在错误性，防止漏检。③注意收录中国标准的范围不完整，适当扩大检索范围。④注意没有提供标准修改单和作废信息的标准。

（二）ISO国际标准数据库

1．选取理由　国际标准化组织（https：//www.iso.org/home.html）是世界上最大的非政府性标准化专门机构，在国际标准化工作中占主导地位。

2．功能特色　检索途径多，检索方便易于掌握。

3．检索技巧　主要通过浏览和检索两种方式查询标准文献。

（1）浏览：通过ICS（International Classification for Standards）和TC（Technical Committees）两种方式浏览。

ICS是一种国际标准分类号，如电气工程或技术，共有40个一级类目，一级类目下面还有二级类目。直接点击二级类目号就可以浏览相应的标准信息，并浏览该标准的标准号、英文题名、版本、页码、TC、文摘、价格等信息。浏览的标准信息有四种状态：Published standards、Standards under development、Withdrawn standards 和 Projects deleted（last 12 months）。标准的文摘可以免费获取，标准的全文需要付费获取。

TC 是技术委员会的分类标准，共有 244 个技术委员会。浏览方法同 ICS。

（2）检索：通过一般检索和高级检索查询所需标准文献信息。

一般检索主要输入标准号或关键词检索所需标准文献。关键词默认的检索字段是标准题目和文摘。一般检索可以查找标准、出版物、新闻和文件等内容。

高级检索可以输入 ISO 分类号或部分类号以及关键词或短语进行检索。可限定标准信息状态，还可以通过文献类型、语种、ICS、标准代码、发布标准时间段、技术委员会等进行限定。文献类型包括资料、指南、国际标准、国际标准概要、工作组协议、公用规范、推荐、技术报告、技术规范、技术趋势评估等。

（3）逻辑运算检索：AND、OR、NOT。系统默认逻辑与“AND”的检索。

（4）截词检索：截词符为“*”。表示无限截词，可以用于开头，也可以用于结尾。

4．应注意的问题 ①短语检索时，用双引号将短语引起。②用数字进行检索时，表示对分类号字段检索，用部分号码检索时，不用使用截词符。

（李春英）

小结

1．专利文献是受法律保护的一种特殊文献类型。专利文献记载了技术解决方案，确定专利权保护范围，揭示了专利权人、注册证书所有人权利变更等法律信息。同时，依据专利申请、授权的地域分布，可分析专利技术销售规模、潜在市场、经济效益及国际间的竞争范围。专利是集经济、技术、法律为一体的综合科技信息源。

2．会议文献能反映该学科或专业领域内最新进展和发展趋势，主题内容新颖，学术性强，技术方法创新，是传递科技信息、交流科技成果与经验的重要信息源。

3．学位论文选题新颖，理论性、系统性较强，论证翔实可靠。

4．标准文献时效性强；具有法律约束力，要求人们自觉遵守；各种标准都将随着科学技术的发展而不断地修订和补充。

练习题

第 6 章练习题参考答案

1．查询艾滋病疫苗中国专利有多少件？美国专利有多少件？

2．查询近两年国内外免疫学专业的博士学位论文，并对比国内外论文的研究主题方向有何差异？

3．查询明年国内外即将召开的病理学会议有哪些？将在哪些城市举办？是否有您感兴趣的主题内容？

4．查找国内外关于牛奶中农药残留测定的标准文献。

第7章 循证医学证据检索

导　言

现代医学发展到今天，医学模式发生了巨大的改变，从“以疾病为中心”的传统生物医学模式向“以患者为中心”的现代生物-心理-社会医学模式转变。新的医学模式要求临床医护人员开展科学、合理的临床决策，而基于临床证据的循证医学诞生，则推动了现代医学科学决策的发展。*The Lancet* 将循证医学誉为医学实践领域的人类基因组计划，美国 *The New York Times* 将它称为 80 个震荡世界的伟大思想之一，*The Washington Post* 称之为医学史上又一最杰出成就。

第一节　循证医学相关知识

一、循证医学的定义

循证医学（Evidence-Based Medicine，EBM）意为遵循证据的医学，是遵循最佳科学依据的医学实践过程。1996 年著名临床流行病学家 David Sackett 教授在《英国医学杂志》（British Medical Journal，BMJ）上将循证医学定义为“慎重、准确和明智地应用当前所能获得的最佳研究证据来确定患者的治疗措施”。

循证医学的概念最早见于 1992 年发表在《美国医学会杂志》（*The Journal of the American Medical Association*，*JAMA*）上的“Evidence-Based Medicine：A New Approach to Teaching the Practice of Medicine”一文。1994 年，David Sackett 出版了第一本循证医学专著 *Evidence-Based Medicine：How to Practice and Teach Evidence-Based Medicine*，系统详细地介绍了循证医学的意义及其实践和应用过程。1992 年底 Iain Chalmers 博士在英国成立了英国 Cochrane 中心，明确提出了循证医学的思想。1993 年国际 Cochrane 协作网成立，循证医学得到了更广泛的传播。

循证医学是最好的研究证据与医生的临床实践技能和患者意愿三者之间的有机结合。最好的研究证据来源于医学基础研究成果、系统评价和高质量的临床随机对照试验；临床实践技能是指医生在对患者进行仔细的病史采集和认真的体格检查基础上，充分应用自身的专业知识、临床技能与经验，有效地解决患者的问题；患者意愿指患者为获得最好的医疗服务而恢复健康的期望、需求和选择。

近年来，不少研究者对循证医学的概念进一步完善与丰富。临床医师面对具体的患者，在收集病史、体检以及必要的实验和有关检查资料的基础上，应用自己的理论知识与临床技能，分析与找出患者的主要临床问题（病因、诊断、治疗、预后以及康复等），并进一步检索、评价当前最新的相关研究成果，取其最佳证据，结合患者的实际临床问题与临床医疗的具体环境做出科学、适用的诊治决策，在患者的配合下付诸实施，最后分析与评价效果。它是基于现有最好的证据，兼顾经济效益和价值取向，进行医学实践的科学概念。

二、循证医学的实践步骤

临床医师在临床实践中，经常面临各种临床决策。要做出最合理、最有效的决策，需要搜集大量的临床证据，并对其阅读、分析、评价，最后结合患者的具体情况，把最佳证据运用于决策，这实际上就是实践循证医学的过程。循证医学的实践可归纳为“五部曲”。每个步骤之间相互联系，任何一个步骤存在不足都会影响循证医学实践的质量。

1．构建具体的临床问题 是循证医学实践的起点，是首要的关键环节。临床实践中，医护人员要做出最佳临床决策，前提是对临床问题进行整理，理清关键问题。临床问题可分为两类：背景问题和前景问题。背景问题是关于疾病的一般知识性问题，前景问题是医生在诊断和治疗患者的过程中遇到的实际问题。前景问题是循证临床实践中的主要问题，根据关注角度不同，前景问题可以分为四类：治疗问题、诊断问题、病因和不良反应问题、预后问题。

当前，国际上常用 PICO 模式将临床问题分解成可检索可回答的问题。P 指特定的患病人群（Population/Patients），即实践对象具体情况的描述，包括年龄、性别、人种、既往史等；I 指干预措施或暴露因素（Intervention），如治疗方案、诊断试验等；C 指比较因素或对照标准（Comparison），与所采取的干预措施相对照的因素；O 指研究结果（Outcome），是干预措施的诊疗效果。

2．检索相关文献，全面搜集临床证据 在按照 PICO 模式构建起具体的临床问题后，实践进入第二步骤，即检索相关文献，全面搜集目前已有的最佳证据。只有搜集到足够的证据，才能为最佳临床决策提供保证和支撑。而足够的证据不仅来自于电子出版物、网络数据库，还应包括教科书、专著、专业杂志等。当前，不同类型的网络数据库为不同的检索需求提供了多样选择。常用的检索循证医学信息的资源包括二次研究资源（Secondary Sources）数据库，例如 BMJ Best Practice、UpToDate、ACP Journal Club、Bandolier 等。此外，很多书目型数据库，如 PubMed、Embase、中国生物医学文献数据库（CBM）等均能检索到原始研究资源。针对这些循证医学信息资源，临床医师应根据问题的特点，选择合适的数据库，制订最佳检索策略。

3．严格评价，找出最佳证据 受研究者研究水平、观察对象的选择以及各种其他因素的影响，临床证据质量参差不齐。因而临床医师需要在搜集证据后，应用临床流行病学及 EBM 质量评价标准，从证据的真实性、可靠性、临床应用价值及适用性等方面对搜集到的证据进行严格评价，以筛选出最佳证据，应用于临床实践。

4．应用最佳证据，指导临床决策 将上述经过严格评价的最佳证据，结合临床专业知识与技能、具体的医疗环境以及患者的需求与价值取向，应用到临床实践与决策中，解决临床问题。

5．评价实践后的效果和效率 在完成上述四个步骤后，评价应用最佳证据解决具体问题的效果。若成功，可用于指导进一步的临床实践；反之，应具体分析在整个实践过程中可能存在的问题，针对问题重新调整，不断提高自身循证医学实践能力。

三、循证医学证据的类型

（一）分类概况

循证医学证据种类繁多，按照不同的分类标准，可划分为不同类型的证据。

1．从方法学角度进行分类 可分为原始研究证据和二次研究证据。

原始研究证据是指直接以人群，即患者和（或）健康人为研究对象，对相关问题进行研究所获得的第一手数据，经统计学处理、分析、总结而形成的研究报告。主要包括随机对照试验、交叉试验、队列研究、前后对照研究、病例对照研究、非传统病例对照研究、横断面调查设计、非随机同期对照试验及叙述性研究等。

二次研究证据是指在全面收集针对某一问题所有原始证据的基础上，应用科学的标准，经严格评价、整合处理、分析总结而形成的研究报告。主要包括系统评价、临床实践指南、临床决策分析、临床证据手册、卫生技术评估报告及卫生经济学研究等。

2．按研究问题分类　可分为病因临床研究证据、诊断临床研究证据、预防临床研究证据、治疗临床研究证据和预后临床研究证据。

3．按用户需要分类　可分为临床实践指南、临床决策分析、临床证据手册、卫生技术评估及健康教育资料等。如临床医师主要使用临床实践指南、临床决策分析和临床证据手册对患者进行处理。卫生管理部门和人员主要根据卫生技术评估做出决策。公众可通过健康教育资料了解相关医学知识与研究情况。

4．按获得渠道分类　可分为公开发表的临床研究证据、灰色文献、在研临床研究证据和网上信息。公开发表的临床研究证据是公开发表在杂志上的临床研究证据，包括原始研究证据和二次研究证据。灰色文献指已完成、但未公开发表的临床研究证据，通常以会议论文和内部资料的形式交流。在研临床研究证据指正在进行的原始临床研究和二次研究证据，如新药试验（原始研究证据）和正在进行的系统评价、卫生技术评估及临床实践指南（二次研究证据）。网上信息是指各种医学组织和机构在网上建立与发布的各种原始研究证据和二次研究证据。

（二）6S 模型

循证医学证据来源广泛，目前有大量可供医学研究证据查询的资源，包括数据库（因特网在线数据库、公开发行的 CD、循证医学中心数据库等）、杂志、指南及专著等。针对这些资源，Brian Haynes 提出了循证医学证据资源的分类。

Brian Haynes 在 2001 年首次提出了循证医学资源的“4S”模型；2006 年，在“4S”模型基础上提出了“5S”模型；2009 年又进一步发展为“6S”模型。无论是“4S”模型、“5S”模型还是“6S”模型，都将证据资源按照级别高低以金字塔的形式排列，即证据级别由高到低。

“6S”模型中级别由高到低，依次为系统（systems）、循证医学知识库（summaries）、系统评价的摘要及评价（synopses of syntheses）、系统评价（syntheses）、原始研究的摘要及评价（synopses of studies）和原始研究（studies）（图 7-1）。在利用“6S”模型检索证据指导临床决策时，证据的选择应先从级别高的类型开始，逐级向下进行，直至检索到合适的证据为止。

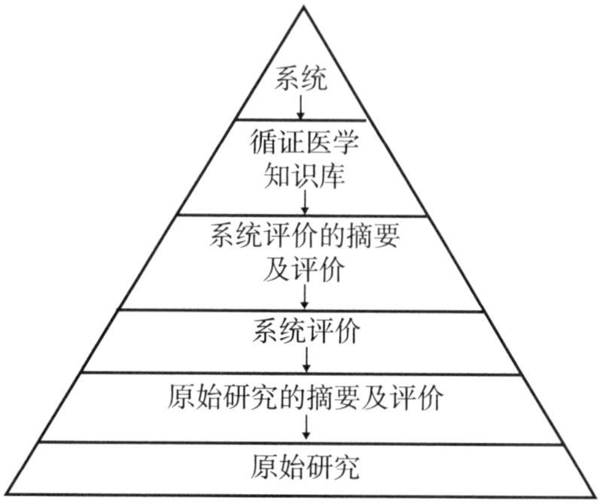

图 7-1　6S 金字塔模型

1．系统（systems）　即计算机决策支持系统（computerized decision support systems,

CDSS），是级别最高的证据，也是最完善的证据。一个基于证据的临床信息系统（CDSS）能针对某个特定的临床问题，概括总结所有相关和重要的研究证据，提供临床决策和个性化患者服务。CDSS 系统通常是将医院信息系统，如电子病历系统（electronic medical record，EMR）、电子健康档案系统（electronic health record，HER）、电子医嘱系统（computerized physician order entry，CPOE）等与循证知识库高度整合，主动向临床医务人员提供循证治疗、护理等相关重要信息。目前，这类理想的系统还很少见。美国 Zynx Health 公司的 ZynxCare（整合 ZynxEvidence）和荷兰威科集团的 Provation Medical（整合 UpToDate）在此方面做了很好的尝试和突破。EBSCO 集团的 DynaMed 证据资源库也与一些主流公司的电子病历系统进行整合。

2．循证医学知识库（summaries） 包括循证知识库和指南库，针对临床问题直接给出相关背景知识、专家推荐意见、推荐强度和证据级别。循证知识库包括 DynaMed、UpToDate、Micromedex、BMJ Best Practice、First Consult、美国医师学院的 PIER 等。指南库常用的有包括美国国立指南库（National Guideline Clearinghouse，NGC）、英国国家卫生和临床示范研究所指南库（National Institute for Health and Clinical Excellence，NICE）、苏格兰大学校际间指南网络指南库（Scottish Intercollegiate Guidelines Network，SIGN）、新西兰临床实践指南库（New Zealand Guidelines Group，NZGG）、加拿大医学会临床实践指南库（Canadian Medical Association：Clinical Practice Guidelines）、澳大利亚国家健康和医学研究会指南库（National Health and Medical Research Council，NHMRC）等。

3．系统评价的摘要及评价（synopses of syntheses） 当前临床上很多证据比较冗长复杂，对于工作繁忙的临床医师来说，要抽取时间系统阅读全文非常困难。为了帮助临床医师快速有效地阅读文献，方法学家和临床专家共同组织起来，制订严格的评价标准，对主要医学期刊上发表的原始研究和二次研究证据从方法学和临床重要性两方面进行评价，筛选出高质量论著的同时对证据的精华内容进行提取，并在摘要后附有针对被摘要证据的方法学质量、研究结果在临床的适用性等方面的专家评价，帮助临床医师解读，从中提取出临床决策所需要的信息。这一类型的循证医学资源主要包括系统评价文摘库、循证医学期刊等，如 ACP Journal Club、Cochrane 疗效评价摘要数据库（Cochrane Database of Abstracts of Reviews of Effects，DARE）。

4．系统评价（syntheses） 是针对某一临床问题（如疾病的病因、诊断、治疗、预防、预后等）全面、系统地搜集已发表或未发表的临床研究，严格评价纳入文献的偏倚风险，筛选出符合质量标准的文献，进行定性或定量合成（Meta-Analysis，荟萃分析），得出系统、客观、可靠的综合结论。系统评价汇总了现有最好原始研究的结果，能够为临床医师节省大量的检索、阅读原始文献的时间。此外，由于用于制作系统评价的原始研究均经过严格的质量评价，也避免了临床医师分析、评价原始研究。系统评价分为 Cochrane 系统评价和非 Cochrane 系统评价，前者由 Cochrane 协作网制作并发表到 Cochrane Library 上，后者发表在期刊上。这一类型的资源包括发表在各期刊上的系统评价、Cochrane Library 的系统评价数据库（CDSR），以及各个数据库检索系统评价，如 PubMed Clinical Queries 的系统评价以及 Embase 数据库的系统评价等。

5．原始研究的摘要及评价（synopses of studies） 指原始研究的摘要和评论。它和 Syntheses 均是以原始研究为研究对象和基础，区别在于 Syntheses 是对多个原始研究进行系统评价 /Meta 分析，而 synopses of studies 则是对单个原始研究进行阅读、整理归纳和分析，再结合自己的经验给出观点，进行评论。这一类型资源主要见于循证医学期刊。

6．原始研究（studies） 是发表在期刊的、未经专家评估的文献，通常能在综合文献数据库中检索。原始研究是产生和提供证据的基石，很多高级别的证据都是以原始研究为对象，进行评价、加工而成。临床医师在利用原始研究时，需要自己对研究结果的真实性、临床重要性和适用性进行评估后方可应用。提供原始研究的资源包括 Cochrane Library 临床对照实验数据库（CENTRAL）、PubMed Clinical Queries 的 Clinical Study Categories 检索、Embase、CBM 等。

四、循证医学证据的级别

临床证据类型多样，质量良莠不齐。不同的证据效用与可信性级别也各不相同。不少研究者根据论证强度将证据定性分为多个级别，构建证据分级标准，并进一步定量评价证据利弊关系。所谓证据论证强度，是指证据的研究质量的高低以及结果真实可靠程度。在进行临床决策时，首先考虑的应是效用及可信性高的证据。

按质量和可靠程度，循证医学证据通常可分为以下五级（可靠性依次降低）。

Ⅰ级：收集所有质量可靠的随机对照试验（Randomized Controlled Trial，RCT）后做出的系统评价或 Meta 分析结果；大样本多中心随机对照试验。

Ⅱ级：单个、样本量足够的 RCT。

Ⅲ级：设有对照但未采用随机方法分组的病例对照研究和队列研究。

Ⅳ级：按时间顺序或配对的病例对照研究。

Ⅴ级：权威专家意见、专家委员会报告、无对照的病例观察（描述性研究）。

不少国外机构均制订出详细的证据分级评价系统。1979 年，加拿大定期体检特别工作组（Canadian Task Force on the Periodic Health Examination，CTFPHE）首次对研究证据进行分级并给出推荐意见。此后，多个机构和组织对证据的分级和推荐强度进行了规范，但方法各异，标准不一，较有代表性的证据分级标准见表 7-1。

表7-1　11个证据分级一览表

时间	国别	制订者	分级	特点	用途
1979	加拿大	CTFPHE	三级	第一次基于试验设计对研究证据分级	预防体检
1986	加拿大	David Sackett	五级	考虑证据质量	临床用药
1992	美国	AHCPR	四级	纳入 Meta 分析	临床指南
1996	英国	NEEBGDP	三级	纳入系统评价	临床指南
2001	英国	SIGN	八级	同时将系统评价、Meta 分析与 RCT 作为最高证据	临床指南
2001	美国	SUNY Downstate Medical Center	九级	纳入动物实验和体外研究	临床指南
2001	英国	CEBM	五级	引入分类概念	卫生保健
2004	国际	GRADE	四级	考虑研究的设计、质量、结果一致性和证据的直接性	卫生保健
2004	中国	CEBMC	五级	非医药领域分级	科学研究
2005	美国	Aragon	四级	针对动物研究分级	基础研究
2006	中国	CEBMC	五级	决策与管理领域分级	政府决策

* CTFPHE：加拿大定期体检特别工作组；AHCPR：美国卫生保健政策研究所；NEEBGDP：英格兰北部循证指南制定项目；SIGN：苏格兰院际指南网络；CEBM：牛津大学循证医学中心；GRADE：国际推荐分级评价、制定与评估工作组；CEBMC：中国循证医学中心

这些分级系统方法不一、标准不同。其中，以 GRADE 系统使用最为广泛，目前使用该系统的包括世界卫生组织、美国内科医师协会、美国胸科协会、UpToDate、BMJ Best Practice、

Cochrane 协作网等多家机构。相比于其他分级系统，GRADE 更适合于临床决策，它具有以下优势：①由一个具有广泛代表性的国际指南制定小组制订；②明确界定了证据质量和推荐强度；③清楚评价了不同治疗方案的重要结局；④对不同级别证据的升级与降级有明确、综合的标准；⑤从证据到推荐全过程透明；⑥明确承认价值观和意愿；⑦就推荐意见的强弱，分别从临床医生、患者、政策制订者角度做了明确实用的诠释；⑧适用于制作系统评价、卫生技术评估及指南。

五、循证医学证据检索的特点

循证医学的产生和发展得益于临床研究数量增加、质量提高以及信息加工传播技术的不断发展。循证医学强调基于问题的研究，依靠当前可得最佳临床研究证据结合临床医师经验和患者期望进行决策和实践。因此，系统、全面、准确地获得最佳证据是循证医学研究和实践的基础。面对海量质量参差不齐的原始文献、层出不穷的各种数据库，要系统、全面、准确地检索临床证据，就要掌握循证医学证据检索的方法和技巧，选择合适的循证医学资源、制订最佳检索策略，及时评价检索效果并加以改进。与传统的文献检索相比，循证医学证据检索既有相似之处，又在信息来源、检索范围、检索方式、数据库选择、检索策略的制订和检索结果的关注等方面存在着一定的差异（表 7-2）。

表7-2 循证医学证据检索与传统文献检索的比较

	循证医学证据检索	传统文献检索
信息来源	注重多渠道检索，强调全面检索各种数据库、检索工具书、相关期刊以及正在发表和未发表的临床研究文献	较少检索正在进行和未发表的临床研究文献
检索范围	强调获得当前可得的全部相关文献（多国别、多语种文献）	对检索范围和查全率没有严格要求
检索方式	以机检为主，辅以手工检索、参考文献追查、灰色文献搜集	缺乏对参考文献的追查以及灰色文献的搜集
数据库选择	选择临床证据数据库、临床实践指南数据库和书目型数据库	无严格要求，一般以书目型数据库为主，辅以全文数据库
检索策略的制订	严谨	无严格要求
对检索结果的关注	关注临床证据级别、尤其重视系统评价和随机对照试验方面的研究结果，重视对文献真实性、方法学和负结果的评价	较多关注述评文献或综述文献，未充分重视研究类文献真实性、方法学的评价

实际上，循证医学证据的检索因检索目的不同，在检索过程中侧重点也稍有不同。在以应用循证医学证据解决临床问题为目的的检索中，可按照 Haynes 提出的“6S”模型，在选择检索资源时，按照证据分级由高到低的顺序逐步进行，以确保临床医师能够高效检索到高质量的证据。在此实践过程中，并不需要每个级别的证据全部检索，而是按照顺序逐步检索。如果检索到高级别的证据，检索即结束；否则，继续向下进行检索，直到检索出相关证据为止。但如果是以制作循证医学证据为目的的检索，那么在检索过程中更强调检索的系统、全面、无偏倚，这一点是有别于以应用证据为目的而进行检索的关键环节。制作系统评价应尽可能提高检索的查全率，不必过分强调检索的精确性，因此，在数据库资源的选择、检索词的使用、检索式的构建方面均应尽量考虑周全，保障查全率。

第二节　循证医学证据检索的来源

案例 7–1

近年来，我国痛风的发病率逐年上升，医学界将高尿酸血症这一痛风的“罪魁祸首”称之为继高血压、高血糖、高血脂之后的“第四高”。痛风会反复发作，为了控制痛风复发，医生通常给患者使用秋水仙碱、非甾体类抗炎药、糖皮质激素等进行降酸治疗，但这类药物具有较大副作用，长期服用伤肝、伤肾。

尿酸钠诱导关节组织内巨噬细胞分泌产生白细胞介素（IL-1），诱导其他巨噬细胞释放 TNF-α、IL-6 等炎性介质，使中性粒细胞进行关节等尿酸盐沉积。因此，IL-1 抑制剂和受体拮抗剂可缓解疼痛，成为了一类新型的抗痛风药物，目前主要有阿那白滞素（anakinra）、卡纳单抗 / 卡那单抗 / 卡那津单抗（canakinumab）、利洛纳塞 / 利纳西普（rilonacept）等药物。现有患者向李医生咨询，这一类型新型药物与传统抗痛风药物相比哪个疗效更好，使用更安全？

这是李医生遇到的一个临床问题，要回答患者的问题，我们可以按照循证医学的思路，检索最佳证据给予解答。在检索前，首先按照本章第一节所述的 PICO 模式对该临床问题进行转化和分解：

P：Patient or Population（患者或人群），为问题的对象。

本案例中问题的对象为痛风患者。

I：Intervention（干预措施），例如诊断方法、治疗方法等。

本案例的干预措施为 IL-1 抑制剂和受体拮抗剂。

C：Comparison（比较因素），与所采取的干预措施相对照的因素。

本案例比较因素为传统抗痛风药物。

O：Outcome（结果），是干预措施的诊疗效果。

本案例的结果为采用 IL-1 抑制剂和受体拮抗剂治疗痛风的疗效及安全性。

按 PICO 模式进行分解是为了理清临床问题的各项要素，便于检索中可以把握重点。在实际检索中，能同时满足 PICO 四项元素的证据不多，所以在实际检索中，检索的着眼点往往会聚焦于 P 和 I 两项要素。

案例 7-1 解析

如何开展对相关各类型证据的检索是本节论述的重点。当前，因特网上与循证医学有关的网站已经超过一百万个，有关循证医学的信息分散在各个 EBM 网站、数据库及期刊中，而这些循证医学资源在收录的证据类型、检索功能上各有特点。下面结合上述案例，以 6S 模型检索思路为例，分别介绍结构性摘要类、实践指南类、系统评价与荟萃分析以及原始研究等不同类型证据的检索。

一、结构性摘要类证据

（一）选用的资源

1．BMJ Best Practice（http：//bestpractice.bmj.com） 由著名的 BMJ（British Medical Journal）出版集团出版，2009 年推出，是 BMJ 循证医学数据库 Clinical Evidence 的升级版。它不仅完全整合了 Clinical Evidence 中的临床治疗证据；还增添了由全球知名权威学者和临床

专家执笔撰写的，以个体疾病为单位，涵盖基础、预防、诊断、治疗和随访等各个关键环节的内容，尤其收录上千种的临床疾病和上万种的诊断方法，以及三千多项诊断性检测和 6 800 多篇国际指南，均有比较高的参考价值。此外，Best Practice 还嵌入了国际公认的药物处方指南及患者教育内容以及大量的病症彩色图像和证据表格等资料，每日更新。2016 年与中华医学会联合主导的 BMJ Best Practice 汉化项目全面完成，从此国内用户不受语种影响，使用更方便。用户只有订购才能使用该资源。

BMJ Best Practice 以疾病为主题，系统地介绍了疾病的概况、预防、治疗干预手段、随访、指南等，并提供证据的 GRADE 分级，此外，它还具有以下特点：

（1）以患者为中心，专著于临床实践。

（2）所有主题使用新型标准化导航结构，起始于小结、定义、病原学和流行病学，随以诊断步骤、诊断方法、治疗方案、药品信息、指南、证据，以患者随访建议收尾。

（3）多个药物库链接提供快速处方指导。

（4）个性化账户使得用户可以保存搜索内容，并添加笔记和书签。

（5）机构用户可以上传本地指南、患者教育材料并可进行笔记和链接分享。

2．ClinicalKey（https：//www.clinicalkey.com） 由世界著名的医学出版商 Elsevier 出版，它把从世界上最重要的医学期刊、医学教科书、医学会议中收集的最新信息进行整合，旨在为用户提供全面、权威、及时的参考指南，使之始终保持处于医学领域的最前沿。ClinicalKey 平台综合了多个数据库，包括 Journals Consult、MD Consult、First Consult、Imaging Consult、Expert Consult、Clinical Pharmacology、Procedures Consult 在内的爱思唯尔医学数据库及第三方如美国国立卫生研究院（National Institute of Health，NIH）的内容。其中的 First Consult 实际上是在线专家诊疗系统，能为医生及医学生提供患者评估、诊断、治疗、管理和预防等方面持续更新的循证医学指导，共有 850 多个以疾病为主题的循证专论。

3．UpToDate（https：//www.uptodate.com/home） 是基于循证医学原则的临床决策支持系统，帮助全世界的医生在诊疗时做出正确的决策。它基于循证医学原则、持续不断地将现有的医学证据、世界专家的临床经验相结合，经过多层多轮的筛选、消化、吸收，提供给用户。UpToDate 还在综合性地整合研究证据的基础上，根据循证医学的 GRADE 原则给出了分级诊疗推荐意见，并且这些意见都能够运用于临床实践。覆盖常见的 25 个临床专科，涵盖了诊疗全流程和生命全周期的绝大多数疾病及其相关问题。UpToDate 的中文产品——UpToDate 临床顾问，不仅在内容上与 UpToDate 保持一致，还将国内药物专论数据库整合至专题中，帮助中国医生了解实用临床用药信息，促进国内合理用药与合理医疗。

4．ACP Journal Club（http：//www.acpjc.org/） 由 American College of Physicians（ACP）和 American Society of Internal Medicine（ASIM）于 1991 年创办，2008 年改为月刊。它按照循证医学要求从 100 多种生物医学期刊中挑选出高质量的原始研究论文和系统评价，以结构性摘要进行总结，并由临床专家评估文献的临床应用价值。对于每篇文献，均按照 McMaster 在线证据分级系统（McMaster Online Rating of Evidence System，MORE）进行评分，给出星级评价，帮助用户快速、有效挑选高质量文献。用户需付费阅读文献全文。

5．Bandolier（http：//www.bandolier.org.uk/） 由英国牛津大学于 1994 年创办，1995 年开始在网络上运行，月刊，可免费获取全文，2007 年印刷版暂停出版，2010 年在线出版了新的资料，但随后再没有出版。Bandolier 使用循证医学技术，收集包括以临床研究为基础制作的系统评价以及从二级研究杂志中选择的信息等。Bandolier 收集内容广泛，除治疗外还包括诊断性试验信息。该网站的文献资源来源于 York 疗效分析公报，以及近年来 PubMed 或 Cochrance Library 收录的系统评价、Meta 分析、随机对照试验、高质量的病例对照、队列研究等文献。Bandolier 对有关循证临床实践单篇文章均进行了简要评估。

（二）检索技巧

BMJ Best Practice 的主页上可直接输入疾病或者症状进行检索。如在输入痛风"Gout"的过程中，系统会提供 Suggested topics 的索引表，用户可在索引表中选择所需的疾病，直接进入该疾病的单元页面；如不在索引表中选择，系统返回所有与痛风相关的疾病，如"Calcium pyrophosphate deposition"（焦磷酸钙沉积病）、"Tenosynovitis of the hand and wrist"（手部和腕部的腱鞘炎）等。除了直接检索外，用户还可通过"Specialties"菜单点击进入疾病分类，按照疾病的种类进行浏览。选择某一疾病分类后，该分类下疾病按照字顺进行排列。每个疾病单元均提供疾病的定义、流行病学、病因学、诊断、治疗、预后、随访等多方面信息，还提供指南、图片、视频、患者手册等多种资源。为方便用户线下阅读，每个疾病单元均提供 PDF 文档下载。BMJ Best Practice 中虽然找到了痛风的疾病单元，但未涉及 IL-1 抑制剂和受体拮抗剂治疗痛风的内容，所以可继续到其他结构性摘要类数据库查找。

UpToDate 使用简单，用户可以通过专题分类浏览疾病，如案例中的痛风就是在专题分类 Rheumatology 类别 Crystal diseases 分类下面。更方便快捷的是在检索框中直接输入疾病名称来查找相关疾病专题。如输入"gout"，可查找到有关成人、儿童、患者、图表等所有与痛风有关的专题。与 BMJ Best Practice 不同，UpToDate 的疾病并未整合成一个单元，例如急性痛风的治疗、临床表现和诊断分别来自两个不同的专题。UpToDate 每个专题均提供了中英文版本，以便用户阅读。中文版的翻译和译审均来自国内著名医院，保证了翻译的专业性。关于本节案例，UpToDate 的"急性痛风的治疗"专题中有提及 IL-1 抑制剂和受体拮抗剂治疗痛风的内容，指出该治疗方法目前属于研究阶段，"对于其他现有治疗措施均无效且频繁复发的患者，还可以选择 IL-1 抑制剂，如阿那白滞素或卡那单抗。需要权衡这些药物对缓解症状的作用与增加严重感染风险的可能性。"

（三）需注意的问题

BMJ Best Practice、ClinicalKey、UpToDate 均是常用的结构性摘要类证据资源，三者都收集、整合了疾病的多方面信息，内容全面，更新及时，效用性和可信性较高，是临床医师了解疾病信息的重要来源。但由于每个数据库涵盖的疾病主题有限，部分疾病可能未被收录，因此，用户在其中一个数据库未查找到相关主题时，可尝试到另一个数据库中继续查找。由于数据库结构、收录内容、更新时间均存在差异，即使同一疾病被三个数据库都收录，每个数据库提供的疾病信息也有所不同，如案例中的痛风，用户可以综合考量。此外，这一类型数据库内容系统全面，更适合于循证医学中背景问题证据的查找，若临床问题属于前景问题，则不一定能在这类数据库中找到答案。

二、实践指南类证据

临床实践指南（clinical practice guidelines，CPGs）是循证医学资源的重要组成部分，是以系统评价为依据，针对特定的临床情况，系统制定出的帮助临床医师和患者做出恰当处理的指导性意见（推荐意见）。

（一）选用的资源

1．National Guideline Clearinghouse（NGC，https：//www.ngc.gov/） 由美国卫生健康研究与质量机构（Agency for Healthcare Research and Quality，AHRQ）、美国医学会（American Medical Association，AMA）和美国健康计划协会（American Association of Health Plans，AAHP）联合建立的循证医学临床实践指南数据库，收录了来自全世界 300 多个指南制定机构提供的上千个覆盖多种病症的预防、诊断、治疗和预后等临床操作指南的结构性摘要，用户可免费检索，并可通过链接读取全文。

2．Canadian Medical Association Clinical Practice Guidelines（http：//www.cma.ca/cpgs）

由加拿大医学会（Canadian Medical Association，CMA）开发，收录了来自加拿大各地和各机构团体提供的临床实践指南，提供关键词检索、高级检索和浏览检索等途径，用户可免费检索全文。

（二）检索技巧

由于各实践指南网站的检索功能比较相似，下面仅以 NGC 检索作简单介绍。NGC 提供检索、浏览和比较等查询功能。

1．Search（检索功能） NGC 的检索支持输入单个单词、词组（加引号）以及由布尔逻辑运算符构建的检索式；支持使用“*”进行截词检索。输入关键词后，系统返回相关检索结果，用户可对检索结果进一步限定，如出版时间、适用患者的年龄和性别、临床专业、出版时间、指南类别、机构类别、方法学（包括分析证据的方法、评价证据质量和强度的方法等）等。检索结果可按照相关度或出版时间进行排序。

2．Browse（浏览功能） 用户可按照临床专业、指南制定机构、主题词等途径进行浏览。每种途径中的指南都有特定的排列方式。其中，主题词浏览借鉴了美国国立医学图书馆的医学主题词表的等级分类体系，所有指南按照主题词划分到 Disease/Condition、Treatment/Intervention、Health Services Administration 三大类别中。所有疾病名称借鉴树形结构表的等级排列，可以进行上、下位类的扩展，每个主题词后对应于指南的数量。

3．Compare Guidelines（比较功能） 是 NGC 最有特色的功能，允许用户对来自不同国家和地区的同类主题指南进行联机比较，通过深入地分析观察全球指南发展的共性与区别点，方便临床决策时进行有效的评价、选择和使用。要比较指南，首先选择需要比较的指南，用户通过 Search 或 Browse 功能检索出相关指南后，只要在指南列表中勾选“Compare”；然后确认指南比较的内容，用户可以在 Recommendations、Methodology、Scope、Identifying Information 中选择一项或多项进行比较，选择以后再确认生成的文档格式即可。文档格式可以是在线浏览的网页格式，也可以是表格样式和 PDF 文档。

此外，NGC 还对某些特定主题的指南进行了比较，生成综合的指南报告（Guideline Syntheses），便于用户直接阅读和参考。生成的报告包括 Guidelines Being Compared、Areas of Agreement and Difference、Comparison of Recommendations、Strength of Evidence and Recommendation Grading Schemes、Methodology、Benefits and Harms、Contraindications、Abbreviations、Status 等内容。

要检索案例中有关痛风的实践指南，可以直接输入疾病名称“gout”进行检索，还可以在检索后把不同国家和地区制定的指南进行比较。

（三）需注意的问题

当前检索实践指南的网站较多，但由于指南的制定情况各有不同，如有基于专家共识的指南，也有基于证据的循证临床实践指南，因此，用户在检索指南后，应注意对指南进行评价。此外，还可注意检索附有指南评价的网站，如英国国家临床示范研究所建立的 National Institute for Health and Clinical Excellence（NICE，http：//www.nice.org.uk）、苏格兰院际指南网络 Scottish Intercollegiate Guidelines Network（SIGN，http：//sign.ac.uk/our-guidelines.html）。

三、系统评价与荟萃分析类证据

临床研究多数规模较小，纳入研究对象数量有限，针对同一种疾病的同一或同类干预措施文献资料的数量有时较多，质量良莠不齐，结论也不尽一致。系统评价和荟萃分析正是基于临床原始研究基础而形成的二次研究证据。

系统评价（systematic review）是根据特定人群、针对某一具体临床问题（如临床、卫生决策、基础医学、医学教育等）、系统全面地收集全世界已发表或未发表的临床研究，采用临床流行病学严格评价文献的原则和方法，筛选出符合质量标准的文献，进行定性或定量合成，得到可靠的结论，用于指导临床决策。系统评价可以是定性的，也可以是定量的，其中定量的系统评价包含了 Meta 分析过程。

荟萃分析（Meta-Analysis）是 1976 年由心理学家 Glass 首次提出的。其定义目前存在一定的分歧。Huque 及多数专家认为"Meta 分析是一种统计分析方法，它就多个独立的、可以合成的临床研究综合起来进行定量分析"。该定义中 Meta 分析仅为一种统计分析方法，但是如果没有明确、科学的方法收集、选择、评价临床研究资料，仅仅采用统计方法将多个临床研究进行合成并不能保证结论的真实性和可靠性。目前，常提到的荟萃分析、Meta 分析，更多时候指的是定量的系统评价。

由于系统评价与荟萃分析均属于二次临床研究证据，制作时均采用科学的标准对原始研究进行了评估，因此，阅读时避免了对原始证据评价。但要注意的是，系统评价与荟萃分析的质量受原始文献的质量、系统评价的方法及评价者本人的认识水平和观点的制约，因此，在阅读时也应持有谨慎的态度。

（一）选用的资源

1. Cochrane Library（http：//www.cochranelibrary.com/） 是 Cochrane 协作网（Cochrane Collaboration，http：//www.cochrane.org）的主要产品，它将医疗保健干预的有效性研究汇集一处，提供了有关最新医疗方法的最客观信息，是循证医学的金标准，是获取循证医学证据的重要检索系统。由于其涉及的内容包括循证医学系统评价、临床试验、评价方法学研究、健康技术评估、卫生经济学评价等众多主题，并且提供的信息全面、可靠，因此，一直被广大的临床医生、科研和教学人员、患者以及医疗卫生行政决策人员广为利用。目前，网上所有用户均可免费浏览和检索其摘要，但只有付费用户才能浏览全文。Cochrane Library 主要包括六个子数据库：

（1）Cochrane 系统评价数据库（Cochrane Database of Systematic Reviews，CDSR）：该数据库收录的是由 Cochrane 协作网系统评价专业组在统一工作手册指导下完成的系统评价，可随着用户的建议、评论以及新的临床试验的出现不断补充和更新，属于二次研究证据，包括系统评价全文（Completed Review）和研究方案（Protocols）。

（2）疗效评价摘要数据库（Database of Abstracts of Reviews of Effects，DARE）：由位于英国 York 大学的 Centre for Reviews and Dissemination（CRD）中心制作，仅提供结构性摘要。DARE 的特色在于它是唯一收录经过评选的系统性评价摘要的数据库，每篇摘要包括评价的概要及质量评语，每个概要包括评价总结以及对于整体质量的关键评论。目前共收录 19 000 多篇摘要。

（3）临床对照实验数据库（Cochrane Central Register of Controlled Trials，CENTRAL）：资料来源于各 Cochrane 中心、各系统评价专业组和其他组织等通过检索，从医学文献数据库（如 MEDLINE 和 Embase）、医学杂志、会议论文集等其他发表与未发表的资源中收集的随机对照试验和对照临床试验文献。每篇文献包括题目和来源。CENTRAL 的目的是向系统评价专业组和其他制作系统评价的研究人员提供信息。

（4）Cochrane 方法综述数据库（The Cochrane Methodology Register，CMR）：该数据库收录了对照试验方法、系统评价研究方法，以及更普遍的、适用于准备系统评价的研究者的方法研究，包括期刊论文、图书、会议文集、会议摘要及正在进行的方法学研究报告。

（5）卫生技术评估数据库（Health Technology Assessment Database，HTA）：收录了全球范围已完成的和正在进行的卫生技术评估。收录的卫生技术评估多为有关卫生保健干预的医学、社会学、伦理学和经济学意义的研究，包括如疾病的预防、筛查、诊断、治疗和康复的药物、疫苗、器械设备、医疗方案、手术程序、后勤支持系统和行政管理组织等具体内容。

（6）英国国家卫生服务系统经济评价数据库（NHS Economic Evaluation Database，NHSEED）：收录了来自世界各地的经济评价文献摘要，提供关于卫生保健干预措施的成本效益分析，由位于英国 York 大学的 CRD 中心制作。

2．PubMed Clinical Queries 是根据系统预先设计好的检索策略而建立的嵌入式过滤器，是专门为工作繁忙的临床医师设计的一种快速、方便的检索服务。它主要包括三方面的内容，分别为“Clinical Study Categories”“Systematic Reviews”以及“Medical Genetics”。其中的“Systematic Reviews”，用户通过系统预先设定好的检索式，可快速查找 Systematic Reviews、Meta-analysis、Reviews of Clinical Trials、Evidence Based Medicine、Consensus Development Conferences、Guidelines 等类型的文献。

另外，用户利用 PubMed、Embase 以及 CBM 数据库，均可在检索过程中通过把文献类型限定为 Systematic Reviews、Meta-Analysis 实现对该类型证据的查找。

（二）检索技巧

用户在 Cochrane Library 主页查找系统评价，除了可以输入特定检索词进行检索外，还可以分别按照主题和评价小组进行浏览查找。在检索结果页面，点击想要查看的系统评价标题，可链接到系统评价或研究方案的摘要，订购用户可查看全文。

Cochrane Library 的主题检索途径有高级检索和基本检索两种。高级检索页面共有四种检索模式的选择，分别为 Search、Search Manager、Medical Terms（MeSH）以及 Browse。高级检索支持截词符 *、位置算符、短语检索双引号“”以及逻辑运算符 AND、OR、NOT 的使用。基本检索功能较为简单，用户从下拉菜单选择所需字段，输入检索词或检索式，并可通过检索框下方的 Search limits 对来源数据库、出版时间等进行限定。如果检索式还需要与后面的检索式进行逻辑组配，可以点击 Add to Search Manager 发送到 Search Manager 留待稍后与其他检索式组配。Search Manager（图 7-2）要求用户按照检索规则，自己构建检索式。Search Manager 中的检索式均可使用序号进行逻辑组配，适用于较复杂的检索。如需使用 Search limits 功能，可点击检索框后的 图标。

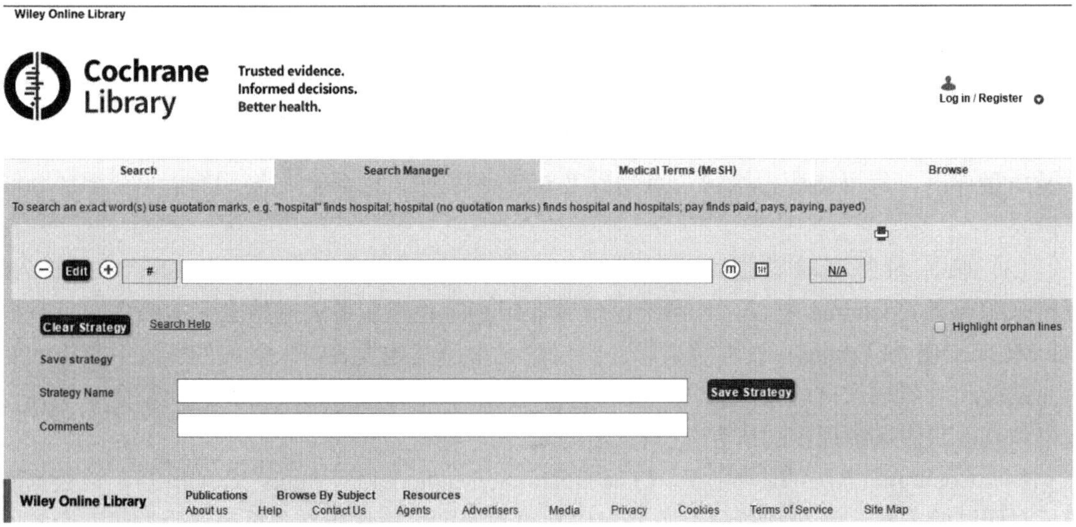

图 7-2 Cochrane Library 中 Search Manager 检索模式

回顾本节案例，由于检索词较多，检索较为复杂，为提高查全率，检索中可使用自由词与主题词联合检索。联合检索需要对检索式进行逻辑组配，所以采用高级检索中 Search 和 Medical Terms（MeSH）检索时要注意把检索式发送到 Search Manager，以便后面检索式的组配（图 7-3）。

自由词的检索，用户使用 Search、Search Manager 两种检索模式均可，不同的是前者可以通过下拉菜单直接限定字段，后者需要用户根据一定的检索规则构建检索式。如检索痛风的文献，除了痛风 gout 作为检索词外，也要把痛风的相关词如尿酸盐沉积（monosodium urate deposition）、高尿酸血症（hyperuricemia）等进行检索。选择 Search 检索模式，限定字段 Titile、Abstract、Keywords，直接输入检索式 gout* OR monosodium urate deposition OR hyperuricemia，检索后点击检索框附近的 Add to Search Manager 发送到 Search Manager，完成有关痛风的自由词检索。

进入 Cochrane Library 主题词检索有两种途径，一是通过切换到高级检索的 Medical Terms（MeSH）页面直接检索；二是通过高级检索 Search Manager 检索提问框后的“M”图标进入。本案例有关痛风（gout）文献的主题词检索，可先在检索提问框输入检索词 gout 点击 Lookup，由于痛风在数据库中可直接匹配对应的主题词，系统自动跳转到 Select subheadings/qualifiers 确定副主题词这一步。如果未能匹配成功，数据库会提供 Thesaurus matches 的相关主题词供用户选择。确定主题词后，下一步就是在 Select subheadings/qualifiers 检索提问框选择需要匹配的副主题词，如本案例可选择药物治疗作为副主题词，如对副主题词不确定也可不限定，点击 Lookup，系统会显示每个子数据库的检索结果数。点击 View Results 可浏览结果。如果该检索式需与其他检索式组配，可点击 Add to Search Manager 把检索式发送到 Search Manager。

用户在完成痛风的自由词检索和主题词检索后，进入 Search Manager，把这两个检索式所对应的序号用 OR 组配，即完成有关痛风的自由词与主题词联合检索。按照以上步骤完成了案例按照 PICO 模式分解后 P（Patient or Population）部分的检索，可以按照这个思路完成 I（Intervention）部分的检索，即 IL-1 抑制剂和受体拮抗剂的检索。这部分的检索要注意 IL-1 各种不同的表达形式，而且属于这个类别的的具体药物也要作为检索词使用，如 anakinra、canakinumab、rilonacept。完成这部分检索后，只要在 Search Manager 按照 P AND I 的检索思路，把相关检索式进行组配即可。在 Cochrane Library 可以检索到与案例相关的系统评价。

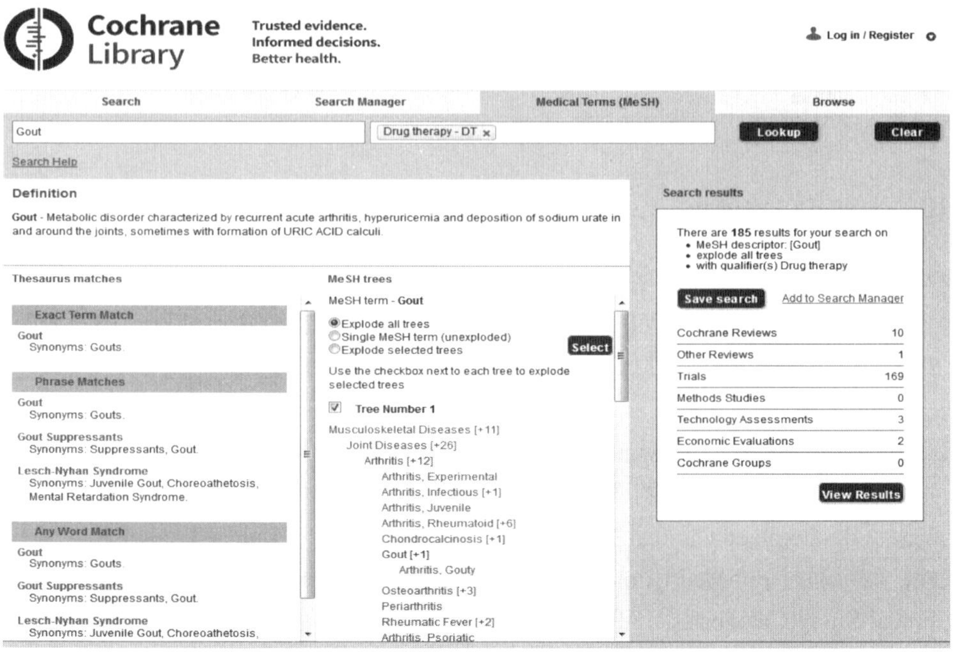

图 7-3　在 Cochrane Library 使用 Medical Terms（MeSH）检索痛风药物治疗的文献

在 Cochrane Library 检索结果界面，用户可通过识别一些检出的系统评价标题后的图标了解其包含的内容信息。如 Review 代表的是系统评价，包含完整的结果和讨论、资料分析和相关的图表；Protocol 代表的是研究方案，指制作系统评价时的准备大纲，包括背景、原理说明和方法等；Comment 代表的是带有评论或批评的系统评价；New 代表最新一季版本收录的系统评价或研究方案；Update 代表最新一季的版本做过更新；Withdrawn 代表该系统评价或研究方案被撤销，其撤销的原因会在该篇文章中有详细说明。

（三）需注意的问题

在 Cochrane Library 检索提问框中输入检索词后，系统会自动查找不同的词形变化，包括由于词性所引起的变化、英美不同拼写、单复数变化、不规则动词变化等，如不需此功能，可通过加上双引号“”进行功能屏蔽。由于双引号“”同时可用作短语检索，所以在进行短语检索时，若希望系统能自动匹配查找不同的词形变化，可点击 Search Manager 检索提问框后的图标，把“Word variations will not be searched”的选项取消。

利用高级检索中的 Search Manager，用户若要进行限定字段检索，可按照以下语法操作 search term：search field。如要在标题、摘要、关键词字段查找有关痛风（gout）的文献，检索式为 gout：ti，ab，kw。若未对检索字段进行限定，系统会在参考文献以外的所有文本字段进行检索。常用字段可参见表 7-3。

表7-3 Cochrane Library常用检索字段一览表

字段名称	字段缩写	字段描述
Title	Ti	文献标题
Abstract	Ab	文献摘要
Keywords	Kw	关键词
Author	Au	作者
Publication Type	Pt	出版物类型，注意此字段仅用于 CENTRAL 数据库
Source	So	来源，包括刊名、会议名称、报告名称等
Tables	Tb	表格说明
Digital Object Identifier	Doi	数字对象标识符

四、原始研究类证据

按照 6S 模型的检索思路，在前面 5 类资源中都检索不到证据，最后才是原始研究类证据的检索。由于原始研究类证据数量较大，质量参差不齐，所以临床医师在利用原始研究时，需要自己对研究结果的真实性、临床重要性和适用性进行评估后方可应用。

（一）选用的资源

1．PubMed（https：//www.ncbi.nlm.nih.gov/pubmed/） 用户在主页检索提问框输入检索词或检索式后，可通过检索结果页面左侧的 Filters 把文献类型（Article Types）限定在随机对照临床试验（Randomized Clinical Trial，RCT）或临床试验（Clinical Trial）。

此外，也可通过 PubMed Clinical Queries 中“Clinical Study Categories”检索原始研究类证据。“Clinical Study Categories”可用于查找某一疾病的 Therapy（治疗）、Diagnosis（诊断）、Etiology（病因学）、Prognosis（预后）、Clinical prediction guides（临床实践指南）等与临床密切相关的文献。检索中还可根据检索需要，选择检索范围 broad（侧重于查全，但文献专指性

不强）或 narrow（侧重于查准，但查全率较低）。

另外，PubMed Topic-Specific Queries 中的一些工具也可用于查找循证医学证据，如 Comparative Effectiveness Research。Comparative Effectiveness Research 可用于检索有关效用比较的临床研究文献。页面上提供了三个检索提问框分别用于查找 PubMed 已发表的文献、HSRProj 上正在进行的研究以及 ClinicalTrials.gov 的相关文献。其中 PubMed 的检索提问框下方，用户可把文献类型限定为：Randomized Controlled Trials、Observational Studies（Cohort，Administrative data，Registries，and Electronic health records）以及 Systematic Reviews、Simulations、Models。检索的主题也可分别在 Health Disparities、Costs and Cost Analysis、Comparative Effectiveness Research as Subject 进行限制。

2．Embase　它是全球最大、最具权威性的生物医学与药理学文摘型数据库，覆盖各种疾病和药物信息，尤其涵盖了大量欧洲和亚洲医学刊物。由于其收录的独家期刊并未收录在 PubMed 中，所以与 PubMed 形成了有效互补。

Embase 独有 Emtree 主题词表，覆盖了所有 MeSH 术语。此外，在高级检索的高级限定功能中提供了针对循证医学的限定，可把文献类型限定为 Cochrane Review、Cochrane Clinical Trial、Meta-Analysis、Randomized Clinical Trial、Systematic Review。

3．Cochrane 临床对照试验数据库（Cochrane Central Register of Controlled Trials，CENTRAL）为 Cochrane Library 数据库的一个子库，收录了由文献数据库和其他出版来源所出版的随机对照试验和对照临床试验文献，每篇文献包括题目和来源，某些部分还包含摘要。

4．中国生物医学文献数据库（CBM）　为中国医学科学院医学信息研究所开发研制的中国生物医学文献服务系统（SinoMed）中的一个子库，是查找国内生物医学领域文献信息的重要文摘型数据库。该数据库采用《中国图书分类法》《医学主题词表》《中医药学主题词表》对收录的文献进行分类、主题词标引，提供分类号、医学主题词检索。检索中可把文献类型限定为随机对照试验、临床试验、多中心研究等。

（二）检索技巧

有关以上 PubMed、Embase 和 CBM 的详细使用，可参见第三章相关内容；有关 CENTRAL 的使用可参见本节第三部分系统评价与荟萃分析类证据的检索。下面结合本节案例，简述如何在上述数据库检索原始研究类证据。

1．确定检索词　对案例进行分析，确定在证据检索时用到的检索词：痛风（gout，gouty）、白细胞介素 -1 抑制剂和受体拮抗剂（Interleukin-1 antagonists；Interleukin-1 inhibitors）、以及各种白细胞介素 -1 抑制剂和受体拮抗剂的药物，如阿那白滞素（anakinra）、卡纳单抗 / 卡那单抗 / 卡那津单抗（canakinumab）、利洛纳塞 / 利纳西普（rilonacept）。痛风还可以补充一些相关检索词，如单钠尿酸盐沉积（monosodium urate deposition）、高尿酸血症（hyperuricemia），另外，要注意白细胞介素 -1 的多种表达。

2．构建检索式　一般重点检索 PICO 模型中的 P 和 I。针对案例构建的外文检索式（gout* OR monosodium urate deposition OR hyperuricemia）AND（（interleukin-1 OR il-1 OR il1）AND（inhibitor* OR antagonist*）OR anakinra OR canakinumab OR rilonacept），检索过程中根据数据库检索特点，可对检索式稍作调整，如在支持主题词检索的数据库，补充主题词检索。中文检索式（痛风 OR 单钠尿酸盐沉积 OR 高尿酸血症）AND（（（白细胞介素 -1 OR 白介素 -1 OR il-1 OR interleukin-1 OR il1）AND（拮抗剂 OR 抑制剂））OR 阿那白滞素 OR anakinra OR 卡纳单抗 OR 卡那单抗 OR 卡那津单抗 OR canakinumab OR 利洛纳塞 OR 利纳西普 OR rilonacept）。在构建中文检索式时，为提高查全率，可把药物的中英文名称均进行检索。

3．检索相关数据库　首先使用 PubMed Clinical Queries 进行检索，由于本节案例是有关疾病的治疗，所以 Category 选择 Therapy，检索范围分别选择 Broad 和 Narrow 时，获得的文献量会有不同。同时也可通过 Comparative Effectiveness Research 的检索，查找 HSRProj 和 ClinicalTrials.gov 上的相关研究。

由于 Embase 中有多种独家期刊是未被 PubMed 收录的，所以要全面搜集原始研究类证据，Embase 是必不可少的。Embase 中的基本检索和高级检索均支持布尔逻辑检索、截词检索、词组检索、邻近算符检索及字段限定检索。所以只需把构建好的检索式直接输入即可。同样，CENTRAL 的高级检索与 CBM 均支持布尔逻辑检索，直接输入检索式即可检索相关证据。在检索 CBM 的时候，可通过限定功能把文献类型限定为随机对照试验、临床试验、多中心研究等。

（三）需注意的问题

循证医学中的最佳证据是基于尽可能全面搜集当前可得到的全部相关文献基础上进行评估、筛选而获得，因此，在检索中应尽可能提高查全率，检索词的同义词、缩写、主题词以及近义词等应尽可能考虑。在检索 Embase 数据库时，当直接输入多个单词时，系统默认的是逻辑与的关系。若输入的为词组，需注意加上引号，否则，在系统自动扩展检索时（即检索词自动转化为主题词及主题词的下位词进行检索），会以单个单词与 Emtree 主题词表进行匹配，影响了查准率。而在检索 CBM 数据库时，可分步检索，充分利用系统基本检索中的智能检索功能。

实际上，本节案例在 UptoDate 可检索到相关信息，在 Cochrane Library 也检索到相关的系统评价，按照 6S 模型的检索思路是不需要检索原始类研究证据的。一般检索临床证据解决临床问题，较少采用原始类研究证据，因为证据级别较低，且质量良莠不齐。更多的时候是需要制作系统评价，才会重点检索原始类研究证据。

临床证据资源多样，即使按照 6S 模型进行检索，每一类型的资源也不少，于是有人提出临床证据的一站式检索工具。元搜索引擎可以说是其中的一种，它以一个统一的检索界面，通过为用户同时检索多种网络资源，免去了用户登录多个网络资源的麻烦，能在一定程度上满足用户方便、快捷获得多种网络资源信息的需求。其中 TRIP database 和 SUMSearch 是其中使用较为广泛的两个。

1．TRIP database（http：//www.tripdatabase. com） 1997 年开发的一站式循证医学搜索引擎。主要收录了 75 个以上高质量的医学信息资源，包括 Cochrane Library 系统评价数据库（CDSR）的摘要、疗效评价摘要数据库（DARE）、National Guideline Clearinghouse（NGC）、Bandolier、Evidence based Medicine、Patient Oriented Evidence that Matters（POEMs）以及主要的医学期刊论文，如《英国医学杂志》《美国医学会杂志》和《新英格兰医学杂志》等。在 TRIP database 网站不仅可检索到临床证据，还能检索到图片（Images）、视频（Video）、医学继续教育信息（Education）、患者信息（Patient Information）、新闻（News），并且可以把检索词发送到 PubMed Clinical Queries 以及 DynaMed 进行检索。TRIP database 最具特色的是 PICO 检索，用户输入 P 和 I 的检索词即可检索相关的证据。TRIP database 的普通检索、PICO 检索均为免费，但高级检索则需要付费用户才能使用。

2．SUMSearch（http：//sumsearch.org/） 由美国德克萨斯州卫生科学中心建立及维护，可同时检索 MEDLINE、疗效评价摘要数据库（DARE）、National Guideline Clearinghouse（NGC）等多个数据库资源的原始研究、系统评价以及实践指南。与 TRIP 相比，SUMSearch 检索比较简单，用户直接在检索框中输入检索词即可。用户也可点击 MeSH 按钮链接到 PubMed 的主题词表。注意非正式术语和缩写不能作为检索词，各检索词之间可以用 AND、OR 和 NOT 进行逻辑组配，支持“$”或“*”进行截词检索。在页面的下方可以选择 intervention、diagnosis 等进行限定；此外，还可限定检索的年龄、语种等。SUMSearch 检索结果按 Original studies、Systematic reviews 以及 Guidelines 三类显示。用户可点击检索结果页面右方的“Show evidence search details”查看 SUMSearch 在各个数据库执行的具体检索式。

元搜索引擎虽然可一站式检索多个循证医学资源，但在证据检索中，某些循证医学资源可提供比元搜索引擎更丰富的检索途径和检索功能。因此，在需要全面、系统地检索循证医学证据时，应先选择前面所述的各种类型数据库检索，辅以元搜索引擎进行补充。

（梁丽明）

小结

循证医学是遵循证据进行决策的科学。“基于问题之研究，遵循证据之决策，关注实践之后果，后效评价、止于至善”是循证医学的思想灵魂。“提出问题，搜寻证据，评价分析，决策实践，效果评价，持续改进”是循证医学的实践模式。本章详细介绍了循证医学的概念、循证医学实践的“五部曲”，并介绍了循证医学证据的分类、分级以及 Haynes 的“6S”模型；分析了循证医学证据检索与传统文献检索的区别。

由于循证医学证据可划分为不同类型，不同类型的证据级别又各不相同，因此，针对不同类型证据的获取，第二节结合具体的案例进行了网上免费或收费相关资源的内容介绍。实际上在循证医学证据的检索中，检索目的不同，检索的流程也会有所不同。如需解决临床问题而搜集证据，则按照 Haynes 的“6S”模型，应先检索 BMJ Best Practice 等这一类循证医学知识库资源，若顺利查找到所需证据，检索结束；否则需继续一级一级往下查找。若是需要制作系统评价，则检索应以原始类证据为主，检索重点应为 PubMed、Embase 和 CENTRAL 等数据库。要进行证据检索，用户应在检索前理清检索思路，确定所需的证据类型，选择合适数据库，制订检索策略，开展检索。

练习题

第 7 章练习题参考答案

1．以下两种证据检索在检索过程中有何不同？

（1）为临床决策作参考搜集循证医学证据。

（2）搜集相关临床证据以制作系统评价。

2．Cochrane Library 被誉为循证医学的金牌标准，而 Cochrane Library 有多个子数据库，其中哪些收录的系统评价？这些收录系统评价的子数据库各有什么特点？

3．请简述循证医学实践的五步曲。

第8章 网络学术文献检索

导 言

随着学术文献的开放获取，大数据技术的不断提升以及百度学术和Google Scholar等专业学术搜索引擎的发展，商业文献数据库已经不再是获取学术文献的唯一渠道，大量学术信息进入各类互联网数据平台，从而极大地改变了传统的学术信息交流方式，互联网公共领域已经成为获取学术文献的新阵地。在网络环境下，搜索引擎所扮演的角色与传统手工检索工具在印刷版时代所扮演的角色相似，二者都是对信息资源进行搜集、整理并提供查询途径。搜索引擎是目前可以有效查找网络信息资源的检索工具，主要面向网络信息资源，并通过互联网来提供服务。

第一节 使用搜索引擎检索学术文献

一、搜索引擎概述

（一）历史、现状及发展趋势

20世纪90年代初，随着网络技术的发展与因特网的出现，基于Web的网络信息资源急剧增长。为了帮助用户及时在海量信息中获取所需信息，搜索引擎应运而生，它已经成为用户获取信息不可或缺的工具。

搜索引擎的前身是1990年由蒙特利尔大学学生Alan Emtage发明的Archie。Archie的工作原理与现在的搜索引擎已经很接近，它依靠脚本程序自动搜索网上的文件，然后对有关信息进行索引，供用户以一定的表达式查询。Archie为用户查找信息提供便利，深受用户欢迎。

1994年4月，斯坦福大学两名博士生和美籍华人杨致远共同创办了超级目录索引Yahoo!，并成功地使搜索引擎的概念深入人心，从此搜索引擎进入了高速发展时期。

1994年7月，Michael Mauldin第一次使用搜索引擎的“机器人”（蜘蛛程序）建立索引库，创立了Lycos。这是一个真正意义的搜索引擎，可对结果进行相关性排名，可自动获取摘要，同时提供了前缀匹配和字符相近限制。

1995年12月，Altavista一经问世，便凭借其速度、新闻组搜索、高级搜索语法（AND、OR、NOT）等新功能迅速达到当时搜索引擎的顶峰。

1997年，斯坦福大学博士生Larry Page注册了域名google.com。

1999年Google搜索引擎问世。Google以其网页评级机制pagerank对搜索结果进行相关性排名，大大提高了用户体验。

2000 年 1 月，李彦宏、徐勇创办了“百度”，其核心技术是“超链分析技术”。超链分析就是通过分析链接网站的多少来评价被链接的网站质量，这保证了用户在百度搜索时，越受用户欢迎的内容排名越靠前。

进入 21 世纪后，搜索引擎得到迅速发展，产生了大量优秀的搜索引擎，如必应（https：//www.bing.com/）、中国搜索（http：//www.chinaso.com/）、搜搜（http：//www.soso.cn/）、搜狗（https：//www.sogou.com/）和 360 搜索（https：//www.so.com/）等。

近些年，智能搜索引擎结合了人工智能的新一代搜索引擎技术，除了能提供传统的快速检索、相关度排序等功能外，还能提供用户角色登记、用户兴趣自动识别、内容的语义理解、智能信息化过滤和推送等功能。

（二）搜索引擎及其工作原理

1．搜索引擎概念　是指根据一定的策略、运用特定的计算机程序从互联网上搜集信息，在对信息进行组织和处理后，为用户提供检索服务，将用户检索相关的信息展示给用户的系统。

实际上，搜索引擎是由搜索器、索引器、检索器和用户接口四个部分组成。搜索器的功能是在互联网中漫游，发现和搜集信息。索引器的功能是理解搜索器所搜索的信息，从中抽取出索引项，用于表示文档以及生成文档库的索引表。检索器的功能是根据用户的查询在索引库中快速检出文档，进行文档与查询的相关度评价，对将要输出的结果进行排序，并实现某种用户相关性反馈机制。用户接口的作用是输入用户查询、显示查询结果、提供用户相关性反馈机制。

2．搜索引擎的工作原理　简单来说可以分为四步：爬行、抓取存储、预处理、排名。

第一步，爬行：搜索引擎是通过一种特定规律的软件跟踪网页的链接，从一个链接爬到另外一个链接，像蜘蛛爬行一样，所以被称为“蜘蛛”。搜索引擎是被输入了一定的规则，需要遵从一些命令或文件的内容。

第二步，抓取存储：将爬行到的数据存入原始页面数据库。其中的页面数据与用户浏览器得到的 HTML 是完全一样的。搜索引擎蜘蛛在抓取页面时，做一定的重复内容检测，一旦遇到权重很低的或者复制的内容网站很可能就不再抓取。

第三步，预处理：搜索引擎将抓取回来的页面进行各种步骤的预处理。包括：提取文字、中文分词、去停止词、消除噪声（搜索引擎需要识别并消除这些噪声，如版权声明文字、导航条、广告等）、正向索引、倒排索引、链接关系计算、特殊文件处理。除了 HTML 文件外，搜索引擎通常还能抓取和索引以文字为基础的多种文件类型。目前以图片为基础的搜索有百度识图、Google 图片等。

第四步，排名：用户在搜索框输入关键词后，排名程序调用索引库数据，计算排名显示给用户。但是，由于搜索引擎的数据量庞大，虽然能达到每日都有小的更新，但是一般情况排名规则都是根据日、周、月阶段性地更新。

3．搜索引擎的分类

（1）根据搜索引擎搜集内容：主要有综合性搜索引擎、专题搜索引擎和特殊搜索引擎。综合性搜索引擎是以搜集所有类别 Web 页面为目标的搜索引擎，又称为通用型搜索引擎，如 Google、Baidu 等；专题搜索引擎是以搜集面向某一主题或领域的 Web 页面为目标的搜索引擎，如 MedicalMatrix、HON 等；特殊搜索引擎是专门用来检索某一类型信息或数据的搜索引擎，如查询人物的人物大全 - 中国知网等、查询图像的百度图片等。

（2）根据搜索引擎搜集功能：主要有全文搜索引擎（Full Text Search Engine）、目录索引类搜索引擎（Search Index/Directory）和元搜索引擎（MetaSearch Engine）。全文搜索引擎即通常所称的搜索引擎，是利用搜索器自动实现对网页的搜集，并自动生成索引库，根据相关算法实现用户检索词与索引库的相关度计算，把结果按照相关度排序返回给用户，如百度、Google等。目录索引类搜索引擎不同于通常所称的搜索引擎，它不使用蜘蛛、机器人等程序搜索网页信息，而是通过其他网站的自动提交或是人工的形式对网页进行评分、分类和整理，将相应的网页归入对应的类，供用户浏览使用。目录索引类搜索引擎严谨的信息组织方式虽然可以提高用户的查准率，但同时也降低了查全率。如 Yahoo！、DMOZ 等。元搜索引擎是将检索词提交到不同的搜索引擎，并将结果分别以不同的形式提交给用户，实现多个搜索引擎的同步检索，如 InfoSpace、Vivisimo 等。

二、使用综合性搜索引擎

案例 8-1

请在公开网络中搜索牛奶含有黄曲霉毒素的文献，并且“黄曲霉毒素”要出现在网页标题中。

案例 8-1 解析

（一）百度

1．选取理由 百度（https：//www.baidu.com/）是目前全球最大的中文搜索引擎，百度公司于 2000 年由李彦宏和徐勇创建。“百度”源于中国宋朝词人辛弃疾的诗句：“众里寻他千百度”，象征着百度对中文检索技术的执著追求。百度以其核心技术“超链分析”，即通过分析链接网站的多少来评价被链接的网站质量为基础，提供的搜索服务赢得了广大用户的喜爱。百度拥有目前全球最大的中文网页库，每天处理超过 138 个国家和地区的超过数亿次的搜索请求。在中文搜索市场，百度所占市场份额达到 78%（2011 年），遥遥领先于搜搜、谷歌中文、搜狗等中文搜索引擎。

2．功能特色 百度提供的搜索业务除了网页搜索外，还有新闻搜索、视频搜索、音乐搜索、图片搜索、百度地图、百度翻译、百度文库和百度学术等。另外，其提供的学习辅助功能有百度网盘、百度阅读和百度云等。

3．检索方法

方法①：利用百度高级检索功能。在百度搜索框中输入“高级检索”进入百度高级检索页面。百度高级检索功能可帮助轻松定义搜索关键词之间的布尔逻辑关系、精确检索、时间、语言、文档格式、关键词出现的位置及站内搜索等功能。在“搜索结果”中“包含以下全部的关键词”栏输入“牛奶”，在“包含以下完整关键词”栏输入“黄曲霉毒素”以避免搜索引擎拆分关键词，“文档格式”选择“Adobe Acrobat PDF（.pdf）”，关键词位置可选择“仅网页的标题中”。

方法②：利用百度搜索语法进行检索。利用百度高级检索功能虽比较简单，但较适合初级用户使用，且不能实现对特定关键词的出现位置进行限制。对于高级用户，可直接使用百度搜索语法进行检索，即直接在百度搜索框中输入：牛奶 intitle：“黄曲霉毒素” filetype：pdf。

4．检索技巧

技巧①：特定文档类型的搜索（filetype）。除搜索一般网页外，百度可以限定搜索特定类型文档，如 PDF、XLS、DOC、PPT 和 RTF 等。初级用户在搜索特定类型文档时习惯使用“关键词 + 文档后缀”的检索式，如搜索有关肿瘤的 ppt 时直接使用“肿瘤 ppt”，但会发现搜索结果中除了 ppt 格式的文档外，也有网页、word、pdf 等格式的文档。这是因为上述检索式的含义是在全文范围内检索包含“肿瘤”和“ppt”关键词的文档，ppt 此时变成了一个关键词而非文档格式。如果使用“肿瘤 filetype：ppt”会发现所有结果均为 ppt 格式的文档。因此，filetype 是一个非常有用的语法，其语法格式为：关键词 filetype：* 或 filetype：*（* 为文档后缀）。

技巧②：在网页标题中搜索（intitle、allintitle）。通常一篇网页的标题概括了该网页的核心主题，所以网页的核心关键词往往会出现在网页的标题之中。因此，在检索时可以限定关键词必须出现在网页的标题中，其语法格式为：intitle“牛奶”“黄曲霉毒素”或者 allintitle“牛奶”“黄曲霉毒素”，区别在于 allintitle 比 intitle 更为精确。

技巧③：在网址中搜索（inurl、allinurl）。有时网址中包含有一些我们所需的关键词，在百度和 Google 中，可直接对网址中的某个关键词或字符进行搜索。语法：inurl：关键词，如 inurl：mp3；如果是多个关键词，可使用 allinurl：关键词。如搜索教育类网站上发布的教师招聘信息，可用检索式：教师招聘 inurl：edu.cn。

技巧④：在指定网站内搜索（site）。有时并不需要在所有网页里去搜索，而只需在特定网站内进行检索。如在卫健委网站内搜索可用 site 语法，其语法格式为：site：网址，如：site：moh.gov.cn 或 site：www.moh.gov.cn，两者的区别在于前者在一级网址或二级网址内搜索，后者只在一级网址搜索。注：“site：”后不能有“http：//”前缀或“/”后缀，网站频道只局限于“频道名域名”方式，不能是“域名 / 频道名”方式。

技巧⑤：精确匹配（引号和书名号）。搜索引擎会自动对检索词进行拆分，有时并不希望拆分关键词，此时可用引号（“”）和书名号（《》）对关键词进行限制。由于引号是一种语法而不是标点符号，所以不会出现在搜索结果中。书名号（《》）是百度的特殊用法，会出现在搜索结果中，且书名号内的关键词不会被拆分。

技巧⑥：网页快照。搜索引擎的搜索器如百度的“蜘蛛”每隔一段时间会返回目标网页获取更新信息，并以快照的形式采集回来保存在搜索引擎服务器上，在搜索结果列表页提供“百度快照”或“网页快照”。当目标网页无法打开或打开较慢时，可使用网页快照功能查看搜索结果。

技巧⑦：百度学术检索。是百度旗下的提供海量中英文文献检索的免费学术资源搜索平台，于 2014 年 6 月上线。其致力于将资源检索技术和大数据挖掘分析能力贡献于学术研究，优化学术资源生态，引导学术价值创新，为国内外科研工作者提供最全面的学术资源检索和最好的科研服务。

（二）Bing

1. 选取理由　微软必应（英文名：Bing）是微软公司于 2009 年 5 月 28 日推出的，用以取代 Live Search 的全新搜索引擎。为符合中国用户使用习惯，Bing 中文品牌名为“必应”，“有求必应”的寓意。作为全球领先的搜索引擎之一，截至 2013 年 5 月，必应已成为北美地区第二大搜索引擎。这使必应成为继 Windows、Office 和 Xbox 后的微软品牌第四个重要产品线。

2. 功能特色　Bing 的搜索特点与传统搜索引擎知识单独列出一个搜索列表不同，Bing 搜索的最大特点是对返回的结果加以分类。具有如下特点：第一反应速度快；第二注重相关性和重要性；三是变化快，机动性较强；四是重视视频文字的链接描述。

3. 检索方法

方法①：进入 Bing 学术（http：//cn.bing.com/academic/？ FORM=HDRSC4）中直接输入检索式：在基本检索框中输入：title：牛奶 AND title：黄曲霉毒素，也可直接使用字段标识符，如 ti：牛奶 AND ti：黄曲霉毒素。有用的字段标识符有：au（作者）、ti（标题）、jo（期刊名称）、ke（关键词）和 url（UR）等。

方法②：进入 Bing 检索界面中直接输入检索式：输入“牛奶 and 黄曲霉毒素”，点击 search 进行检索。

4．检索技巧

技巧①：关键字功能可提供更好的搜索结果，这样就可以只查找您想要的内容。使用以下关键字有助于限定和锁定您的搜索。

contains：确保搜索结果锁定到带有指定文件类型链接的站点。若要搜索包含音频（.wma）文件链接的网站，请键入 music contains：wma。

ext：仅返回带有指定文件扩展名的网页。若要查找以 DOCX 格式创建的报告，请键入主题，然后键入 ext：docx。

filetype：仅返回以指定文件类型创建的网页。若要查找以 PDF 格式创建的报告，请键入主题，然后键入 filetype：pdf。

inanchor：或 inbody：或 intitle：这些关键字分别返回元数据包含指定术语（如站点的锚点、正文或标题）的网页。每个关键字只能指定一个术语。您可以根据需要串联多个关键字条目。

Ip：查找指定 IP 地址托管的站点。IP 地址必须由点分隔为四部分。键入 ip：关键字，后接网站的 IP 地址。键入 IP：192.168.1.1。

language：返回指定语言的网页。直接在 language：关键字之后指定语言代码。若要只查看关于黄曲霉毒素（aflatoxin）的英文网页，请键入" aflatoxin " language：en。

loc：或 location：返回来自指定国家或地区的网页。直接在 loc：关键字之后指定国家或地区代码。若要关注两种或更多语言，请使用逻辑 OR 来组织语言。若要查看来自美国或大不列颠有关黄曲霉毒素（aflatoxin）的网页，请键入 aflatoxin（loc：US OR loc：GB）。

prefer：为搜索术语或另一家运营商添加重点，以帮助锁定搜索结果。若要查找黄曲霉毒素（aflatoxin）的相关网页，但搜索内容主要限定在 Nature Medicine，请键入 aflatoxin prefer：Nature Medicine。

site：返回属于指定站点的网页。若要关注两个或更多个域，请使用逻辑 OR 来组织域。您可以使用 site：来搜索 Web 域、顶级域和深度不超过两级的目录。您也可以在站点上搜索包含指定搜索词的网页。若要查看中国知网上关于黄曲霉毒素的文献，请键入"黄曲霉毒素"（site：http：//www.cnki.net/）。

feed：为您搜索的术语在网站上查找 RSS 或 Atom 源（必应词典）。若要查找关于乳腺癌（breast cancer）的 RSS 或 Atom 源，请键入 feed：breast cancer。

hasfeed：在网站上查找包含有关搜索术语的 RSS 或 Atom 源的网页。若要查找关于 Nature Medicine 网站中包含乳腺癌（breast cancer）的 RSS 或 Atom 源的网页，请键入 site：https：//www.nature.com/nm/ hasfeed：breast cancer。

url：检查列出的域或网址是否在必应的索引内。若要验证 Nature Medicine 域是否在索引内，请键入 url：https：//www.nature.com/nm/。

技巧②：使用以下符号迅速修改您的搜索术语或搜索函数：+ 查找包含前面带 + 号的所有术语的网页。还允许您包含通常被忽略的术语。“” 在短语中查找完全匹配的字词。() 查找或排除包含一组单词的网页。AND 或 & 查找包含所有术语或短语的网页。NOT 或 – 排除包含某个术语或短语的网页。OR 或 | 查找包含某个术语或短语的网页。默认情况下，所有搜索都是 AND 搜索。您必须完全大写 NOT 和 OR 运算符。否则，必应会将他们作为非索引字而忽略，通常会发生单词和数字被忽略以加速全文搜索的情况。术语分组和布尔运算符按以下首选顺序给予支持：()、“”、NOT、–、+、AND &、OR |；由于 OR 是优先级最低的运算符，因此，在搜索中与其他运算符连用时，请为 OR 术语加上引号。

（三）Google

1．选取理由 Google（http：//www.google.com.hk）由美国 Stanford 大学计算机系的 Larry Page 和 Sergey Brine 博士创建于 1998 年 5 月，当年 9 月发布测试版，1 年后正式开始商

业运营。Google 目前被公认为是全球规模最大的搜索引擎，它提供了简单易用的免费服务，用户可以在瞬间得到相关的搜索结果。Google 是由英文单词 googol 变化而来，“googol”是美国数学家 Edward Kasner 9 岁的侄子 Milton Sirotta 发明的，指的是 10 的 100 次幂，写出的形式为数字 1 后跟 100 个零，可用来代表因特网上可以获得的海量资源。Google 公司采用这个词显示了公司想征服网上无穷无尽资料的雄心。目前，Google 拥有 56 种语言的近百亿网页，支持 40 多种语言检索，每日可为世界各地用户提供 2 亿次的检索服务。

2．功能特色

（1）将中英文检索整合于同一界面，是收集亚洲网站最多的搜索引擎。

（2）可检索可移植文档（PDF）和 PowerPoint 格式（PPT）等多种文件类型。

（3）独特的“网页快照”将用户浏览过的网页存储在服务器上，并用不同颜色突出显示检索词。此功能既能节约网页浏览时间，又可在原网页链接失效时备用，但目前在我国无法正常使用。

（4）检索响应速度快，搜索时间通常不超过 0.5 秒。

（5）特有的网页级别技术（PageRank）。能根据被其他网页链接次数的多少，计算出该网页的级别（即重要性），结合文本匹配技术，提供相关的搜索结果。

（6）收集了 4 亿多幅图像，使其成为目前因特网上较好用的图像搜索工具。

（7）“Preference”（使用偏好）可将 Interface Language（界面语言）设置为中文简体。

（8）自动进行汉字简繁体转换，可将结果中繁体中文网页翻译成简体中文网页显示。

（9）Google 除了提供网页搜索外，还提供了移动搜索、地图、图片、视频、新闻等普通搜索，同时提供博客、财经、学术、购物等专业搜索，以及 Google 文档、Google 协作平台、Google 翻译等家用和办公应用工具。

3．检索方法

方法①：利用高级检索。点击 Google 搜索框右上角的选项按钮，进入 Google 高级搜索页面。根据页面提示输入相应关键词（与百度类似），点击“高级检索按钮”进行检索。

方法②：利用 Google 搜索语法进行搜索。直接在搜索框中输入：牛奶 intitle：“黄曲霉毒素”filetype：pdf（与百度相同）。

4．检索技巧

技巧①：语法搜索。Google 与百度同样支持的语法有 filetype、intitle、allintitle、inurl、allinurl、site 等，用法一样。

技巧②：定义搜索（define）。Define 是 Google 特有的一个语法，用于搜索指定关键词的定义。用法：define：关键词。

技巧③：图片搜索。图片搜索（https：//images.google.com.hk/）用于查找与特定图片相关的各种内容。用户只需指定一张图片（通过粘贴图片网址或自行上传），即可从网络上找到其他类似或相关的图片以及相关的搜索结果。

技巧④：手气不错。输入关键词后点击 Google 搜索框下方的“手气不错”按钮，可直接进入搜索引擎认为最相关的网页。

技巧⑤：用中文搜索。用户可以在 Google 地图或街景中直接使用中文搜索外国城市街道的地图及街景。

5．百度和 Google 逻辑组配应用差别　百度和 Google 使用布尔逻辑运算存在着一些差别，用户使用时需注意区别对待，见表 8-1。

（四）使用综合搜索引擎应注意的问题

虽然网络资源是海量的，但任何一个搜索引擎的收录范围都非常有限。据统计，目前 Google 等大型搜索引擎的网页收录量也不超过网络资源总量的三分之一。因此，在使用综合搜索引擎时，应尽量多选取几个，或使用元搜索引擎进行检索从而扩大检索范围。由于搜索引擎只能对网页进行搜索，不能对网页的质量进行判断，因此，检索结果中往往存在很多重复的、无效的信息，需要用户自行选择和判断。另外，用户还可以使用搜索引擎的分类目录浏览方式为检索提供一些启示，或使用搜索引擎的帮助信息功能学习其有效检索技巧。

表8-1 布尔逻辑运算符在百度和Google中的应用对比

布尔逻辑运算	功能	百度		Google	
逻辑与	用于同时搜索两个及以上关键词	A B	直接使用空格表示AND	A B	直接使用空格表示AND
逻辑或	用于搜索至少包含一个指定关键词	A|B	"|"与A、B之间均有空格	A OR B	要求OR必须大写
逻辑非	要求搜索结果中不含特定查询词	A-B	"-"与A之间有空格；与B之间无空格	A-B	"-"与A之间有空格；与B之间无空格

三、使用专业学术搜索引擎

案例 8-2

请查找在Nature上发表的利用基因表达预测（gene expression to predict）乳腺癌（breast cancer）方面的期刊文献。

案例 8-2 解析

（一）百度学术

1．选取理由 百度学术（http：//xueshu.baidu.com/）收录了包括知网、维普、万方、Elsevier、Springer、Wiley、NCBI等120多万个国内外学术站点，索引了超过12亿学术资源页面，建设了包括学术期刊、会议论文、学位论文、专利、图书等类型在内的4亿多篇学术文献，已经成为文献覆盖量很大的学术平台，在此基础上，构建了包含400多万个中国学者主页的学者库和包含一万多中外期刊主页的期刊库。以上强大的技术和数据优势，为学术搜索服务打下了坚实的基础。

2．功能特色 百度学术目前提供以下两大类服务：即学术搜索支持用户进行文献、期刊、学者三类内容的检索，并支持高校和科研机构图书馆定制学术搜索。学术服务支持用户"订阅"感兴趣的关键词、"收藏"有价值的文献、对所研究的方向做"开题分析"、进行毕业论文"查重"、通过"单篇购买"或者"文献互助"的方式获取所需文献、在首页设置常用数据库方便直接访问。

3．检索方法

方法①：检索式。直接在搜索框中输入"gene expression predict "breast cancer" journal：(Nature)"，点击搜索按钮。

方法②：利用高级检索。点击搜索框右侧的下拉指示符，弹出百度学术"高级搜索"框。在"包含全部检索词"栏输入"gene expression predict"，在"包含精确检索词"栏输入"breast cancer "，在"出版物"栏选择"期刊"项，然后输入"Nature"，点击搜索按钮。如图8-1所示。

4．检索技巧

技巧①：关键词 / 主题检索。读者输入关键词或者主题时，搜索结果会自动综合考虑文献的权威性、相关性以及时效性。同时提供与检索词相关的多篇文献。

技巧②：标题检索。读者输入某篇文献的标题时，搜索结果能够识别出用户寻找唯一目标的需求，直接返回该文献的详情页，实现快速获取所需内容。

技巧③：DOI 检索。读者可直接输入 DOI 号，实现精准检索，直接识别目标文献。

技巧④：参考文献串检索。读者按照参考文献格式直接输入检索框，搜索结果会自动分析该格式，找到用户寻找的目标文献。

技巧⑤：高级检索。百度学术首页和检索结果页的检索框右侧均有“ ”图标，点击可直接进入高级检索界面，利用高级语法直接进行检索。

图 8-1　百度学术高级检索

高级语法说明：

包含全部检索词：仅输入词本身，无特殊语法。

包含精准检索词：使用双引号“”语法。

包含至少一个检索词：使用小括号（）语法。

不包含检索词：使用 -（）语法。

出现检索词的位置：包含文章任何位置和位于文章标题两种检索范围，默认为前者，使用 intitle（）语法。

出版物：包含期刊和会议两种出版物检索，可分别使用 journal（）和 conference：（）语法，也可统一使用 publish：（）语法。

技巧⑥：期刊检索。可以让读者了解期刊的影响因子、发文周期，查看刊载文献等信息，目前百度学术已经建设有 1 万多中外文期刊主页的期刊库。检索方法：第一种，直接输入期刊名称，即可找到期刊卡片，点击该卡片可查看更多详细内容。第二种，访问期刊库，点击百度学术首页左下角“期刊频道”进入期刊库，通过浏览或查询方式找到所需期刊。

（二）Google Scholar

1．选取理由　Google 于 2004 年 11 月推出免费学术搜索引擎 Google Scholar（http：//scholar.google.com.hk），除提供 Google 普通搜索引擎已经包含的一系列出版商和集团，如计算机协会（ACM）、IEEE、OCLC 等之外，还包括一些学术出版物、专业学会、预印本库、大学及网上学术文献，文献类型覆盖期刊论文、学位论文、图书、预印本、文摘、学术报告等。自推出后迅速成为用户获取学术文献的主要入口。

2．功能特色 Google Scholar 以艾萨克·牛顿爵士的名言“如果我看得更远的话，那是因为我站在巨人的肩膀上”为信息资源组织宗旨，其特色在于，从一个地方方便地检索不同信息源的信息。Google Scholar 对检索结果进行相关性排名时，综合考虑了每篇文章的完整文本、作者、刊登文章的出版物以及文章被其他学术文献引用的频率等因素。它具备以下特点：从一个位置方便地搜索各种资源；查找报告、摘要及引用内容；通过所在的图书馆或在 Web 上查找完整的论文；了解任何科研领域的重要论文。

3．检索方法

方法①：利用二次检索。直接在搜索框中输入“gene expressionpredict*breast cancer（* 代表 and），再点击搜索框右侧的下拉指示符进入“学术高级搜索”，在“显示以下刊物上的文章”栏输入“Nature”，点击搜索按钮。

方法②：利用高级检索。点击搜索框右侧的下拉指示符，进入“学术高级搜索”。在“包含全部字词”栏输入“gene expression predict*breast cancer”，“显示以下刊物上的文章”栏输入“Nature”，点击搜索按钮。

4．检索技巧

技巧①：精确检索。Google Scholar 利用引号实现对关键词的精确检索。如上例中分别使用“gene expression predict*breast cancer” 和“gene expression”predict*“breast cancer” 进行搜索，检索结果差别很大。后者通过给相应的关键词加上引号，提高了检索的精确度。

技巧②：截词检索。在搜索英文文献时，截词检索的使用非常重要。如上例中使用“gene expression”predicts“breast cancer”检索结果便进一步缩小。这是因为英文单词 predict 在文献中的词性不同所致，在文献中与 predict 相关的单词还有 predicts、prediction、predictor 等。Google Scholar 支持通配符的使用，星号（*）可代表任意字符，但并不支持问号（？）等单字符通配符检索（? 也是任意字符通配符）。

技巧③：限定条件检索。Google Scholar 提供多种限定条件检索。在搜索结果页面左侧提供了“时间限定”(提供近 3 年文献的筛选，也可以自定义时间范围)、“结果排序限定”(可按相关度和日期对检索结果进行排序)、“搜索语言限定”(提供搜索所有网页、中文网页和简体中文网页筛选)。在“学术搜索设置”中可对搜索结果、搜索语言、图书馆链接等进行设置。高级检索中可以对关键词出现的位置、作者、出版物和时间等字段进行限定。

技巧④：查看文献被引频次。在搜索结果列表的最下方，可以查看某篇文献被引次数，可以帮助用户对文献的质量及权威性进行直观的判断，同时可以查看引用文献列表。

技巧⑤：生成引文格式。点击搜索结果列表最下方，点击“引用”按钮，可以直接复制目标文献的几种引文格式。Google Scholar 提供 GB/T 7714、MLA、APA 三种参考文献格式的输出，同时提供导入 BibTeX、EndNote、RefMan 和 RefWorks 四种文献管理软件格式的导出。

5．使用 Google Scholar 应注意的问题

问题①：作者检索。如果想要搜索某位作者发表的某篇文献，可直接在普通搜索框中输入关键词加上作者的姓氏进行检索。如搜索 Laura J. van’t Veer 发表的有关 gene expression 的文献只需直接输入 LJ van’t Veer gene expression 即可。Google 学术搜索编入索引的某些来源仅提供首字母，因此，尽量使用首字母而不要使用全名。要想查全某位作者的文献，尽量尝试全称和多种缩写姓氏，如要查找 Donald E. Knuth（唐纳德·E. 克努特），可以尝试［作者：“d knuth”］、［作者：“de knuth”］或［作者：“donald e knuth”］。

问题②：期刊检索。由于期刊可能有多种拼写方式，为了提高查全率，需要对同一出版物多尝试几种拼写方法。例如：Journal of Biological Chemistry（《生化杂志》）经常被简写为 J Biol Chem。

（三）生物医学专业搜索引擎

1．Medscape（医景，http：//www.medscape.com） 是美国 Medscape 公司于 1995 年投入运营的一个功能强大的医学专业搜索引擎，提供免费的临床医学全文文献和医学继续教育资源。资源包括 Medscape、MedscapeCME、eMedicine、Drugs 和 MEDLINE。

2．HON（Health On the Net Foundation，健康在线基金会，http：//www.hon.ch） 于 1995 年在瑞士日内瓦创建。资源包括 MedHunt、HONselect。

3．MedicalMatrix（医源，http：//www.matrixmedical.com/） 由美国医学信息学会主办，是一个以医学主题词为基础的医学专业型搜索引擎，属于目录型医学检索工具。收录了 6000 多个医疗网站，链接到 150 多万个网页，主要收录医学新闻、全文、多媒体、期刊、参考书、影像学和病理切片、医学教育等资源。

4．Health AtoZ（http：//healthatoz.org/） 是美国医学网络公司于 1996 年建立的卫生与医学专业搜索引擎，为医学工作者和健康消费者提供医学信息搜索服务。资源包括 Disease & Condition、Test & Procedurs 和 Drug & Guide。

5．Oncolink（https：//www.oncolink.org/） 由美国宾夕法尼亚大学癌症中心的医生于 1994 年建立，为医学专业工作者、癌症患者及其家属免费提供癌症的有关信息。资源包括肿瘤的病因、诊断、治疗、普查和预防，肿瘤学最新研究进展等。

（四）使用专业学术搜索引擎应注意的问题

当前，各类型医药学网站发展水平参差不齐，如何根据专业需要合理利用检索工具，从而实现快捷有效地选取所需信息仍是当前亟待解决的问题。在使用搜索引擎检索信息的过程中应注意以下两个问题：一是应更充分地利用医学专业数据库进行查找；二是在检索中要勤于对比研究，从而形成更为有效的学习与研究思路。

（赵宏亮　孙凤梅）

第二节　开放获取学术文献检索

一、开放获取概述

案例 8-3

李博士：张教授，最近我邮箱收到一份 OA 期刊的约稿通知，信中说论文最快可以一个月发表，APC1000 美金。我刚好差一篇文章就可以达到毕业要求，老师，什么是 OA 期刊，我能投这个刊吗？ APC 又是什么？

案例 8-3 解析

（一）开放获取内涵

开放获取（Open Access，OA）又称开放存取、公开获取、开放式出版等，是一种新型的学术出版与交流模式，其产生的目的是为了缓解由于大型数据库商垄断期刊出版市场而引发的学术期刊危机。根据 2001 年“布达佩斯开放存取计划先导（Budapest Open Access Initiative，BOAI）”的定义，开放获取是：“对于某文献存在多种不同级别和种类的、范围更广、更容易的获取访问方式，对某文献的开放获取，即意味着它在因特网的公共区域中可以被免费获取，允许任何用户阅读、下载、复制、传递、打印、检索、超链接该文献；允许用户为之建立索引，用作软件的输入数据或其他任何合法用途。用户在使用该文献时不受财产、法律或技术的限制，只需在操作时保持文献的完整性。对其复制和传播的唯一限制，或者说版权的唯一作用是使作者有权控制作品的完整性，并且当作品被引用时应标明出处同时对被引者进行致谢”。二十余年来，开放获取运动依托网络技术在全球快速发展，世界各国政府部门、国际组织、科研机构、基金会、高等院校、出版商、图书馆等纷纷制订开放获取政策，致力于为研究者提供一个免费、开放的科研环境。据开放获取知识库强制性存储政策登记系统（the Registry of Open Access Repositories Mandatory Archiving Policies，ROARMAP）统计，截至 2017 年 12 月底，世界范围内不同国家和地区共制定了 889 个开放获取政策。可以说，开放获取理念已经受到广泛认可，开放获取实践也取得了令人瞩目的成就。

（二）开放获取资源的类型

知识拓展

根据“布达佩斯开放存取计划先导”的阐释，开放获取实现模式包括开放出版与自存储两种。开放获取资源类型主要是开放获取期刊、开放获取仓储、开放获取图书与开放科研数据。

1．开放获取期刊（Open Access Journal，OAJ，OA 期刊） 采用开放出版的方式实现学术资源的开放获取。OA 期刊由正式出版社出版，但与传统订阅式期刊不同的是：OA 期刊作者付费发表文章，读者免费阅读文献，文献发表者保留版权。作为实现开放获取的“金色之路”，OA 期刊发展非常迅速，Elsevier、Springer Link、John Wiley、Taylor&Franci 等全球各大知名商业学术期刊出版机构纷纷发表声明支持期刊的开放获取。截至 2017 年 12 月底，开放获取期刊目录（DOAJ）收录的期刊已超过 1 万种，年均增长率达 18%。

OA 期刊又有“金色 OA”“混合型 OA”和“延时性 OA”之分，“金色 OA 期刊”也称即时 OA 期刊或完全型 OA 期刊，该类型的期刊由出版商主导，一经出版，全部期刊论文即向全世界用户免费开放，但论文作者需要交纳文献处理费（Article Processing Charges，APC）。“混合型 OA 期刊”是传统出版模式与开放获取相结合的一种方式，出版商允许作者自由选择是否将自己的论文开放出版，选择开放出版的话，同样需要论文作者交纳 APC，如 Spinger-Link 的多种期刊以这种形式开放共享。“延时性 OA 期刊”指一些期刊在论文出版并经过一定时滞后，出版商通过技术手段将杂志转化为可以开放获取的信息，论文作者无需交纳 APC。

2．开放获取仓储 又称开放获取知识库，是采用自存储的方式实现学术资源的开放获取，是开放获取的“绿色之路”。开放获取仓储是一种基于网络的免费在线资源库，库中内容由作者通过“自存档”形式存入，大多由政府、科研机构、学术团体和大学建设和维护，成本较低，作者不需要付费，是 OA 的最佳出版模式之一。目前各大出版商都出台政策允许作者将已正式发表的论文上传至开放存取的仓储或个人网站上。截至 2017 年 12 月，OpenDOAR 与 ROAR 注册的仓储数分别为 3 464 与 4 597 个。开放获取仓储中的学术资源包括：电子文档（eprint）、期刊论文、学位论文、会议论文、数据、课程资料、声像文件、机构记录以及任何种类的数字文档。

开放获取仓储包括学科仓储（Discipline Repositories，简称 DR）和机构仓储（Institutional Repository，简称 IR）。学科仓储收录某学科学术资源，如世界上最著名的学科仓储 arXiv 收录高能物理领域的预印本论文，该领域科研人员将未发表的论文提交至 arXiv，即可进入学术交流圈。机构仓储又叫机构知识库、机构典藏库，收集、组织、存储、管理某一机构的研究成果、科学数据和其他数字资料，实现对机构内所有研究成果统一保存，并提供免费访问。

3．开放获取图书（Open Access Book，OA 图书） 其发展是 OA 运动中一个较新的领域，2008 年 9 月，欧盟资助欧洲开放获取出版网络（Open Access Publishing in European Networks，OAPEN）项目，开始探索人文社科（HSS）领域学术图书可持续的开放获取。2016 年 OAPEN

发布开放获取图书目录 DOAB，公共知识计划（Public Knowledge Project，PKP）发布开源软件平台 Open Monograph Press，Springer 宣布将 OA 出版项目推广到图书，这一系列的举措预示着 OA 图书时代的到来。

目前的 OA 图书主要集中在人文社科领域，参与 OA 图书出版的机构包括大学出版社、研究机构和协会、出版商、大学图书馆、OA 专业组织等。开放出版的图书可免费阅读或下载电子版，但印本、POD 版、高级电子版一般需付费才能阅读。

4. 开放科研数据 科研数据是指各类科技活动产生的原始性的、基础性的数据及其分析研究信息，它不仅是科学研究的结果，更是进一步发展科技和从事科研的基石。在开放获取理念的影响下，科研数据的开放共享也逐步为人们所推崇。国内外诸多机构制定了开放数据政策，促进科研数据的开放共享。

科研数据的开放共享包含数据知识库、数据期刊（Data Journal）和学术期刊的数据说明文件三种形式。数据知识库，如 Dryad、figshare、BioSharing 等，是通过一定的数据提交机制，组织相关领域专家对数据进行严格的同行评审，在确保数据质量的基础上进行数据发布，并为数据提供唯一的数字对象标识符，使其能够永久访问和追溯，最后，通过标准的引用格式以利于数据共享和重用。数据期刊是一种以论文形式发表数据的新型出版物，指按照学术规范正式出版，可被检索的元数据文件。数据期刊主要是对数据采集、获取、处理等过程和访求进行描述，不涉及对数据和研究分析、推论、发现以及假设论证，目的是让科研群体更好地发现、获取、理解和复用数据，并再次进行科研创新，目前较有影响力的数据期刊有 Scientific data、中国科学数据等。科研数据开放获取的第三种形式是学术期刊的数据说明文件，目前国际上有很多期刊制定了“科研数据共享政策”，如 Springer、Nature、Elsevier、Wiley、Taylor&Francis Group、PLoS、BMC 等。要求作者在向期刊投稿时必须向期刊编辑和同行评审专家提供相关的科研数据或者可以获得该研究涉及的科学数据的第三方存储库的存取号。数据说明文件包括论文附件和论文补充两种形式，论文附件即论文主要内容的支持数据，如方法、图表、方程及视频与音频文件；论文补充则指不适合印刷的一些有效电子格式文件数据，如原始与衍生数据集、仿真数据代码及统计分析软件等。

（三）开放获取的特征

开放获取是基于“自由、开放、共享”的理念，通过因特网使学术信息、学术成果在全球快速无障碍传播的有效途径。与传统学术出版模式相比，开放获取具有优势，同时也有缺陷，具体表现在以下几个方面：

1. 学术信息传播自由易于获取 开放存取的出现突破了垄断型出版商设置的学术壁垒，实现了网络环境下学术信息的广泛传播和自由共享。科研人员可以通过开放存取期刊和开放存取仓储快速发布自己的学术成果，并免费获取开放获取资源内容，实现资源共享。同时，开放获取强调开放式传播，同一文献可以在多个网络服务器上存储，可以从多种途径检索和阅览，交流范围覆盖整个网络，极大地减少了信息传播的障碍，促进学术信息自由传播。

2. 开放获取充分尊重知识产权 开放并不意味着毫无约束，开放获取资源对作品的拥有者和使用者都提出了比较完善的机制来保护双方的合法利益。开放获取扩大了使用者对学术信息的使用权限，可以为教学、研究、学习等目的而公开复制、打印、利用、扩散、传播和演示，但使用者仍需保证作品的完整性以及尊重作者的署名权。

3. 开放获取资源质量参差不齐 开放获取资源种类多样，涵盖不同学科、不同语言及不同文献类型，其中部分资源经过了严格的质量控制，如部分 OA 期刊、图书、学位论文、后印本等，但也有部分资源质量控制有待加强，如预印本文献、欺诈性 OA 期刊，前者是未经任何同行评议的文献，其学术价值难以预计，而后者多是一些唯利是图的“掠夺性出版商”打着开放获取的旗号创建的期刊，这些期刊往往质量低劣，以敛财为目的，收取作者版面费，没有严格同行评议，发表大量低层次研究论文。

4．开放获取发展地域不平衡 国际知名的开放存取期刊出版商 BMC、PLoS 及 HighWire Press 来自于欧美，开放存取图书、开放科研数据仓储等也主要集中在欧美发达国家，开放获取已成为欧美政府、企业、科研界、大学共同的合力推动的目标。随着经济的发展，我国政府目前对开放获取制度推行的力度也不断加大，但尚缺少国家层面的规划，也无金色 OA 期刊，与世界先进水平存在一定差距。

二、开放获取资源检索

案例 8-4 解析

案例 8-4

李博士：张教授，近期我检索到 1 篇学位论文“*Anthony，Nicholas. Identification and characterization of novel microRNA regulators of myogenesis.2017，McGill University*”的摘要，发现其内容对我的研究非常重要，可我利用 PQDT 以及 OCLC Firstsearch 都无法获取全文，还有别的办法可以获取该学位论文全文吗？

（一）开放获取期刊检索

1．科学公共图书馆（The Public Library of Science，简称 PLoS，网址：http：//www.plos.org） 是国际知名开放存取出版社，也是国际上开放获取出版模式的开拓者和典范。科学公共图书馆于 2003 年开始出版开放存取期刊，其定位是赶超 Science、Nature、Cell 等国际一流期刊，截至目前，已出版 7 种科技与医学领域的金色 OA 期刊，全部论文即时免费获取且均经过同行专家的严格评审，且均为 SCI 来源期刊。

PLoS 提供论文展示、主题浏览、简单检索与高级检索等文献获取途径。论文展示部分用户可以无障碍地点击打开论文，还可以针对论文发表评论；浏览包括现刊浏览、过刊浏览与主题浏览；简单检索提供一个检索式输入框，用户可以输入检索词或者检索式，无字段限定；高级检索提供多个检索式输入框，并提供多个可检字段，包括篇名、作者、文摘、出版时间、文献类型等 10 个字段。在检索结果页面提供期刊、主题、作者等多种结果过滤器。

PLoS 对于注册用户还提供丰富的个性化服务，包括 Journal Alert、Search Alerts。另外，PLOS 平台还提供社交媒体的沟通渠道，如 Twitter、Facebook、SHARE 等，将文献分享给研究组成员，实现协作化科研。

2．开放获取期刊名录（Directory of Open Access Journals，简称 DOAJ，网址：http：//www.doaj.org） 创建于 2003 年，由布达佩斯开放社会研究所与学术出版和学术资源联盟资助，瑞典隆德大学图书馆主办，是一个了解和查找开放存取期刊的工具。开放获取期刊名录提供质量控制的、可免费获取的电子期刊资源，具有相当权威性。2016 年 5 月，DOAJ 为了保证收录期刊的质量，剔除了约 3300 种（约占 1/4）期刊，确保数据库没有任何可疑或不活跃的出版商。截至 2017 年 12 月，该系统已经收录 122 个国家的 10 703 种期刊，其中 7 783 种期刊可进行论文级搜索，收录的论文达 2 779 317 篇，学科范围覆盖科学、技术、医学、社科和人文领域。

DOAJ 提供按学科浏览、一般检索与高级检索功能。学科浏览指 DOAJ 将所收录期刊与论文按国会图书馆分类法进行分类，通过点击学科主题，从期刊级别与论文级别浏览某一学科内容。一般检索是 DOAJ 的默认界面，用户可以在期刊检索与论文检索两者之间进行转换。高级检索提供论文标题、摘要、关键词、主题、期刊、作者等字段的检索。系统规定，输入的关键词可以是单词或词组，同一检索框内输入两个或两个以上检索词时默认按词组处理，支持布尔逻辑组配检索。检索结果界面可以进行排序，页面左侧提供学科、原文语种、出版商等多种过滤功能按钮。

3．伦敦生物医学中心（BioMed Central，简称 BMC，网址：http：//www.biomedcentral.com） 是一家营利性的开放获取出版机构，致力于生物医学领域研究论文的免费访问，是世界上最早出版 OA 期刊的机构之一。目前共出版 300 多种经同行评审的金色 OA 期刊，其中近 200 种期刊被 SCI 收录。出版的所有研究型论文均向读者免费开放，并允许作者将论文最终版本存储于 PubMed Central 及其他机构仓储中。该网站提供论文关键词检索、期刊目录浏览（刊名字顺浏览、主题类别浏览）与专辑浏览等文献利用方式。同时，通过论文的访问统计、引文统计、Altmetric Attention Score 等指标对作者的文章进行影响力评估。BMC 还会不定期在其社交媒体平台上转载开放获取出版的热点信息以及访问量较高的国内作者文章。

4．其他可免费获取期刊的网站

（1）Free Medical Journalshttp：//www.freemedicaljournals.com

（2）HighwirePress https：//www.highwirepress.com/

（3）Socolar http：//www.socolar.com/

（4）Sci ELO 科技在线图书馆 http：//www.scielo.org/php/index.php ？ lang=es

（二）开放获取仓储检索

1．开放存取仓储目录（Directory of Open Access Repositories，DOAR，网址 http：//www.opendoar.org） 2005 年 2 月由英国诺丁汉大学和瑞典 Lund 大学合作创建，是业界公认较全面且权威的开放存取知识库目录。截至 2017 年 12 月，DOAR 收录的开放存取仓储已达 3463 个，包括学科仓储、机构仓储、政府仓储与集成式仓储等类型。开放存取仓储目录提供检索与浏览两种利用途径，检索途径提供对仓储的检索，可以按主题领域、内容类别、知识库类型、国家、语种、软件 6 种途径交叉查询，同时，在每种查询类别的下拉框中都标明其数量；浏览途径按世界地域范围浏览各个国家和地区的仓储。

2．中国科技论文在线（http：//www.paper.edu.cn/） 创办于 2003 年，由教育部科技发展中心主办，是针对科研人员普遍反映的论文发表困难、学术交流渠道窄，不利于科研成果快速、高效地转化为现实生产力而创建的科技论文网站。该网站收录用户未投稿或已投稿正在进行同行评审的论文，只要作者论文遵守国家相关法律，符合中国科技论文在线的基本投稿要求，可在一周内发表，并且为用户开具首发证明。除收录首发论文外，该网站的学者栏目收录知名学者或自荐学者自存储的已发表学术论文，期刊栏目收录国内开放存取期刊。

3．PubMed Central（PMC，网址 https：//www.ncbi.nlm.nih.gov/pmc/） 是 NLM 的 NCBI 开发与维护的开放存取式生物医学及生命科学期刊文献库，创建于 2000 年 2 月，经过十几年的发展，已经有超过 2 000 种期刊，近五百万篇全文加入到 PMC 的开放存取和数字仓储行列中，成为全球生物医学领域规模最大的开放存取仓储。

PMC 收录全文存储、NIH 档案集（NIH Portfolio）、选择性存储（Selective Deposit）三种类型的期刊。全文存储型期刊是 NLM 根据事先签署的全文存储协议，将这些期刊从某一特定卷期或日期起的全部论文存储于资源库中。NIH 档案集期刊是从某一特定卷期或日期起，至少将期刊中受 NIH 资助的论文在出版后 12 个月内存储于资源库中，也可以依据协议选择其他非 NIH 资助论文存储。选择性存储期刊只存储作者选择“Open Access”模式发表的论文，同时需要作者与期刊出版商协商向 PMC 支付“开放存取费用”。

除 NLM 的 PMC 外，由维康信托基金会（Wellcome Trust）发起的 Europe PMC 在 2007 年上线，Wellcome Trust 宣布，凡是由其资助的研究论文必须在发表后的 6 个月内通过 PMC

免费向网络开放。PMC Canada 是在 PMC 的基础上建立的，PMC Canada 要求加拿大卫生研究所基金资助者在论文发表后的 6 个月内通过 PMC Canada 向网络开放。Europe PMC 和 PMC Canada 与位于美国的 PMC 共同构成 PMCI，三者在网络内部共享各自存储的内容。

4．学术搜索引擎 BASE（Bielefeld academic Search Engine，网址：https：//www.base-search.net/） 是德国比勒费尔德大学图书馆开发的一个多学科学术搜索引擎，提供对全球学术资源的集成检索服务，其本质是一个整合多个知识库的机构库。BASE 收集了来自全球学术出版商、图书馆、开放存取仓储、开放存取期刊、学术机构等多个知识库的学术信息资源。截至 2017 年 12 月，已涵盖 6 000 多个国家和地区的 6 076 个学术信息机构的 1.21 亿个学术文档。

BASE 支持英、德、法、中等多语种检索界面，支持逻辑运算，空格代表 AND，() 代表 OR，- 代表 NOT，支持精确检索，* 代表任意字符。在 BASE 的基础搜索中选择“字形变化搜索”，系统可以实现检索词复数、词形变化和其他字形的自动搜索。BASE 提供基本检索、高级检索与浏览等文献搜索途径。默认界面为基本检索，提供全文、题名、作者、关键词等检索字段，并支持精确、模糊与多语言同义词库等功能。高级检索提供多个检索式输入框，增加 DOI、URL 等检索字段，并有来源、出版年、文献类型、开放政策等多种检索精炼选项。BASE 的浏览功能具有按分类法、文献类型、开放政策类型等多种文献浏览方式。

5．其他

（1）开放存取注册表 ROARhttp：//roar.eprints.org/

（2）国家自然科学基金基础研究知识库 NSFC-OR http：//or.nsfc.gov.cn/

（三）专类开放存取资源检索

1．NDLTD（网址：http：//search.ndltd.org/） 是美国国家自然科学基金支持的一个网上学位论文共建共享项目，始建于 1996 年，其目标是创建一个包括 NDLTD 成员单位和其他组织提供的博硕士学位论文的全球联合目录，以此提供一个查找电子版博硕士论文的统一入口。目前已有美国、加拿大、南非、中国香港、中国台湾、印尼、意大利、巴西、英格兰、秘鲁、德国等全球 200 多家大学图书馆、7 个图书馆联盟、29 个专业研究所加入 NDLTD，截至 2017 年 12 月，NDLTD 收录学位论文 478 万篇，部分可免费下载全文。NTLTD 提供一个检索式输入框，支持布尔逻辑 AND 和 OR，检索字段包括题名、关键词、作者、文摘等，在检索结果页面提供各种结果过滤功能。

2．Open Access Theses and Dissertations（简称 OATD，网址：https：//oatd.org/） 仓储是一个致力于收集全世界支持开放获取的硕士、博士学位论文的网站，目前采集了全球 1100 多所院校、大学和研究机构的学位论文元数据信息，提供 414 万多条学位论文记录索引，全部论文链接到原始机构库，可免费下载全文。

OATD 提供快速检索与高级检索途径。快速检索是默认的检索方式，在检索框中输入关键词，系统自动会在文献篇名、作者、摘要、主题等字段中匹配检索词；高级检索模式提供多个检索框，检索框之间可进行布尔逻辑运算，检索字段包括任意字段、标题、作者、摘要、大学或出版者、主题或关键词、系或学科等，高级检索还可以对学位论文的语种、国家、出版时间、结果排序等进行设置。在检索结果页面，OATD 提供多种过滤选项，用户可以按日期、学校、院系、学位、语种、国家等精炼检索结果。

3．其他开放获取学位论文网站

（1）欧洲免费学位论文库门户（DART-Europe E. theses Portal 网址：http：//www.dart-europe.eu/basic-search.php）

（2）加拿大学位论文联合目录（Theses Canada 网址：http：//www.collectionscanada.gc.ca/thesescanada/index-e.html）

（3）大英图书馆学位论文在线服务系统（EThOS 网址：http：//ethos.bl.uk）

（4）澳大利亚国家图书馆特罗韦数据库（TROVE 网址：https：//trove.nla.gov.au/）

（四）其他开放获取资源检索

1．开放存取图书目录（Directory of Open AccessBooks，DOAB，网址：https：//www.doabooks.org/doab？ uiLanguage=en） 由 OAPEN 基金会创立，2013 年 7 月正式上线，与 DOAJ、DOAR 被共称为收集开放获取资源的三架马车。截至 2017 年 12 月，DOAB 共收录 244 家出版社的 10407 种开放获取学术图书，学科范围涵盖农业与食品科学、艺术与建筑、生物与生命科学、经济与金融、化学、地球与环境科学、健康科学、历史与考古学、语言与文学、法律与政治学、数据与统计、心理与宗教、物理与天文学、社会科学、工程与技术等，其中社会科学、历史与考古、法学和政治、语文与文学等学科资源尤为丰富。DOAB 收录的图书可通过浏览、简单检索、高级检索等方式查询，其中浏览途径包括书名、学科、出版社名称字顺等方式。

2．Re3data.org（https：//www.re3data.org/） 建立于 2012 年秋，由德国研究基金会资助，涵盖生命科学、自然科学、工程技术与人文社科等不同学科领域数据仓储。Re3data.org 作为全球性研究数据仓储注册系统，旨在为研究人员、资助机构、出版商以及学术机构提供永久存储和开放获取相关研究数据的数据仓储，以促进研究数据的获取和共享。截至 2017 年 12 月，Re3data.org 共收录了 1 500 多个研究数据仓储，成为最全面的在线研究数据知识库注册目录系统之一。所收录的数据仓储可按照主题、内容类型和国家进行浏览，并以图形的形式进行呈现，也可以进行在线检索，并且在检索结果页面可以对数据仓储的学科、内容类型、国家、数据上载、机构类型、关键词、软件等进行精炼。具体到每个数据仓储，用户可以查看其主题、URL、内容类型、关键词、仓储类型等详细信息。

（朱伟丽　孙风梅）

小结

搜索引擎特别是学术搜索引擎以其广泛的收录及良好的可获得性已经成为多数研究者从事新课题、新研究的第一入口。用户不仅应熟练掌握综合性搜索引擎如百度和 Google 的常用搜索语法，还应理解搜索引擎的工作原理，这样才能提高自己的搜索技能。百度学术及 Google Scholar 是所有拟从事研究工作与学习的用户应熟练掌握的学术搜索引擎。对于医学生，还应了解 Medscape、HON、Medical Matrix 等医学专业搜索引擎的使用。

开放获取是一种全新的学术信息交流和共享模式，它基于自由、开放、共享的理念，依托网络技术，使学术成果可以在全球范围内实现无障碍地传播，有助于提高社会公众的信息素养，缩小数字鸿沟。目前，国内真正的开放获取资源还不多，它的实现需要国家、科研机构、科研资助机构、出版机构以及信息服务机构的共同努力，需要政策上的制度保障，需要相关的技术支撑，同时还需要人们信息共享意识的提高。

总之，根据实际信息需求，利用合适的网络信息源快速、准确地获取有效的网络信息是本章要达到的学习目标。

第 8 章练习题参考答案

练习题

1．简述搜索引擎的概念。

2．搜索引擎的工作原理是什么？

3．用百度学术查询上海市肿瘤研究所高玉堂的发文情况以及 H 指数。

4．查找英属哥伦比亚大学（University of British Columbia）Fairchild，Michael John. 2017 年的博士学位论文 Occluding junctions regulate germline differentiation and stem cell niche homeostasis in the Drosophila melanogaster testis.

第9章

文献信息的管理与分析

导 言

参考文献管理软件又称书目管理软件。它是一种具有文献检索与整理、引文标注、按格式要求生成参考文献列表等强大功能的软件，既可嵌入文字处理软件中使用，还可以直接通过在线数据库下载文献题录并对其进行统计分析。文献分析工具可以对大量文献进行自动分类、确定文献之间的关系以及分析文献主题概念等。本章通过介绍几个典型的文献管理和分析软件的主要功能以及使用中的一些常见问题，希望能为您的信息管理与信息分析需求提供指导和帮助。

第一节 文献信息的管理

一、文献信息管理概述

在日常的科研工作中，需要对科技文献进行查阅、整理和分析。随着大量文献资源的电子化，传统的文献信息管理方法存在以下问题：①低效的文献收集方式：逐条下载；②无序的文献存储方式：重复下载，遗忘丢失；③落后的论文写作方式：手工排版，枯燥费时。参考文献管理软件（Reference Management Software）的出现能有效解决这些问题。

对于参考文献管理软件，维基百科给出了定义："参考文献管理软件是学者或作者用于记录、组织、调阅引用文献的计算机程序。一旦引用文献被记录，就可以重复、多次地生成文献引用目录。"因此，参考文献管理软件的基本功能包括文献信息的收集、文献信息的整理和组织、论文中对文献引用的插入和参考书目的生成。

目前，参考文献管理软件的种类很多，分类方式也很多，如可分为商业软件和免费软件、开源和非开源、本地和在线等，各种类型都有其自身的优缺点和特色。国内外常用的参考文献管理软件包括 EndNote、EndNoteWeb、RefWorks、Zotero、Mendeley、JabRef、NoteExpress 等。虽然各种参考文献管理软件功能存在着一些差别，但基本功能大体相同，所以本章以 NoteExpress 和 EndNote 两个软件为例讲解文献管理软件的使用方法。

二、NoteExpress

案例 9-1

案例 9-1 解析

某研究生刚开始课题研究，查到了大量与本课题相关的文献资料，他需要将这些资料有序地保存，而且在以后的论文写作中可以方便地引用。请您提出一个合理的解决方案。

（一）NoteExpress 简介

NoteExpress（简称 NE）是北京爱琴海软件公司开发的一款专业级别的中文文献检索与管理系统。作为中国大陆和台湾等地高校和研究院所非常受欢迎的文献管理软件，它提供了信息导入、过滤、全文下载以及众多的管理功能，可以大大提高研究者的文献管理和研究效率。NE 是一个商业软件，目前多由单位集团采购提供给本单位用户使用。

（二）安装

用户可以从 http：//www.inoteexpress.com 网站上下载 NoteExpress 的安装程序，个人用户请下载标准版，集团用户请下载相应的集团版。下载成功后，双击安装程序，即可完成安装，如在安装过程中遇到防火墙软件或者杀毒软件提示，请选择允许，最好能将 NE 加入信任列表。Windows 2000\XP\Vista\7，Windows Server 2003\2008 操作系统都支持 NoteExpress2.X 版，NoteExpress2.X 版的写作插件支持以下写作工具软件：MS Word 2003\2007\2010（32 位）、WPS Office 2010 文字、Open Office。NoteExpress 对 TeX/LaTeX 也有良好支持。

（三）题录和全文管理

1．建立数据库 NE 安装完毕后首次启动会打开自带的 Sample 示例题录数据库，该数据库存放在“我的文档”目录下，供新用户练习使用。建议用户正式使用时建立自己新的数据库。在 NE 主程序的【文件】下拉菜单中点击【新建数据库】，然后选择保存位置即可，如图 9-1 所示。

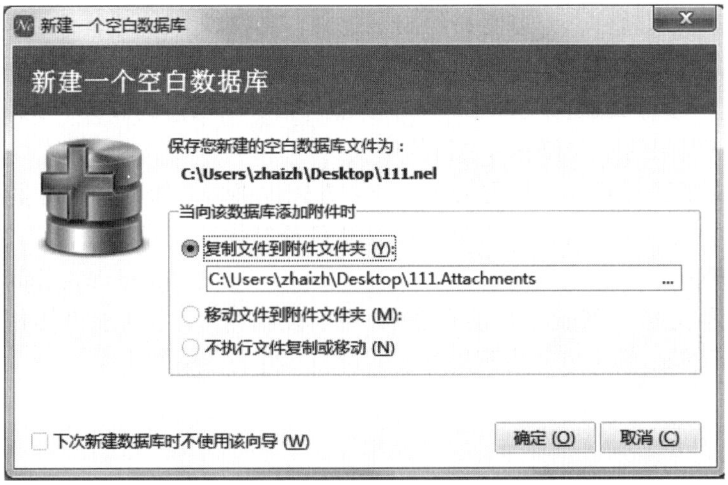

图 9-1 NoteExpress 建立数据库界面

2．数据导入 NE 是以题录（文献、书籍等条目）为核心进行管理的。建立新的题录数据库后，用户需要将文献题录添加到数据库中。NE 提供了四种导入题录的方式：利用菜单栏的在线检索导入、内嵌浏览器检索导入、过滤器导入（网络数据库检索导入）和手工录入。其中过滤器导入方式，NE 根据不同的数据库提供了不同的过滤器，用户在导入的时候只要选择相应的过滤器即可。手工录入主要适用于在互联网上找不到的题录信息，但是用户也希望将该题录信息用 NE 管理起来。

对于已经下载了大量全文的用户，只需要两步操作：①导入需要编制的文件夹（目录）或单个全文文件；②使用在线更新功能。这样就可以将导入全文生成的简单题录更新为需要的详细题录。

3．题录管理 通过上述方法导入文献题录，就基本形成了用户的个人数据库。当然，对研究和管理工作而言这仅仅是个开始。因为用户需要对纷繁的题录进行整理，以便为进一步的研究设计或文章撰写等服务。

在不同数据库中检索，或者用户的数据库由几个小数据库合并而成，都不可避免地出现重复题录。在 NE 中，通过查重 \ 剔除功能可以方便快捷地查找并删除重复题录。

接下来，或许用户的文献管理工作才刚刚开始。在文献管理软件出现以前，研究者通常使用文件夹对自己掌握的电子文献进行分类整理。这样做的好处显而易见，如果分类正确，用户可以非常方便地找到自己需要的信息。那么在 NE 文献管理软件中，是否也会有类似的功能呢？ NE 提供了非常方便的文件夹功能，可以将文献进行分类整理。NE 提供的虚拟文件夹功能实现了同一数据库下可以有不同的文件夹。这就类似于用户在自己的数据盘下建立了许多的文件夹，而且类似于资源管理器，可以通过文件夹树形结构非常清晰地看到他们之间的关系，可以根据需求非常方便地建立、删除和转移文件夹。

4．附件管理 从数据库导入的题录只有基本的题录信息，这些基本信息可以让用户大致了解某一文献的价值所在，决定是否有必要进一步阅读全文。在 NE 中，用户可以为每一条文献信息添加附件，方便在需要的时候快速打开全文。NE 支持任意的附件格式（也可以添加多个附件），如常见的 PDF、word 文档等，当然还有文件夹、URL 等。这样，文献题录信息就会与用户的全文信息关联在一起。添加了全文附件的题录，可以在“题录相关信息命令”栏看到一个回形针标志，点击回形针，或者使用 Shift+Ctrl+A 快捷键，可以迅速打开附件。当然，如果需要对某一文件夹下的多个文献添加附件，可以使用 NE 的“批量链接”的功能，选择全文位置，文献信息与文件名匹配程度等，然后就可以批量链接附件到题录。如果没有全文，可以通过 NE 提供的下载全文菜单批量下载需要的全文。

在 NE 中，可以为文献题录添加附件、笔记，可以关联题录和文件夹。如果在用户的数据库中已为多条文献添加了多项信息，而且都非常重要，那么，应如何非常直观地判断某条文献是否有附件、笔记？或者关联了题录和文件夹呢？ NE 充分考虑了用户的需要，在题录列表栏中，第一列的图标显示题录类型，第二列可能有小的色块，如果添加过附件、笔记，或是关联了题录和文件夹，就可以看到四个不同颜色的色块。这样，就可以非常方便地了解某条文献的相关附件信息。

5．数据库的备份 如果只需要备份题录和笔记，在菜单【文件】下，有【备份数据库】选项。如果希望手工备份，特别是附件如全文也需备份，就要了解以下更详细的信息和步骤：NoteExpress2.0 在安装时会自动安装 Sample.nel 这个软件默认的数据库，在“我的文档\NoteExpress2\Libraries”目录下可以找到。这是一个样本数据库，用户可以模仿建立自己的专题文献数据库：在【文件】的下拉菜单中有【新建数据库】这个命令，单击可以新建数据库并为数据库命名，将数据库存放在自己所需的位置即可。

如果用户的数据库是在使用过一段时间之后才设置附件文件夹，那么仅仅备份附件文件夹不一定能备份所有附件，因为在设置附件文件夹之前添加的附件是不在附件文件夹里面的。要想通过备份附件文件夹实现备份所有附件，首先要保证所有的附件都在附件文件夹里面。选中题录根目录，然后通过【文件夹】→【显示文件夹下所有题录】或按快捷键 Ctrl+B，此时右侧题录列表中将列出所有题录。然后对这些题录执行整理链接功能：【工具】→【附件管理器】→【修复链接】→【整理链接】。如此，NE 会将所有不在附件文件夹中的附件全部移动到附件文件夹中，然后再备份附件文件夹即可。

建议用户定期备份数据，并且备份时尽量选择不同于原始文件的磁盘进行存放。

（四）题录统计与分析

如果收集的文献信息过多，或者需要对某个研究者或期刊的文献信息进行整理，传统的统计方法费时又费力，通过 NE 用户可以方便快捷地对所关心的文献信息进行统计分析，这样就能够快速了解某一领域的重要专家、研究机构、研究热点等。分析结果能导出为 txt 和 csv 等多种格式，方便做出精准的报告。

首先选中需要进行统计的文件夹，然后点击鼠标右键，选择菜单【文件夹信息统计】，或点击【文件】的下拉菜单中的【文件夹信息统计】。

对于以上提及的文献题录导入、管理和分析，都是期望对研究和管理工作带来方便。在 NE 中，还提供了“综述”和“笔记”两项功能。通过“综述”的阅读方式，可以阅读文献题录尽可能多的信息，包括作者、标题、来源和摘要等；通过笔记，可以随时记录下看文献时的想法和关于研究的设想，这些信息都与用户看到的文献信息关联在一起，便于日后进一步展开工作。

（五）自动编排论文或书籍的参考文献

对于大多数使用 NE 的用户来说，使用 NE 管理文献的主要目的之一便是协助撰写文章或论文。NE 内置了多种国内外学术期刊和学位论文的规范格式。通过 NE 插入文献，然后选用需要的格式进行格式化，可以快速自动地生成参考文献。这样在写文章或论文的过程中，便可以从手工编辑与管理文献的繁重工作中解脱出来，而且还可以根据需要随时调整对应刊物的参考文献的格式。当然，如果 NE 没有所需要的文献格式，用户可以非常方便地编辑自己需要的格式。另外，在输出速度和内存占用上，NE 与国外产品相比都具有明显优势。NE 首创的多国语言模板功能，能自动根据所引用的参考文献不同实现差异化输出。

安装好 NE 后，在 word 字处理软件中就会多出一个 NE 菜单项，在撰写论文时就可以利用该菜单边写作边插入参考文献。插入参考文献时，首先选择 NE 中的题录，然后转到 word 点击 NE 菜单栏插入参考文献，如图 9-2 所示。

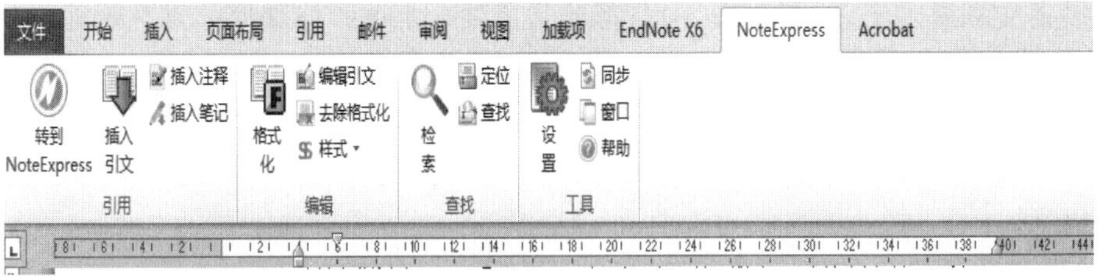

图 9-2　NE 在 word 中的工具栏

图中插入引文、注释和笔记表示可以在文本编辑位置插入 NE 中选中的题录、注释和笔记；格式化表示将论文的参考文献格式化为指定的期刊格式。目前，NE 提供了 4000 多种中英文期刊的格式。编辑引文指可以对插入的参考文献进行修改；去除格式化表示对已经编辑好的参考文献去除 NE 格式。需要注意的是，在去除格式化前一定要保存一个没有去除格式化的副本，以便以后将文章更改成其他期刊的格式。同步指的是将论文的参考文献和 NE 中管理的文献题录进行同步，这种情况发生在修改了 NE 中的题录或文章中的参考文献。设置中有一点需要注意，在撰写论文时记得将即时格式化关掉，以免影响 word 编辑论文的速度。

（六）常见问题

问题 1：EndNote 数据导入到 NE。①打开 Endnote 数据库，在 Endnote 菜单栏中选择 Edit → Output Styles → Open Style Manager；②打开 style manager 后，滑动列表选择“EndNoteExport”；③点击选择需要导出到 NE 的文献（按 Ctrl 同时点击选择多条）；④点击 File → Export（导出前请确认 Output Styles 选择的是 EndNoteExport）；5.Endnote 弹出对话框，指定文件保存位置和文件名，点击保存；⑥打开 NE，选择“文件→导出题录”（或使用快捷键 Ctrl + M）；⑦在 NE 的导入对话框中，选择文件保存位置，过滤器选择“EndNoteImport”，选择导入文件夹，点击开始导入。如图 9-3 所示。

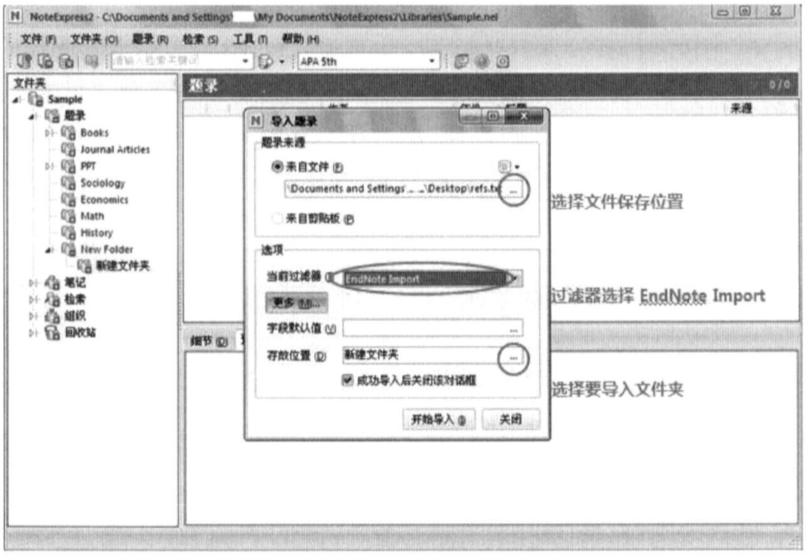

图 9-3　EndNote 数据导入到 NE 方法

问题 2：NE 新样式和过滤器的安装。选择菜单【工具】→【过滤器】→【过滤器管理器】→【安装过滤器】。新样式的安装选择菜单【工具】→【样式】→【样式管理器】→【安装新样式】。

问题 3：安装新的在线数据库（连接文件）。打开菜单【检索】→【在线检索】→【选择数据库】→安装新的连接文件。

问题 4：NoteExpress 的 WORD 插件丢失或无法使用。运行 Word，在工具栏空白处右键点击鼠标，弹出菜单中选择“自定义”。在“命令”页左边一栏中选择“工具”，然后将右栏第一项“Com 加载项”拖动到工具栏上，任意位置均可。关闭自定义对话框。点击工具栏上的“Com 加载项”按钮，弹出“Com 加载项”对话框，显示所有 word 添加的加载项。

问题 5：如何使用脚注功能。要使用脚注功能，首先用户需要确认最终采用的输出样式预先定义好了脚注格式。如果用户使用的样式不支持脚注，可以在样式编辑器里面自行定义。如果需要在文章中插入脚注，在 NE 中选中题录后，点击写作插件上的“插入注释”图标即可。

（1）如果需要某一个样式输出脚注，则首先要确认该样式是否已开启脚注功能。启用方法就是打开“样式管理器”，找到所使用的样式，双击打开后点击“注释”，在右侧选择“生成注释列表”；然后在树形结构中找到“脚注”，在右侧确认选中“生成脚注而非尾注”。

（2）接下来需要对脚注模板进行定义。用户可以根据自己的需要，首先选择“题录类型”，然后再选择合适的字段插入。另外，也可以根据需要从树形结构中对作者和编号等信息进行定义。

（3）定义好之后保存样式，切换到用户的文字编辑器之后，在需要的地方点击“插入注释”即可生成脚注。

问题 6：题录“手动更新”和“自动更新”时的数据库选择。如果导入的题录信息不完整，或有需要对题录信息进行更新，通常可以选择“自动更新”或“手动更新”。但如果用户对题录进行过更新，且再次需要对题录使用其他数据库进行更新时，可能会遇到数据库无法选择的问题，这是由于 NE 的智能更新设置导致的。通常情况下，当对一条记录进行更新后，NE 会自动记录更新的数据库，下次更新时 NE 会自动打开该数据库进行更新，用户不需要选择更新的数据库。

问题 7：将 Google 学术搜索检索结果导入到 NoteExpress。首先点击学术搜索使用偏好，文件管理软件选择 EndNote。再按照 EndNote 过滤器就可以导入到 NE。

问题 8：在 NE 中设置代理检索。对于医学生来说，PubMed 是一个最常用的免费数据库，也是查找医学英文文献最重要的一个数据库。但是由于该服务器在国外，可能导致检索该数据库速度较慢或者有时根本无法连接。可以通过给 NE 设置代理服务器来增加 PubMed 的检索速度，设置方法见图 9-4。其中代理服务器设置为 127.0.0.1，端口设置为 8081，在检索时打开搜狗浏览器一个进程就可以使用。

图 9-4　NE 检索代理设置

三、EndNote

案例 9-2

某研究生下载了大量英文文献题录和全文，他需要将这些文献有序管理，并且在以后的学位论文或期刊论文撰写中要引用这些文献。请您提出一个合理的解决方案。

案例 9-2 解析

（一）EndNote 简介

EndNote 由 Thomson Corporation 下属的 Thomson Research Soft 开发，专门用于管理参考

文献，是世界上最有名、历史最久的文献管理软件之一。它能够通过插件方便地在 Word 中插入所引用的文献，并能生成指定格式的参考书目。EndNote 是商业软件，目前多是由单位集团采购提供给本单位用户使用的。

（二）题录和全文管理

1．建立数据库　和 NE 一样，用户正式使用时需建立自己的新的数据库。在 EndNote 主程序的【File】下拉菜单中点击【new】，然后选择保存位置即可。

2．数据导入　EndNote 是以题录（文献、书籍等条目）为核心进行管理的，建立新的题录数据库后，用户需要将文献题录添加到数据库中。EndNote 提供了四种导入题录方式：利用菜单栏的在线检索导入、过滤器导入（网络数据库检索导入）、手工录入和 pdf 全文导入（X5 以上版本）。其中过滤器导入根据不同的数据库 EndNote 提供了不同的过滤器，在导入的时候只要选择相应的过滤器即可。手工录入主要适用于在 Internet 上找不到的题录信息，但是用户也希望将该题录信息用 EndNote 管理起来。

对于已经下载了大量全文的用户，只需要两步操作：①导入需要编制的文件夹（目录）或单个全文文件；②使用 find reference update。这样就可以将导入全文生成的简单题录更新为所需要的详细题录。

EndNote 针对不同的数据库格式制定了相应的过滤器，在导入不同格式的数据库题录时，需要选择相应的过滤器，这样软件就可以将不同格式的题录信息统一为一个固定的格式。

EndNote 针对不同期刊的参考文献格式制定了不同的输出样式，用户在书写论文时可以根据不同期刊参考文献要求格式选择相应样式进行输出，这样输出的参考文献格式就完全符合某个期刊的要求。

3．题录管理　题录的管理包括增、删、改、查以及排序和去重等。这些操作既可以通过菜单栏【Reference】操作，也可以通过在题录上用鼠标右键操作。与 NE 相同，EndNote 提供了类似于 windows 资源管理器的文件夹管理方式，但命名方式不同。NE 和资源管理器都以文件夹的名字命名，EndNote 以组（group）命名。另外，EndNote 提供了一个智能分组（create smart group）功能。智能分组的意思就是从现有组中分出一个满足用户限制条件的一个组。例如，用户要将一个组中某一个特定期刊的题录分为单独的一组，就可以采用智能分组。如图 9-5 所示。

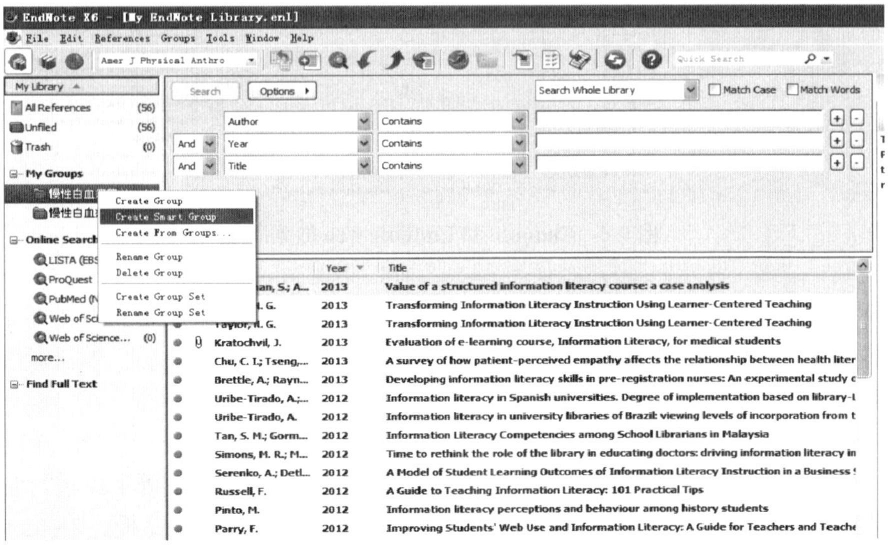

图 9-5　Endnote 创建智能分组

4．附件管理 从数据库导入的题录只有基本的题录信息，这些基本信息可以让用户大致了解某一文献的价值所在，让用户决定是否有必要进一步阅读全文。在 EndNote 中，可以在题录上点击右键选择【File Attachments】为每一条文献信息添加附件，方便在需要的时候快速打开全文。Endnote 支持任意的附件格式（用户也可以添加多个附件），如常见的 PDF、word 文档等，当然还有文件夹、URL 等。这样，文献题录信息就会与用户的全文信息关联在一起，添加了全文附件的题录可以在“题录相关信息命令”栏看到一个回形针标志，点击回形针，表明该题录链接有全文。

如果没有全文，可以通过在题录上点击右键选择【Find full Text】来查找全文。如果能够下载到全文，全文就会和题录自动关联。

5．数据库的备份 EndNote 提供了数据库的导出功能，在导出时可以选择不同的格式。具体方法：选择菜单【File】然后选择【Export】。还可以通过【Compressed library】将题录导出为压缩库。

6．同步功能 EndNote 是一个单机版软件，与它对应的还有 EndNote web 版。EndNote web 版需要在 www.webofknowledge.com 网站免费注册一个账号，然后下载 EndNoteweb 版并且安装。web 版和单机版的使用方法基本相同，主要区别是 web 版将用户的文献题录信息存放在远端服务器，而单机版将用户的文献题录信息存放在本地计算机。两个版本适用于不同的场景，单机版在没有网络连接的情况下还可以阅读和引用自己收集的文献资料，但缺点是在更换电脑后比较麻烦，需要将自己的数据拷贝转移。web 版不存在这个问题，只要能够联网，在任何电脑上都可以使用自己的文献题录信息，但缺点是必须联网。为了解决以上问题，用户可以将单机版和 web 版数据进行同步，使 web 版和单机版上的题录信息保持一致。同步方法如图 9-6 所示。

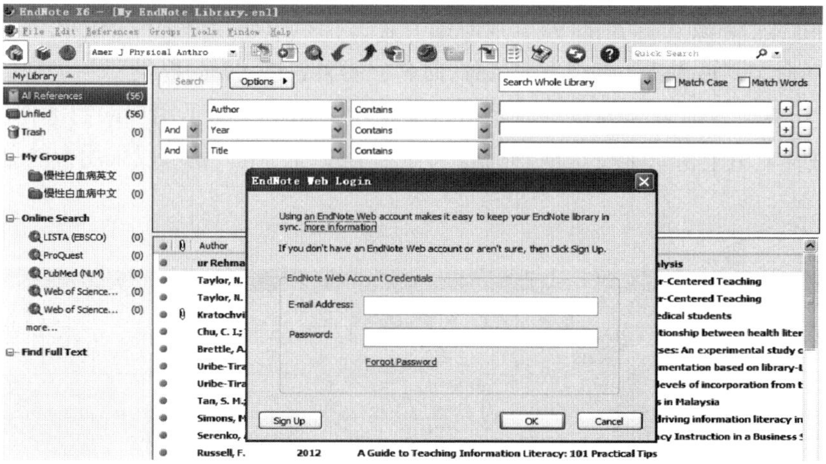

图 9-6 Endnote 和 Endnote web 数据同步

上图中有一个同步按钮，点击后会弹出一个对话窗口，要求输入 E-mail 地址和密码，这两个就是前面申请的 EndNote web 版账户和密码。输入用户名和密码后，单机版和 web 版的数据就会完全同步。

7．统计分析 同 NE 软件相同，EndNote 也提供了简单的文献统计功能，在 tool 菜单中有一个 subject bibliography 选项，选择后就可以根据作者、期刊、年代等字段进行统计分析。

8．使用论文模板 EndNote 中内置了近 200 种英文期刊论文模板，在 tool 菜单栏有 manuscript templates 选项，选择需要的期刊模板就可以开始撰写论文。

9．过滤器和样式的导入 针对不同期刊参考文献格式，EndNote 制定了不同的样式。当需要软件中没有的样式时，获取方式有两种：一种是在网上下载，另一种方式是在 edit 菜单栏新建样式。在网上下载好样式后，直接将样式文件拷贝在下面这个目录 D：\Program Files\EndNote X6\Styles。根据软件安装路径不同，上面路径应该做相应的变化。

针对在线检索不同数据库，EndNote 制定了不同的数据库连接器，当需要软件中没有的连接器时，获取方式有两种：一种是在网上下载，另一种方式是在 edit 菜单栏新建连接器。在网上下载好样式后，直接将样式文件拷贝在下面这个目录 D：\Program Files\EndNote X5\Connections。根据软件安装路径不同，上面路径应该做相应的变化。

Endnote 提供了三种术语列表：作者、期刊、关键词。这三个列表中作者和期刊列表是最重要的。作者列表中提供了作者的缩写格式、作者之间的分隔符以及从第几个作者进行省略。期刊列表提供了不同期刊名称的各种缩写格式。软件自带的术语列表是不全的，这就是用户经常遇到的本来想要插入的参考文献期刊名称为缩写，但是总是期刊的全称，这个原因就是术语列表中没有相对应的期刊缩写。

术语列表的获取方式主要是在网上下载。在网上下载好术语列表后，直接将术语列表文件拷贝在下面这个目录 D：\Program Files\EndNote X6\Terms Lists。根据软件安装路径不同，路径应该做相应的变化。

（三）自动编排论文或书籍的参考文献

使用参考文献管理软件的一个目的是管理需要阅读的文献题录信息和全文，使之更清晰化、条理化并且容易做笔记和标注；另一个目的是在撰写论文或书籍时，能够很方便的将阅读过的文献引用为自己论文的参考文献。

安装完 EndNote 后，在 Word 字处理软件中就会多出一个 EndNote 菜单项。如图 9-7 所示（Microsoft office2010 和 EndNoteX6 的截图）。

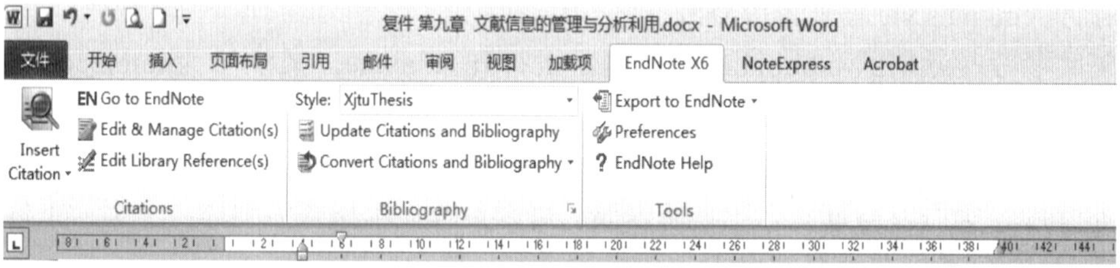

图 9-7　EndNote 在 word 中的工具栏

Insert Citation 表示插入在 EndNote 中选中的引文；EN go to EndNote 表示 EndNote 和 word 之间的切换；Edit&Manage citation（s）表示编辑 word 文件中的参考文献；Edit Library Reference（s）表示编辑 EndNote 库中的引文。Style 是一个选择项，可以选择 EndNote 提供的各种英文期刊论文格式，选择好对应的格式后点击 Update Citations and Bibliography，就会将论文格式化为指定期刊的要求。Convert Citations AND Bibliography 和 NE 中的去除格式化作用相同，是去除参考文献带有的域代码，使之成为普通文本。切记在转换之前保留原来带有域代码的副本。

（四）常见问题

问题 1：已有文献如何批量导入 EndNote？①手动输入，可以打开 EndNote 新建文献，逐条输入信息，也可以把信息直接录成规范的 txt 文件，自制 filter 导入；②通过 EndNote 的在线检索功能，输入关键词重新检索，将检索结果导入 EndNote。

问题 2：如何改变期刊的输出格式，使得文献页码只保留起始页？更改期刊的 output styles，在 Page numbers 选择 show only the first page number。

问题 3：学位论文库数据如何导入 EndNote？①西文学位论文数据库常用的是 ProQuest，但是一定要选择文摘数据库，选中文献后点击 Export，可以直接把文献导出到 EndNote 中；②中文学位论文库常用 CNKI，需注意通过网址 www.cnki.net 进入；保存 EndNote 形式文本，选择 EndNote import 过滤器；选择 UTF-8 文字编码格式。

问题 4：图书信息怎样录入 EndNote？①手工录入；②通过 www.worldcat.org 查找导入；③通过 Google Scholar 查找导入。

问题 5：全文怎样和 EndNote 关联？①选中记录右键添加附件；②通过找全文的功能添加附件（注意不要过量下载）。

问题 6：脚注文字如何插入，如何编辑？在 Word 中插入脚注，在 EndNote 中编辑 output styles 的 footnotes 部分，可以选择类似引用格式、参考文献格式或者自编格式。

问题 7：期刊的全简称怎样互换？①如果文献记录中已有期刊的简称，直接编辑 output styles 的 journal names 选择一种简写形式，通常是 abbreviation；②如果文献记录中没有期刊简称，可以通过 term list 的功能直接导入 EndNote 自带的期刊全简称。具体操作是：tools → open term list → journal term list → lists，然后选择 import lists，到安装目录下的 termlist 文件夹中选中本学科领域的文件导入。然后更改 output style 的 journal names 为 abbreviation。

问题 8：用 latex 写文章如何调用 EndNote 的文献库？使用 latex 系统写文章调用 EndNote 文献库时，文献库的文件为 *.bib 文件，先将 EndNote 的 library 以 Output styles：Bib Tex Export 的形式输出，另存为 bib 文件。

问题 9：如何编制个性化的 output style？编辑期刊的 output style，包括 style 介绍、匿名作者写法、期刊的书写形式、页码形式、引用格式、参考文献格式、脚注格式、图表格式。其中引用格式 citation、参考文献格式 bibliography 和脚注格式 footnotes 的核心都是 templates 的编辑。可以到期刊网站上下载期刊的参考文献投稿要求，对照要求编写 template，可以选择一个类似的期刊 outputstyle 格式加以修改。

以文后参考文献格式 bibliography 为例：①打开 template，黑体字为 referencetype，可通过点击 referencetype 添加，如 book、journalarticle 等；②每个 referencetype 下是该类型文献要呈现那些字段和字段具体格式的描述，可以通过点击右边 insertfield 添加字段；字段具体格式如 author、title、等可以通过上方工具条修改，可以更改显示格式为斜体、上标、下标、黑体、下划线等；③如果是修改现有的 style，可自行增删、移动字段位置。

问题 10：边写作边引用中出现的格式问题，文中和文后参考文献如何编辑？参考文献格式更改可以通过修改 outputstyle 实现，引用过程中 citation 修改通过 editcitation 实现，切忌直接删除。文献引用完成要投稿时需去掉域代码，这个过程不可逆，切记要保存一个留有域代码的版本，以便日后改投其他刊物时再修改。

问题 11：如何与 NoteExpress 及其他文献管理软件之间的数据互相导入？ NoteExpress 的文献可以通过 EndNote 格式的 Export/Import 实现，如果其他文献是 RIS 格式，都是可以直接互相导入的。

问题 12：Endnote 与 EndNote Web 如何共享文件？可以在 EndNote 左边导航栏 EndNote web configuration 中构造 EndNote web 的账户名和密码，构造好后 EndNote 就可以与 EndNote web 互相共享数据。

问题 13：Endote 下载安装过程出现的问题，如 Word 中没有出现 EndNote 工具条怎么办？①选择菜单视图—工具栏看是否 EndNote 工具被选中。②选择工具—模版和加载项—看 EndNote 文件（EndNoteCwyw.dot）是否被正确加载。如果没有加载，选择路径 C：\Documents and Settings\[USER NAME]\Application Data\Endnote 加载文件。③选择工具—选项—文件位置—启动看文件是否被安装在路径下 C：\Documents and Settings\[USER NAME]\

Application Data\Microsoft\Word\Startup；如果没有正确安装，关闭 word，打开 EndNote 安装程序，拷贝两个文件 N10CWYW.dot、EN10Cwyw.WordXP.wll 至路径下。

四、NoteExpress 和 EndNote 的对比分析

NoteExpress 和 EndNote 是两款功能相近的文献管理软件，使用方法基本相同。用户只要掌握其中一个就能够满足工作学习需要。下面列出这两者之间的一些细微差别，用户可以根据自己的需要选择一种（表 9-1）。

表9-1　NoteExpress和EndNote区别

功能	NoteExpress	EndNote
系统支持情况	支持 windows 不支持 Mac、Linux、Unix	支持 windows、Mac 不支持 Linux、Unix
支持字处理软件	支持 Microsoft word、OpenOffice 不支持 RTF 扫描	支持 Microsoft word、OpenOffice、RTF 扫描
常用数据库导入	支持 CNKI、WOS、EI、ProQust、EBSCOhost、Science Direct、Springer、ArXiv、IEEE、Emerald、MEDLINE	支持 WOS、EI、ProQust、EBSCOhost、Science Direct Springer、ArXiv、IEEE、Emerald、MEDLINE
pdf 内容抓取	不支持	支持
题录共享	不支持	支持

第二节　文献信息的分析

一、为什么要进行文献信息分析

对于用户来说，除了掌握快速的收集信息和有效管理信息的能力之外，还需要有一定的信息分析能力。譬如，检索某个研究方向，结果文献有上千篇，此时用户该如何对待这些文献？精炼检索条件很可能会导致有价值的文献被排除在外。在交叉学科盛行的今天，如果想了解其他领域的进展情况，由于缺乏相应的专业知识，如何判断哪些文献是有重要参考价值的文献？这些问题的解决都需要用户具备一定的文献信息分析能力。

通过文献信息分析可以帮助用户：①更快找到自己需要的东西；②处理大量信息；③从不同角度发现新的信息。

二、文献信息分析的工具

文献分析有很多方法，如引文分析、聚类分析、引文耦合等。这些方法使用比较复杂，但可喜的是已有成熟的软件实现了这些方法，用户直接使用这些软件就可以进行文献分析。目前，文献分析软件较多，如有 RefViz、hiscite、TDA、CiteSpace、OmniViz、biblioscape 等，这些软件有的是基于内容分析，有的是基于引文分析。例如，利用 RefViz 用户能得到所有文献的概览，然后深入了解感兴趣的主题。当获得这些主题较深的知识后，能找出谁正工作在所关注的领域；利用 hiscite 能够快速掌握某个研究领域的发展历史及现状。此外，还有分析研究前沿的 citespace 等。由于篇幅所限，本节挑选了两个比较简单且实用的软件 RefViz 和 Citespace 进行介绍。

Hiscite

三、RefViz

案例 9-3 解析

案例 9–3

某科研工作者刚开始一项新的课题研究，收集了数千篇与本课题相关的文献，通过什么方法可以迅速从这么多的文献中找出与课题最相关的文献？

（一）RefViz 介绍

RefViz 可以帮助用户分析、组织和管理大量的文献。它通过采取与用户阅读文献类似的方式，即通读所有文献找出关键信息，然后进行归类，并以可视化的图形方式将归类的结果展示出来，可以帮助用户发现研究热点，找出文献间的相互关系，快速了解某一领域的整体情况等。因此，该软件可以帮助用户确定研究方向，开拓研究思路，寻找新的解决方案和突破口等。

（二）RefViz 工作原理

RefViz 处理文献的方式与用户平时阅读文献的过程类似：把一类文献全部找来，逐一阅读文章标题以及摘要，然后根据主题内容的不同分成若干类。

RefViz 处理一批文献时，也是通过 reading-finding-dividing 的过程。RefViz 首先阅读文章的标题和摘要。与其他的软件不同，RefViz 并不是单纯通过词频来统计，而是通过一种数学模式找出哪些词是最重要的，哪些是次重要的，哪些是无关紧要的。然后，利用这些最重要的词和次重要的词对每篇文章进行标识，再通过标准的聚类方法将这批文献分成若干组（group）。RefViz 分组后并不像用户日常那样将每组文献再建一个文件夹，而是通过图示的方式将这些组的文献根据相互间的关系呈现出来。每个文件夹图标表示一组文献，每组文献之间根据相互的类似程度进行排列。图标的大小代表文章数的多少，分布的位置靠得越近，内容越相似。从图 9-8 还可以看出，左边的文件夹比较密集，说明这些方面文献较多，是这批文献中研究的热点方向。如果用户通过传统的方法建立多个文件夹，不通过详细阅读文件夹的内容是无法发现相互间的关系的，甚至连每个文件夹中文献的数量也得打开后才能知道。

RefViz 根据文章的内容快速将一大批文献分成若干亚类，并且将每组文献根据主要的关键词汇做上标示，就像用户把每一叠文献写上标签一样。在图 9-8 中，当鼠标经过每个文件夹的上方，都会显示出一个浮动窗口，这种方式便于用户快速了解其中的内容。

当一批文献经 RefViz 分类完成之后，还可以通过一系列工具去影响其分类。如通过调整 major topic，或者定义同义词（thesaurus）等，可以实现交互式的分类。当然，也可以通过辅助工具找出某些概念之间的相互关系，以及与某篇文章相关的其他文献等。

（三）基本功能

1．数据来源 可供 RefViz 进行分析的文献信息有三条来源途径：一是通过 RefViz 直接联网检索；二是对文献管理软件已经建立的数据库进行分析；三是通过一些预存的文本文献信息或通过格式转换过来的文献信息。RefViz 分析的结果有两种展示方式：Galaxy 视图和 Matrix 视图。

2．界面介绍 RefViz 是 Thomson ISI Research Soft 和 OmniViz 公司合作推出的一款可视化文本分析和数据挖掘工具，主页面有四个窗口：视图窗口（Galaxy/Matrix）、主题 / 检索窗口（Topics/Search）、参考文献浏览窗口（ReferenceViewer）和顾问窗口（Advisor），见图 9-9。它根据统计模型，用标准的数学聚类算法对文献进行分析，并以可视化的形式显现出来，

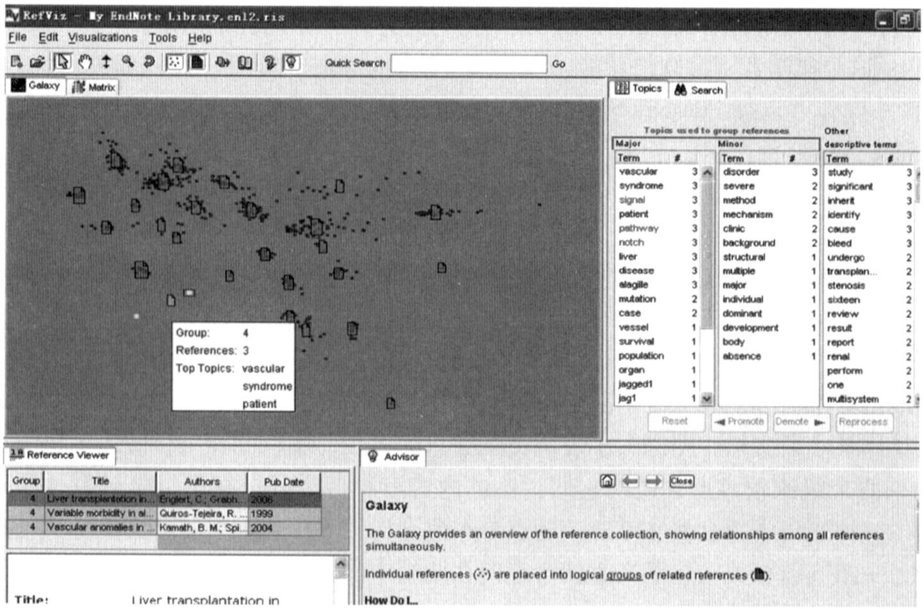

图 9-8　Galaxy 视图悬浮窗口

供大家研究。

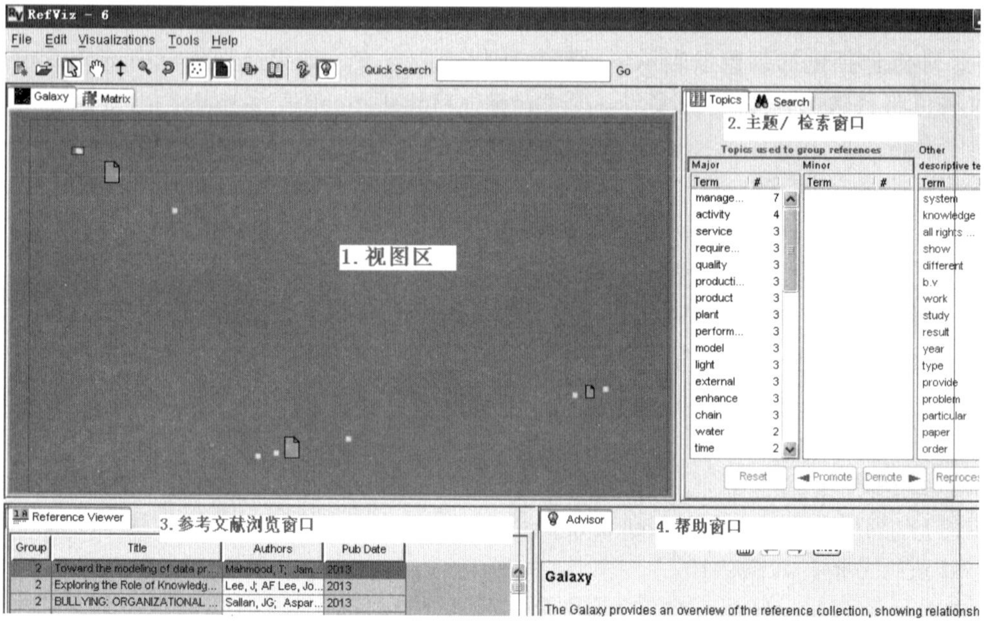

图 9-9　RefViz 主界面

RefViz 分析结果的显示窗口，图中每个文件夹图标表示一组文献，每个点表示一篇文献。如果鼠标移到每个文件夹上方，会显示一个浮动窗口，显示该文件夹的序号，文献数目以及本组文献讨论的主要关键词。文件夹的大小代表了该组中文献的数量。如果鼠标停留在某一篇文献的上方，浮动窗口会显示出这篇文献的标题以及所属 group 的号码。

Topic 包含 RefViz 用于分类的 major topic 和 minortopic，以及 descriptive terms。RefViz 依据 major topic，minor topic 进行分类。用户也可以通过调整 major/minor 影响 RefViz 的分类。

Reference viewer 是文献信息显示窗口，这里列出了所有被选中的文献信息，通过点击各个栏位进行排序。双击每条文献会在新的窗口中打开这条记录的详细信息。

Advisor 适合初学者了解软件功能，可以通过快捷菜单中的最后一个按钮关闭。

3．软件操作 选择 File-new view，在 create new view 子窗口选择 searching database（s）using reference retriever。

如果检索结果超过 32 000 条，需要删除部分数据库，或限制检索年代，或精炼检索条件等，使总的文献数少于 32 000 篇；如果少于 5 条，也是不能用软件进行分析的，需要用宽松的条件检索，并确认数据库设置正确。如果对检索到的信息满意，在 view name 中输入视图名，点击 retriever 开始下载检索到的文献。文献下载后会自动去除没有标题的题录，自动移除没有摘要的文献（这是默认设置，也可以在 View Creation Preferences 中修改）。

4．Galaxy 视图 Galaxy 显示的是所有文献分类的结果，表示的是一组文献，单个的小点表示的是具体某一篇文献。图标大小表示文献数目的多少，图标间相对位置表示每组文献间的关系。如果两个组比较靠近，说明它们讨论的内容有相似之处。在每组文献中，如果每篇文献讨论的内容比较集中，这些文献对应的点分布也会比较集中；如果某些文献除了与这组相关外，还与另一组文献相关，这篇文献就会趋向在两组中间的位置分布。当然，也可以通过对视图缩放来关注某一局部的信息。

5．Matrix 视图 Matrix 显示的是 group 和 major topic 之间的关系，或者显示 major topic 相互间的关系。每行显示的是每组中三个 major topic，每列显示的是用于区别每组文献的 major topic。方格中的颜色代表了 major topic 与 group 的相关性。红色表示正相关，蓝色表示两者没有相关性。

在 matrix 窗口的下方，有三个选择框。① Color by：Relevance，表示图中的颜色代表相关性，靠近选择框的颜色条表示不同颜色所代表的含义，如果此选择框中选择 counts，方框中的颜色将代表文献数量的多少。② Order：Alphabetical 表示 major topic 和 group 均按字母顺序进行排序；如果选择 similarity 将按相似性进行排列，会发现类似的 major topic 将排在一起，这将有利于快速找出文献之间的相互关系。③ Rows：groups，表示行代表的是 group，可以选择 major topics，那样每行将代表 major topic，此时可以用于快速浏览 major topic 之间的相互关系。

6．创建子视图 通过 RefViz 对一批文献进行分析，可能发现其中只有一部分与特定目标相关，对这部分文献再进行分析，有助于深入理解特定主题的相关信息。首先选择感兴趣的文献，依次点击 File - > Create Subset View…，RefViz 可以对这部分文献进行分析。可在弹出的窗口中对新的视图进行命名。

（四）应用案例

案例 1．利用关键词 Notch Signaling Pathway 在 PubMed 检索，共检索到 739 篇文献，利用 RefViz 进行分析，如图 9-10。

图中显示为 Galaxy 视图。对 739 篇文献进行了分类，每一个文件夹表示一组，文件夹越大表明该组含有的文献越多。当鼠标悬停在文件夹上时，会显示该组的组号、文献数量、主题词。当点击某个文件夹时，该组文献会显示在 reference viewer 窗口。双击 reference viewer 中的某一条文献，就会弹出一个独立窗口显示该文献的详细信息。Galaxy 视图右边显示分类的主题词。同样，点击某个主题词就会选中对应的视图中的文件夹。用户可以根据自己的意愿调整主题词的顺序，对应的视图也会发生改变。通过视图用户能够快速从大量文献中掌握研究热点。

案例 2．对案例 1 检索结果以 matrix 视图的形式显示，如图 9-11。

横坐标代表主题词，纵坐标代表不同的组。纵横坐标的交叉点表示了主题词和该组的关系强弱，关系的强弱用颜色表示，红色表示关系最强。在浏览完 Galaxy 视图后，再分析它的 matrix 视图，就能很快了解该组文献最重要的主题概念。图中组 1 和主题词 leukemia、ligand、

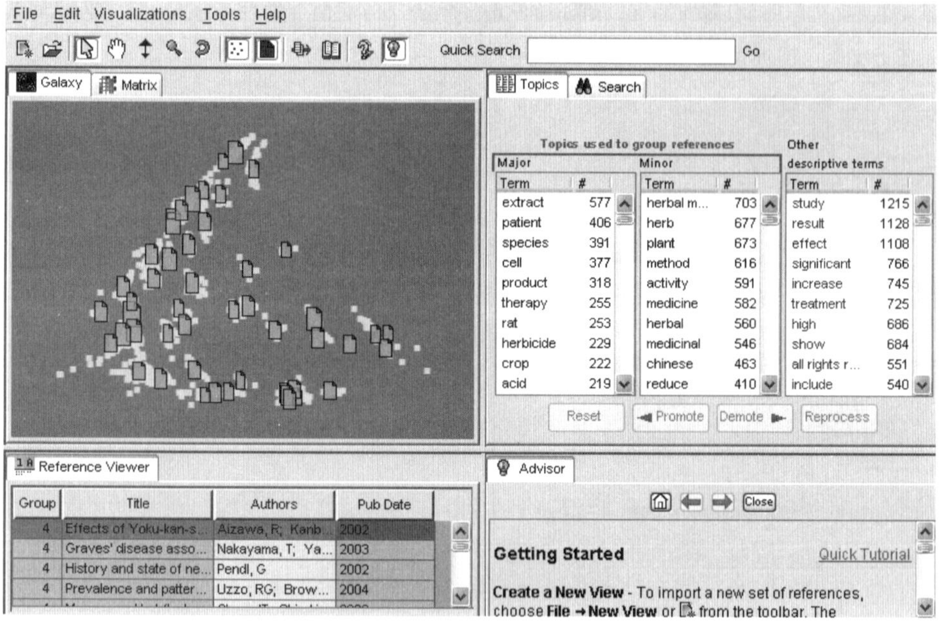

图 9-10　Galaxy 视图

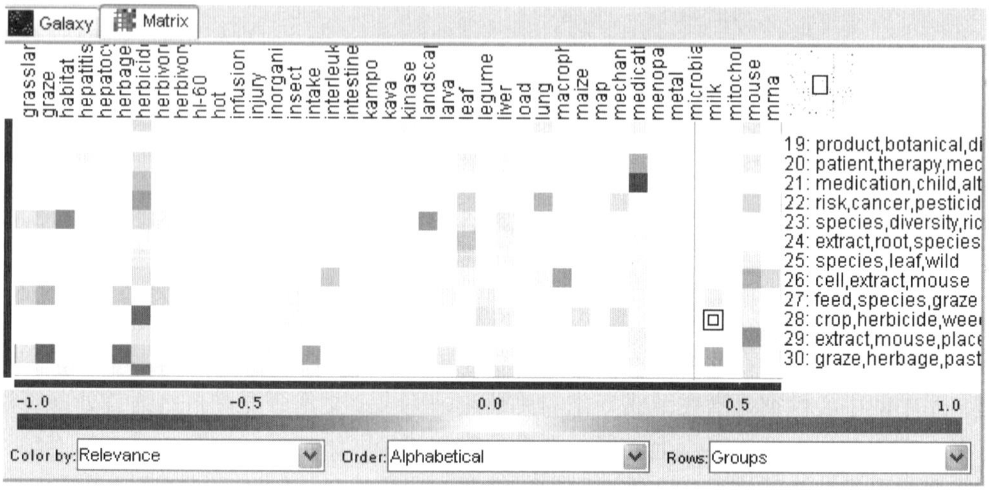

图 9-11　Matrix 视图

mutation 和 inhibit 等交叉点为红色，说明关系最紧密。

案例 3．检索 Nature 杂志 2010 年论文，共查到 2 640 篇文献。分析 Galaxy 视图，见图 9-12。

从该图可以看出组号 11 文件夹最大，包含 150 篇文献，主要内容为 cell、signal 和 mouse。用户能够很快从上图看出国际顶端期刊的研究热点。

四、CiteSpace

案例 9–4

如何获取某研究领域的研究热点和研究前沿？

案例 9-4 解析

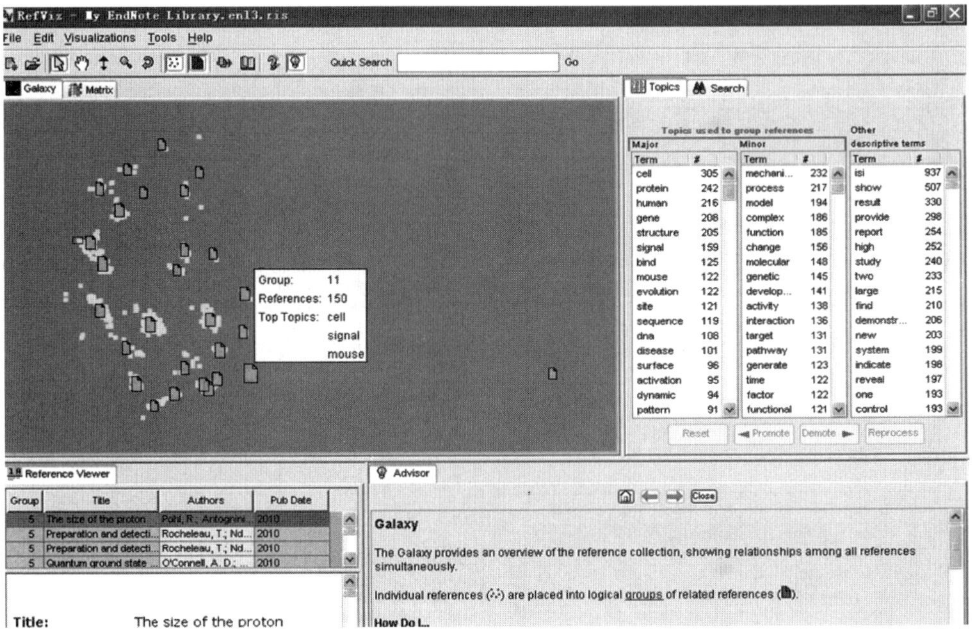

图 9-12 *Nature* 杂志 2010 年论文 Galaxy 视图

（一）**CiteSpace 简介**

CiteSpace 是一款可视化文献分析软件，能够显示一个学科或知识域在一定时期发展的趋势与动向，形成若干研究前沿领域的演进历程。基于信息科学中“研究前沿”和“知识基础”间的时间对偶概念，并实现了两个互补的视图：聚类视图和时区视图。简单来说，就是找出学术文献中文字（包括作者、杂志、关键词、被引用词汇等）的关系，并可视化表示出来。

用共被引文章聚类形成科学引文网络中的学科（领域）点，用点的中心性（Centrality）图论概念量化点（聚类）在共被引网络中的重要性，用突变检测算法辨识新兴学科研究前沿专业术语，用中间中心性突显潜在范式变化的关键点，用自动文本概要和自然语言处理算法将研究重点集中在为数不多的连接点上，用最小生成树和路径网络选择和控制学科点间连接。利用文献网络变化可视化技术将科学文献表示为三维图，用户通过控制时间能够看到科学随时间的发展趋势。

（二）**CiteSpace 数据分析实践**

1．使用 CiteSpace 步骤 使用 CiteSpace 分为数据准备、使用系统、运用图谱和分析结论四个步骤，数据准备包括文献检索和数据保存、使用系统包括数据导入和调谐数据；运用图谱包括读图谱和获取引文；分析结论包括研读引文、分析结论和专家咨询。

不同的数据库有不同的数据保存方法，下面介绍最重要的四个数据库保存方法，其中 PubMed、CNKI 数据需要转换，而且不能做引文分析，CSSCI 数据需要转换，能够做引文分析，Web of science 数据不需要转化，能够做引文分析。

几种数据库导出方法：① Pubmed 数据导出步骤：在检索结果界面选择 send to → File → Format（XML）→ Create file。② Web of science 数据导出步骤：选择核心合集检索→检索结果界面→保存为其他文件格式→记录内容（全记录与引用的参考文献）→纯文本。注意，如果还需要使用文献计量网站（bibliometric.com）对文献进一步可视化分析，在检索 web of science 时，只能选择 SCI-EXPANDED，如果多选的话，不能使用该平台可视化分析文献。③ CNKI 数据导出步骤：检索数据→选择文献条目→选择导出 / 参考文献→选择 Refworks 格式→导出文件。④ CSSCI 数据导出步骤：检索界面选择需要的文献条目→下载→ txt 文件。其他数据库如 Derwent 专利、Scopus 等数据库的导出方法和上述数据库基本相同，具体内容可以参照软件使用说明。但无论从哪个数据库下载的文件，都要以 download 开始的文件名命名，这是系统的规定，否则就会报错。

数据的导入：软件指南中建议首先建立四个空文件夹：input、output、data、project。Input 文件夹保存从数据库中下载的题录数据，output 文件夹保存格式转化后的数据，data 保存需要可视化分析的数据（和 output 文件夹内容相同，为了更加清晰地将 output 中的文件直接拷入 data 文件夹，也有许多用户不建立 data 文件夹）。导入数据：建立 new project → data directory 选择开始建立的 data 文件夹→ project home 选择开始建立的 project 文件夹→ save →点击 go 开始加载数据。在加载数据前可以根据需求做一些适当的调整，包括导入数据年代、数据年代切片、选择聚类词来源、选择聚类点类型、选择聚类词源、阈值调整、剪切连线、可视图形式。如果用户没有设定导入数据的年代或设置错误，系统会根据导入数据的年代范围自动调整数据年代，用户只需要再点击一次 go 按钮。聚类节点包括四种：合作网络分析（作者、机构、工作）、共现分析（主题、关键词、分类）、共被引分析（文献、作者、期刊）、耦合分析（论文）。在选择聚类节点类型时，需要注意没有引文数据文件不能进行引文分析，如 PubMed、CNKI 等。阈值调整、剪切连线和可视图形式一般设定默认值。在 space status 栏会显示阈值数、年段内引文数、年段内聚类点、年段内连接数信息。

2．图谱调谐　生成可视化图谱后，可以通过图谱调谐方法使图谱更加直观和漂亮。图谱采用不同的色标条表示年代，可以选择标题词、主题词和摘要词标记聚类。图谱的大小、字体大小、颜色、亮度、透明度等都可以在面板中进行调节，有聚类视图、时间视图和时区视图三种显示方式。

3．判读知识图谱

（1）最小生成树合并网动画图谱：图谱中各色圆环标识为高共被引文献聚类节点，表示学科或研究的热点、前沿领域。节点颜色及厚度反映研究年代及被引次数，节点大小与位置分别表示研究多少和核心层度，各色连线表示首次共被引年代，突显点表示新兴学科。

（2）显示聚类节点及其标题词的图谱：每个节点代表一个高引文献，聚类环包括一组相关节点，聚类标题词显示研究前沿主题。

（3）研究进展时间图：按照年代显示研究前沿，聚类标题词表示研究热点。另外，还有研究进展时区图，该图和研究进展时间图读取方法相同。

4．利用知识图谱　分析高共被引文献和提取研究热点：鼠标右键点击高被引文献，选择 citation history，通过高共被引文献的高引频文献内容研读，得到学科、研究的发展趋势。通过时区图的各个节点文献可以获取研究进展态势。

五、书目共现分析系统（BICOMB）

案例 9–5

某科研工作者在进行一项课题研究，收集了数千篇与本课题相关的文献，怎样快速将这些文献按照主题分类，并且从这些文献中找出与自己课题最密切的相关文献？

案例 9-5 解析

（一）BICOMB 介绍

1．BICOMB 主要功能 书目共现分析系统（BICOMB）可对国际上权威的生物医学文献数据库 PubMed、科学引文索引（Web of Science，WOS）、中国知网（CNKI）等数据库的记录进行读取分析，并允许用户对某些功能进行增加和修改。主要功能包括文献计量分析功能，对常用文献计量分析的指标进行频次统计，如来源文献的作者、期刊、主题词、发表年代的统计、被引文献的作者、期刊、年代等统计。生成共现矩阵，对文献数据库中存在多个条目的字段统计并生成共现矩阵，如作者合著、文献共引、主题词共现等。

2．BICOMB 工作原理 ①抽取字段：对于从来源数据库下载的文献记录，指定要统计分析的字段（如主题词）进行抽取。②频次统计：对于抽取出来的条目（如具体的主题词）统计出现频次，并根据频次分布情况确定阈值，截取要进一步分析的部分条目（如高频主题词）。③共现矩阵生成：对于截取出来的条目，根据它们在同一文献记录中共同出现的次数生成共现矩阵。

（二）BICOMB 数据分析

1．数据收集 分为检索和下载两个步骤。检索过程即为找到切题的文献。目前按照业务需求，软件系统可对< xml >< txt >这两种格式的文件类型进行指定内容的提取工作。在 PubMed 数据库中点击 Display Settings，选择 xml 格式显示检索到的文献，将文献以文本文档的形式保存到本地磁盘中。保存 Web of Science 数据库检索结果时，记录内容选择全记录与引用的参考文献，然后保存为文本文件。保存中国知网和万方检索结果时，在页面右侧保存形式中选择 notefirst 格式，保存为 xml 格式。

除了每个数据库标准的导出格式外，用户也可以自定义数据格式。当采用自定义数据格式时，需要在 BICOMB 中建立自定义抽取模版。具体操作可以参考 BICOMB2.0 使用说明。

2．建立项目 点击工作区的“项目”选项卡，选择“增加”功能，然后给这个新项目命名一个编号，编号可以包含数字或字母，但不可包含数字或字母以外的其他字符。根据项目选择特定的格式类型。如对从 PubMed 中获得的数据分析时，应选 PubMed < xml >格式类型。为便于理解，可以在“项目说明”中录入一些关于新项目的说明。

3．字段提取 一次可以提取一篇文档或多篇文档的字段，提取完成后选择“选关键字段”，软件系统将显示从相应文件或目录中提取的相应关键字段的全部数据内容。对于转换并提取的数据，存在着各种错误，如中文关键词的同义词现象，SCI 引文中作者姓名有多种写法，在进一步操作时需要修改这些错误的数据。

4．频数统计 BICOMB 可以对记录中的字段进行汇总统计，并可将其统计结果全部或部分（通过“频次阈值”控制导出数据的范围）导出至 Microsoft Excel 格式表格文件。

5．生成矩阵 点击工作区左下角功能选项卡中的“矩阵标签”，进入矩阵生成页面。首先要设定出现频次的阈值，本系统不仅可以对高于特定阈值的条目进行共现统计，也可对某一数值范围内的条目进行统计，如被引次数高于 10 次低于 39 次的被引论文。具体做法是在上部工具栏中“频次阈值”后面的两个框中选择上下两位阈值，然后点击“生成”按钮。

“词篇矩阵”是针对主题词 - 文献矩阵而言的一种简便称呼，该矩阵的第一列是主题词，第一行则是文献记录的号码，如果是 PubMed 记录，则是该文献记录的 PMID 号。如果是引文矩阵，则第一列是被引文献，第一行则是引用（来源）文献。中间格子中的数字（“0”和“1”）分别代表该词在对应的文章中是否出现，或者该论文是否被对应的来源文献所引用。

“共现矩阵”则是一种相似矩阵，在词篇矩阵的基础上，点击功能选项卡中的“共现矩阵”标签，然后点击“生成”按钮即可，此时生成的矩阵中行和列是一样的，可以是高被引论文或者高频主题词、高产或高被引作者等，矩阵中的数值则是行和列共现的次数，对角线上的数字则是条目出现的总次数。如高被引论文的同被引矩阵，对角线上的数字就是该论文的被引总次数，其余的数字则是不同的两篇论文同时被其他论文引用的次数。可以进行共现分析的条目有作者、单位、主题词或关键词、引文等。

系统生成矩阵后，点击工作区上部工具栏上的“导出矩阵至 txt”按钮，矩阵导出到 txt 文档。在“共现矩阵”中，点击矩阵中的相应数字，会生成有关信息。如在同被引共现矩阵中，点击数字可以导出同时引用对应行和列两篇论文的来源文献。对于主题词 / 关键词共现矩阵，则显示含有行和列对应主题词 / 关键词的文献记录。

6．聚类分析（cluster analysis） 是一个将数据集划分为若干组或类的过程，同一个组内的数据对象具有较高的相似度，不同组中的数据对象不相似。相似或不相似的描述是基于数据描述属性的取值来确定的。通常采用（各对象间）距离表示。BICOMB 本身没有聚类分析功能，但可以将生成的矩阵导入 SPASS，然后采用 SPASS 提供的系统聚类方法对文献进行聚类。

（三）BICOMB 常见问题解答

1．怎样自定义抽取模版？

答：通过“管理员 - 格式定义 - 增加”，用户可以新增或者修改来自不同数据库和下载格式的各种文本记录的抽取模板。

2．怎样只显示部分数据？

答：结果显示栏上方有“全部；仅同值”选择功能，可以通过“仅同值”功能使数据列表只显示等于某个值的数据。

（翟中会）

第三节 文献信息的利用

案例 9-6

某位学者想进行科研课题的立项查新。其课题检索需求为：检索小型猪腹壁拉链动物模型应用研究的相关文献。课题研究的主要内容：主要研究小型猪腹壁拉链动物模型在教学和科学研究中的应用，重点开展应用方向探讨：①小型猪腹壁拉链动物模型麻醉效果的实验研究。将小型猪腹壁拉链动物模型、犬和小型猪分别进行麻醉，观察动物注射麻醉药后特定时间到苏醒各时间点的生物反射情况、麻醉情况，以及麻醉前后的体温（T）、呼吸频率（R）和心率（P）变化，并记录麻醉维持时间等，比较三者的麻醉效果。②小型猪腹壁拉链动物模型应用于普通外科阑尾切除术和脾切除术中的实验研究。在实验教学中，小型猪腹壁拉链模型为实验对象，开展阑尾切除术和脾切除术是普通外科手术，验证该实验模型的临床实验教学合理性及可行性。③利用小型猪腹壁拉链模型评价药物效果，探讨多潘立酮（吗丁啉）和阿托品对小型猪腹壁拉链动物模型胃肠蠕动的影响。④利用小型猪腹壁拉链模型，对外科手术以及手术后相关操作进行优化。⑤利用小型猪腹壁拉链模型对肠吻合术操作进行优化。在进行不同外科手术方法优劣比较时，常规方法是使用大量动物进行多组对照，比较不同试验方法的优缺点；该种方法的动物使用量较大，同时，不同动物的体质差异不同，手术后恢复能力也不尽相同，存在一定的误差。

案例 9-6 解析

查新工作是中国特有的一项信息服务工作，它起始于 1986 年，当时卫生系统存在着科研重复、成果水平较低等问题，成果评审专家提议在科技成果鉴定之前由信息职能部门进行文献查新检索，其目的是衡量立项的意义、水准及成果评价的准确性和公正性。历经二十余年，查新咨询工作已在全国普遍开展，并纳入制度化的轨道。目前，查新工作主要由教育部科技发展中心主管。为确保查新质量，教育部科技发展中心于2003年5月14日发布了科技查新规范，并定期对各级查新单位进行资格复审。

一、科技查新的定义及作用

（一）科技查新的定义

2000年12月，科技部发布的国科发计字［2000］544号文件，对查新是这样定义的：查新是科技查新的简称，是指查新机构根据查新委托人提供的需要查证其新颖性的科学技术内容，按照本规范操作，并做出结论。查新咨询工作顾名思义是查证某一课题的新颖性。新颖性是指在查新委托日以前查新项目的科技内容部分或者全部没有在国内外出版物上公开发表过。查新咨询与科研立项是密不可分的。

查新是文献检索和情报调研相结合的情报研究工作，它以文献为基础，以文献检索和情报调研为手段，以检出结果为依据，通过综合分析对查新项目的新颖性进行情报学审查，写出有依据、有分析、有对比、有结论的查新报告。也就是说，查新是以通过检出文献的客观事实来对项目的新颖性做出结论。因此，查新有较严格的年限、范围和程度规定，有查全、查准的严格要求，要求给出明确的结论。查新结论具有客观性和公正性，但不是全面的成果评审结论。这些都是单纯的文献检索所不具备的，也有别于专家评审。

（二）科技查新的作用

1．查新是科研立项的基础 查新能为科研立项的可行性论证提供重要的文献依据。科技工作者在进行一项新的研究之前，首先应该了解该项目的可行性。为此，必须通过查新来掌握国内外在此方面的研究动态、研究方向、存在问题、目前的水平、发展趋势等，通过市场调查和预测了解该成果的推广应用价值，最后再根据本单位已具备的条件决定是否应开展此项研究。这样可避免课题低水平重复，从而节省人力、物力、财力，减少科研重复浪费，提高科技投资效益。查新工作从信息角度保证了高水平、高起点、高质量。科技查新咨询部门是经过国家科技管理部门认证的具有查新业务资质的信息咨询机构，具有丰富的信息资源和熟悉这些资源的信息专家，能够快速和准确地提供某一课题最新的资料。

2．查新为成果鉴定提供客观依据 查新的目的是为专家评议提供全面、准确的客观依据。它可以有效地弥补专家评议之不足，提高成果评议水平，减少鉴定评奖的失准现象，促进科技管理的科学化和标准化，在一定程度上消除不正之风对科技管理和成果评价的干扰和影响。

3．查新是科研管理工作中决策科学化的一个支持系统 查新对提高科技管理与决策的科学化、规范化水平，增强科技投资效益具有重要意义。以前科研管理部门对某个项目是否应该给予经费资助、资助金额多少，是凭借多年的经验和专家们的建议。随着科学技术的飞速发展和学科的分散交叉，即使是某一学科的专家也很难跟上科学技术的快速变化，因此，查新咨询工作更显示出其重要性。它能使科研管理者和专家们节约宝贵时间，能得到某学科研究现状、存在问题和发展趋势，从而判断这个项目是否资助与资助的力度。

二、科技查新的类型

科技查新的类型有：科研项目开题立项；成果鉴定、评估、验收、转化、奖励等；专利申请等。

（一）科技立项查新

科研项目开题查新在课题立项之前进行，为开展某项研究的必要性、可行性、新颖性提供比较客观的评价依据。开题查新要对研究课题的过去和现状进行调查，弄清楚国内和国外、前人和他人已做了哪些研究，取得了哪些成果，所研究领域的最新发展动态，以及存在的问题等，对申请查新课题的新颖性、创新性及可行性进行综合分析比较，为确定申请课题是否具有立项价值提供科学依据。同时，查新还可以帮助科研人员认准研究方向，摸清该领域的现有水平。正确制订科研目标和规划，提高选题的针对性，增加成功的概率，避免学术研究的低水平重复，减少人力、物力、财力的浪费。

（二）成果鉴定查新

如果想对科研成果实施奖励或者推广应用，则首先要对它实行鉴定查新。通过查新可以知道该成果在国内外是否已有文献报道，相似的研究进展如何，为评审专家评价这一科研成果新颖性、先进性、实用性提供依据。

科研成果鉴定查新对于帮助专家公正地、客观地评价研究成果，减少失误，保证成果的质量，增强科学的严肃性，实事求是地反映科研水平起着重要的作用。

（三）专利查新

专利申请查新主要是对专利的新颖性进行查新。其目的是检索某项专利申请的新颖性，即对有没有与该项专利申请完全相同的发明创造做出审查。这类查新对新颖性的内涵及查新的时期、空间范围均有明确的规定，这种专利查新工作通常由专利代理人和国家发明奖励评审委员会认定的国家发明奖项目查新机构来完成。而科技信息部门所进行的专利查新可为专利申请人申请专利提供参考依据。

三、科技查新的工作流程

查新工作包括查新委托、查新受理、文献检索（包括检索准备、选择检索工具、确定检索方法和途径、查找文献）、完成查新报告、文件归档等。

（一）查新委托

委托查新是查新咨询工作的第一步，也是关键性的一步，关系到查新人员与委托人能否就该课题创新点达成共识，能否尽快地、较准确地完成用户的查新委托，出具的查新报告是否符合实际和要求。因此，查新委托人应当据实、完整地向查新机构提供查新所必需的资料，包括：①查新项目的科学技术资料；②技术性能指标数据；③查新机构认为查新所必需的其他资料。此外，查新委托人还应当尽可能提供下列查新所需要的资料：①参考检索词，包括中英文对照的查新关键词（含规范词、同义词、缩写词、相关词）、分类号、专利号、化学物质登记号等。关键词应当从查新项目所在专业的文献常用词中选择；②国内外同类科学技术和相关科学技术的背景材料；③参考文献，列出与查新项目密切相关的国内外文献（含著者、题目、刊名、年、卷、期、页），以供查新人员在检索时参考。

首先，委托人应仔细填写“科技查新合同”或“查新咨询检索委托书”，分别用中英文书写查新的课题名称、主题词或关键词。其次，提交完整的资料，包括课题设计书、科研总结报告或公开发表的论文及密切相关的参考文献。再次，书面论述课题的新颖点，即与前人的不同点及创新点，这是决定课题先进性、新颖性的重要条件。有的委托人在申报课题时，由于某些原因，如时间仓促、思考不周，会使课题的新颖性不十分明确。通过叙述课题的新颖点、创新点、着眼点，可帮助其进一步明确科研方向、研究方法，甚至修改科研内容。

（二）查新受理

查新咨询受理人应根据教育部科技发展中心制定的《科技查新机构管理办法》和《科技查新规范》，判断待查新项目是否属于查新范围，查新项目所属专业是否属于本机构承担查新业务的受理范围；初步审查委托人提交的资料是否存在缺陷，是否符合查新要求；判断委托人提交的资料内容是否真实、准确；判断委托人提出的查新要求能否实现；确认能否满足查新委托人的时间要求；初步判别查新项目的新颖性。在认真审查后，双方经讨论和协商，在互相理解并达成一致后，签字以示正式委托和受理，并办理相应的手续。但有下列情况之一时，查新机构可以拒绝查新委托：①委托人不能明确列出查新题目下各个查新点；②委托人不能出具与查新内容相关的技术资料。

（三）检索准备

检索准备首先应认真审题，它实质上是将委托人根据信息需求而形成的概念转换成查新人员的检索概念，即检索词和检索入口。委托人的叙述（描述词）与课题实质性内容基本一致，即委托人概念与检索概念基本一致，审题比较容易。但更多的情况是委托人的描述脱离其实质内容，即委托人的概念与检索概念相距甚远。这与委托人课题内容不清、因保密或其他原因有意掩盖实质性内容、叙述的概念过大或用词不当有关，也与委托人的叙述大多用自由词，而检索大多用主题词有关。查新人员应通过与委托人交谈、请教专家、查阅书刊等，准确、全面地理解和把握科研课题的实质性内容，最后根据课题实质内容选择相应的主题词。审题除了要明确研究对象的内涵、外延以外，还应了解所采用的仪器设备、技术方式、工艺路线、所用药物、手术方式等内容，从中领会课题的实质内容，将其转化成检索概念，并参阅 MeSH 表、树状结构表，以确定主题词、类目及其逻辑组配。

（四）选择检索工具

医学科技查新项目的学科包括基础医学、临床医学、药学、公共卫生学、预防医学、生物医学相关学科。因此，检索时应选择与这些学科相关的刊物或数据库，并且要选择具有针对性、覆盖面广、权威性强的检索工具进行检索。另外，要采用手工检索和计算机检索相结合的方法。除利用检索工具书和数据库外，必要时还需补充查找与查新项目内容相关的现刊和相关网络资源，互为补充，避免漏检。

（五）确定检索方法和途径

根据查新项目所属专业的特点、检索要求和检索条件确定检索方法和途径。具体检索方法和途径详见第一章。

（六）查找文献

查找文献时，以计算机检索为主，手工检索为辅。在实际的检索过程中，会遇到检索结果过多或过少的情况，因此需要对检索策略进行调整。

（七）完成查新报告

查新报告是查新咨询工作的最终结果和形式，是查新机构用书面的形式就其处理的查新事务和得出的查新结论向查新委托人所做的正式陈述。经审核员审核，查新员和审核员共同签字后，可出具正式的查新报告。查新人员一般按照下述步骤完成查新报告：①根据检索结果和阅读的需要，索取文献原文；②对索取的文献，根据查新项目的科学技术要点，分为密切相关文献和一般相关文献，并将相关文献与查新项目的科学技术要点进行比较，确定查新项目的新颖性，草拟查新报告。审核员根据《科技查新规范》、相关文献与查新项目的科学技术要点的比较结果，对查新程序和查新报告进行认真审核。

（八）文件归档

按照《科技查新规范》查新档案管理的规定建立科技查新档案，每个完成的查新项目应有完整的档案记录。查新员应及时将查新委托书、查新合同、查新项目相关资料、查新报告及其附件、查新咨询专家的意见、查新员和审核员的工作记录等存档，并及时将查新报告登录到国家查新工作数据库。

四、科技查新报告

（一）科技查新报告的基本内容

科技查新报告是查新机构用书面形式就查新事务及其结论向查新委托人所做的正式陈述。科技查新的最终结果体现为查新报告，科技查新的质量也主要通过查新报告体现出来。查新机构应当在查新合同约定的时间内向查新委托人出具查新报告。查新报告的基本内容有如下三部分：

（1）查新报告编号，查新项目名称（中英文），查新委托人名称，查新委托日期，查新机构的名称、地址、邮政编码、电话、传真和电子信箱，查新人员和审核人员的姓名，查新完成日期。

（2）查新目的、查新项目的科学技术要点、查新点与查新要求、文献检索范围及检索策略、检索结果、查新结论、查新人员与审核人员的声明、附件清单。

（3）查新委托人要求提供的其他相关内容。例如查新项目的科学技术资料或技术性能指标数据。

（二）科技查新报告的基本要求

（1）查新报告应当采用科学技术部规定的格式，内容符合查新合同的要求，提交的时间和方式符合查新合同双方的约定。

（2）查新报告应当采用描述性写法，使用规范化术语，文字、符号、计量单位应当符合国家现行标准和规范要求，不得使用含意不清、模棱两可的词句，应当包含足够的信息，使得查新报告的使用者能够正确理解。

（3）查新报告中的任何分析、科学技术特点描述、每一个结论，都应以客观事实和文献为依据，完全符合实际，不包含任何个人偏见。

（4）“文献检索范围及检索策略”应当列出查新人员对查新项目进行分析后所确定的手工检索的工具书、年限、主题词、分类号和计算机检索系统、数据库、文档、年限、检索词等。

（5）“检索结果”应当反映出通过对所检数据库和工具书命中的相关文献情况及对相关文献的主要论点进行对比分析的客观情况。检索结果应当包括下列内容：①对所检数据库和工具书命中的相关文献情况进行简单描述；②依据检出文献的相关程度分国内、国外两种情况分别依次列出；③对所列主要相关文献逐篇进行简要描述（一般可用原文中的摘要或者利用原文中的摘要进行抽提），对于密切相关文献，可节录部分原文并提供原文的复印件作为附录。

（6）查新结论应当客观、公正、准确、清晰地反映查新项目的真实情况，不得误导。查新结论应当包括下列内容：①相关文献检出情况；②检索结果与查新项目的科学技术要点的比较分析；③对查新项目新颖性的判断结论。

（7）查新人员应当根据查新项目的科学技术要点，将检索结果分为密切相关文献和一般相关文献。

（8）检索附件包括密切相关文献的题目、出处及其原文复制件；一般相关文献的题目、出处及其文摘。

（9）有效的查新报告应当具有查新人员和审核人员的签字，加盖查新机构的科技查新专用章，同时对查新报告的每一页进行跨页盖章。

（张 帆 文 丽）

小结

常用知识管理工具比较

本章主要介绍了几种文献管理和分析软件的应用，通过学习这些软件方便了解文献信息的管理、分析和利用。本章的主要作用是帮助读者在很短的时间内了解软件最重要的功能，能够运用该软件为自己的科研工作服务。在文献分析一节参考了中国科技大学罗昭锋博士编写的文献管理与信息分析手册。由于该手册没有正式出版，不能在参考文献中列出，所以在此说明并表示感谢。

练习题

第9章练习题参考答案

1．撰写中英文论文分别应该使用哪种参考文献管理软件？
2．课题研究初始阶段怎样用 RefViz 对大量的文献进行分析？
3．如何利用 RefViz 分析研究交叉点？
4．为什么从数据中下载的题录不能导入 CiteSpace？
5．科技查新的类型有哪些？
6．科技查新的流程有哪些？

第10章 医学论文写作

导 言

医学科研成果的主要表述形式之一就是医学论文，它是医学实验研究或临床实践的书面总结，是交流经验、传播成果，不断提高临床诊治和科研水平的重要部分。医学论文写作是医学研究工作的重要组成部分，撰写高质量的医学论文对推动科学事业的发展与进步有重要意义。

根据写作论文的目的、性质及作用的不同，医学论文有科研论文、学位论文、调查研究、病例报告、综述与述评等。系统评价和Meta分析是循证医学中生产高质量研究证据的重要方法之一。近年来，系统评价、Meta分析受到了临床医师以及医学高校科研工作者的广泛重视，系统评价与Meta分析论文逐年增多。医学科研论文、综述、系统评价、Meta分析论文，在内容、结构与要求、写作方法上都存在一定的区别，那么如何进行相关医学论文的写作呢？

第一节 医学科研论文写作

一、医学科研论文写作概述

（一）医学科研论文的含义

早在19世纪，英国著名科学家法拉第曾指出，一项有用的科学研究过程有3个必要的阶段：开始（to begin）；完成（to end）；发表（to publish）。按照公认惯例，只有将科研成果以论文或著作的形式正式发表，一项研究过程才算完成，研究成果才能得以传播和承认。

一般认为，医学及其相关联学科的科技工作者以现代科学知识为理论指导，经过科研设计、实验与临床观察或现场调查等研究手段，针对医药卫生领域里的某些现象或问题进行专题讨论、探索，而写成的能够反映客观规律和事实的新理论、新观点、新见解的学术性文章可统称为医学科研论文。

（二）医学科研论文的写作特点

现代医学的发展，医学理论模式已经由传统生物医学模式向生物-心理-社会医学综合模式转变，所以医学科研写作内容就涉及医药科学研究、临床医学、社会卫生、医学教育等领域。医学科研论文的写作有以下特点：

1. 科学性 是医学科研论文写作的基本要求，是医学论文的生命。一方面，医学科研论文的内容一定要符合科学规律，研究的过程、数据和结果不仅要求能够客观地反映医学科研的实践与经验，而且能够接受实践的检验；另一方面，医学科研论文的表述要求语言准确、结构严谨、思维符合逻辑规律。

2．创新性 是医学科研论文写作的灵魂，是科研论文发表的必备条件。表述科研成果的学术论文贵在创新。所谓创新性，就是要在医学科研论文中报告新发现、新发明、新创造、新进展、新方法、新观点、新理论等新内容。

3．学术性 医学论文一般由论点、论据、论证构成，因而要站在一定的理论高度，要分析带有学术价值的现实问题，要求运用科学原理和方法，通过严密的论证和分析，揭示事物的内在本质和发展变化的规律，而不是对客观事物外部直观形态和过程的叙述。

4．规范性 医学科研论文写作必须按一定的格式和要求进行规范写作。医学论文写作规范化，就是要求作者撰写医学论文时执行文献工作的有关国家标准、规定和规范，即语言文字规范化和论文写作格式规范化。

二、医学科研论文的结构与要求

根据温哥华格式及我国国家标准的一般规定，国内外医学科研论文的结构基本相同，一般可分为三大部分：前置部分、正文部分和后置部分。按由前至后的顺序依次为：题目、作者及作者单位、摘要、关键词、引言、材料与方法、结果、讨论、致谢和参考文献等，见表 10-1。但不同的期刊在某些细节上可能会稍有区别，如参考文献的标识、标点符号等，因此，在论文写作细节上须参阅相应期刊的稿约和最近期刊论文。

表10-1 医学科研论文格式要求

前置部分	正文部分（四段式）	后置部分
题目	引言	致谢
作者；作者单位；邮编	材料和方法（或临床资料）	参考文献
中文摘要 / 英文摘要	结果	注释（选用）
关键词	讨论	附录（选用）
中国图书馆分类法分类号	结论（选用）	利益冲突声明（选用）
文献标识码	—	—

（一）前置部分

1．标题（Title） 也称题名、篇名、题目，是论文核心内容的高度概括，要求准确、精炼、醒目，能够用最简明、最恰当的语词正确表现论文的中心内容。一个好的医学论文的标题，不但要简明扼要、概括全文，而且要鲜明生动，富有吸引力，能够引发读者阅读论文正文内容的兴趣。

医学论文应尽量少用副标题，并且避免使用系列论文的形式，如“……研究之一”“……研究之二”等。如“新利尿合剂在妊高征治疗中的作用——附 23 例临床分析”宜改为“新利尿合剂治疗妊高征 23 例分析”。

当标题无法准确地概括论文内容时，可以加副标题进行补充说明。一般副标题的前面加破折号或冒号，置于标题的下面或后面，也可以在标题的后面将副标题用圆括号括起来。如“跨角膜上皮核黄素——紫外线胶原交联的研究进展”“土耳其地中海地区的天疱疮：148 例病例研究”“小儿重度烧伤的早期补液问题（附 70 例分析）”。

2．作者（Author）

（1）署名的基本原则：署名的个人作者，只限于那些选定课题和制订研究方案，直接参加全部或主要部分研究工作并做出贡献，以及参加撰写论文并能对内容负责的人，按其贡献大小排列名次。

作者署名必须同时符合以下条件：在研究构思和设计、数据获取、数据分析或资料解释中的任何一方面做出实质性贡献；在论文的撰写或对论文重要内容做出了关键性的修改；对发表的版本做最终定稿；对论文的真实性核准确性做出担保，并回应质疑和做出解释。

（2）署名的权利与义务

1）著作权：是法律给予作者的一种专有权。《中华人民共和国著作权法》中规定："著作权属于作者""在作品上署名的公民、法人或者其他组织为作者"。著作权包括发表权、署名权、修改权、保护作品完整权、使用权和获得报酬权等一系列的人身权和财产权。在作品上署名即表明作者身份，拥有作品的著作权。除法律允许的如课堂教学、科学研究、新闻媒体报道等合理使用情形外，未经著作权人授权，其他任何人不得占有、控制和使用其作品。

2）文责自负：论文一经正式发表，署名者应对论文负政治、科学、法律和道义上的责任。若论文中存在剽窃、抄袭的内容，或者政治、科学和技术上存在较大错误，那么署名者就应完全负责，署名即表示作者愿意完全承担责任。

3）学术交流：署名也是为了建立作者与读者之间的联系。读者阅读文章后，若需要同作者请教、询问、质疑、商榷，甚至寻求帮助，都可以直接与作者联系。署名即表示作者有同读者联系的意愿，也为读者同作者联系提供了可能。

（3）个人署名与集体署名

1）个人署名：是以个人名义完成的论文，署名应为个人。该作者是论文课题的创意者、设计者和实施者，是论文的执笔者。多名作者合作时，根据作者对论文所作的贡献大小进行排序，主要作者居前，次要作者居后。署名不宜过多，一般不超过 7 人。不同单位的作者合写时，作者单位可以用脚注标明。署名应署真实姓名，一般不署笔名。

2）集体署名：多以专科分会、合作组、协作组、课题组的名义，文后还应标明该篇论文的执笔者或整理者姓名，既突出论文的主要作者，同时也兼顾了课题组。对集体名义合作完成的研究，国际期刊较为提倡作者贡献制的署名方式，同时也兼顾课题组。这对调动科研工作中主要贡献者的积极性，保护主要作者的知识产权有重要意义。

（4）第一作者与通讯作者

1）第一作者：是论文工作中贡献最大的研究人员。此作者不仅有最多和最重要的图表（即体力上的贡献），也是文章初稿的撰写人（即对本文的智力贡献）。第一作者承担论文的书写工作，通讯作者一般作为负责人来指导。

2）通讯作者：指课题的总负责人，承担课题的经费、设计，文章的书写和把关，担负着文章可靠性的责任，负责与编辑部的一切通信联系和接受读者的咨询等。

3）通讯作者与第一作者的关系：通讯作者可以是第一作者，也可以是其他位次的作者。通讯作者一般为一位，特殊情况也可以有两位。一般以脚注的方式标明通讯作者的联系电话、邮箱地址等。目前，我国一般将通讯作者视同于第一作者。实际上，就对论文的责任而言，通讯作者高于第一作者；从知识产权上来说，研究成果算是通讯作者的。

3．摘要（Abstract） 又称文摘、概要、提要，具有与正文等量的主要信息，是论文的重要组成部分。摘要是以提供文献内容梗概为目的，不加评论和补充解释，简明确切地记述文献重要内容的短文。

摘要要求文字精练、内容概括，篇幅简短，一般不分或力求少分段落，不列小标题。通常中文摘要以不超过 300 字为宜，外文摘要不宜超过 250 个实词。如遇特殊需要，字数限制可以稍作放宽。摘要主要有揭示功能和检索功能。

联合国教科文组织规定：在全世界公开发表的科技论文，不论采用哪一种文种，都必须提供英文摘要。对于中文科技论文，英文摘要是整篇论文进行国际交流的窗口。英文摘要同样要求以简洁的形式对文献内容做简明的介绍，提供与全文同等的信息量。

（1）基本要求与注意事项

1）基本要求：国内国家级医学期刊通常都要求中英文摘要，采用国际医学期刊要求的结构式摘要（Structured Abstract），包括目的、设计、研究场所、患者或其他研究对象、干预措施、主要结果的测量方法、结果及结论共八项。国内其他期刊将其简化成四项，凡自然科学的立项研究成果、实验研究报告、调查结果报告等原创性论文的摘要应具备四要素，包括目的、方法、结果和结论。其他论文的摘要也应确切反映论文的主要观点，概括其结果和结论。

2）注意事项：文摘中应排除本学科领域中已成为常识的内容；排除文摘篇名中已经表述过的信息；连续写出，不分段落或力求少分段落；使用第三人称表述，建议采用"对……进行了研究""报告了……现状""进行了……调查"等叙述方式表明主题，不建议使用"本文""作者""我们"等作为摘要陈述的主语；注重对客观事实的叙述，对论文内容不加注释或评论，不掺杂作者主观见解；不举例证；不列图、表、化学结构式、表达式等非文字资料。

（2）基本写法：根据表述内容不同，摘要可有 3 种基本写法：报道性摘要、指示性摘要和报道 - 指示性摘要。一般的医学科研论文都应尽量写成报道性摘要，而对综述性、资料性或评论性等创新内容较少的论文可写成指示性摘要。

1）报道性摘要：也称为信息性摘要或资料性摘要，是指明一次文献的主题范围及内容梗概的简明摘要。一般提倡采用"结构式摘要"，包括目的、方法、结果和结论，简称"四要素"。可部分取代阅读全文。

目的：观察自我管理干预对板房社区高血压病人干预的效果。方法：在四川省都江堰两个地震灾区板房社区中选取符合纳入及排除标准的高血压病人 204 例，随机抽取一个社区设为试验组（103 例），另一个社区设为对照组（101 例），对照组实施常规社区健康管理，试验组在此基础上进行系统的板房社区高血压自我管理干预，观察干预前后两组病人高血压自我管理行为、血压和卫生服务利用情况。结果：试验组社区高血压病人自我管理行为总分及各维度得分，除吸烟行为外，其余均高于对照组（$P < 0.05$）；试验组收缩压控制幅度优于对照组（$P < 0.05$）；两组就医次数、急诊就诊次数差异无统计学意义（$P > 0.05$）。结论：自我管理干预能提高板房社区高血压病人自我管理行为，降低其收缩压，在提高卫生服务利用方面效果有待进一步研究证实。[板房社区高血压病人自我管理干预效果研究 . 护理研究 2017；31（5A）；1658-1661]

2）指示性摘要：也称为说明性摘要、描述性摘要或论点摘要，一般简要概括文献的陈述主题、成果的性质水平及研究意义，而不涉及论据和结论。创新内容较少的论文，其摘要可写成指示性摘要，多用于简报、综述、会议报告等，可帮助读者判断是否需要阅读全文。

3）报道 - 指示性摘要：实际应用中，有时可见报道性摘要兼有指示性摘要的特点，而指示性摘要含有某些报道性摘要所具有的实质性内容，这种混合型摘要称之为报道 - 指示性摘要。它一般以报道性摘要的形式表述一次文献中的信息价值较高的部分，以指示性摘要的形式表述其余部分。

4．关键词（Key Words） 也称索引词，是从论文的标题、摘要和正文中提取出来，能够反映论文的主题内容，且具有通用性和实质意义的词或词组，其设立的初衷就是为了标引文献，方便读者通过关键词检索查阅需要的论文，是一种使用相当广泛的检索语言。关键词可以是主题词，也可以是自由词。主题词是专门为文献的标引或检索而从自然语言的主要词汇中挑选出来并加以规范化的词或词组；自由词则是未规范化的即还未收入主题词表中的词或词组。

（1）选取原则：关键词可从标题、摘要和全文内容中选择。从标题中选择关键词的方式最为常用；要严格筛选，充分、准确、全面地反映文章的中心内容；查阅医学主题词表确认。

由于中文与英文都有一词多义或多词一义的现象，因此，选这类词作为关键词时，最好选用美国国立医学图书馆《医学主题词表》（MeSH）中译本和中国中医科学院中医药信息研究所出版的《中医药学主题词表》中所列的医学主题词。有些新概念、新技术或新术语尚未被主题词表收录，若不标引该词，就无法更好地反映文章的中心内容，则可采用当前习惯使用的自由词或约定的现成术语。

（2）注意事项：中文关键词词序尽量遵照中文习惯。从 MeSH 词表中查找的主题词列为论文的关键词时，最好按中文习惯排列，如“结肠癌”不要写成“癌，结肠”；缺乏检索意义的冠词、介词、连词、代词、副词、形容词等不能作为关键词；化学分子式不能作为关键词，复杂的有机化合物名称一般取其基本结构名称作为关键词；未在专业领域得到公认和普遍使用的缩写词不作为关键词；关键词不宜太多，一般要求每篇科技论文标引 3 ～ 5 个。除外文专有名词的首字母外，其余均小写。

5．分类号（Chinese Library Classification Code）　可查阅我国医学院校图书馆使用的《中国图书馆分类法》分类体系中的 R 类，并依次逐级找到与论文主题相对应的类号。

6．文献标识码（Document Code）　是按照《中国学术期刊（光盘版）检索与评价数据规范》规定的分类码，作用在于对文章按其内容进行归类，以便于文献的统计、期刊评价，确定文献的检索范围，提高检索结果的适用性等，见表 10-2。

表10-2　文献标识码

文献标识码	文献类型
A	理论与应用研究学术论文（包括综述报告）
B	实用性技术成果报告（科技）、理论学习与社会实践总结（社科）
C	业务指导与技术管理性文章（包括领导讲话、特约评论等）
D	一般动态性信息（通讯、报道、会议活动、专访等）
E	文件、资料（包括历史资料、统计资料、机构、人物、书刊、知识介绍等）

（二）正文部分

医学论文正文一般包含引言、材料与方法（或临床资料）、结果、讨论或结论（含结论）四部分，可简称为“四段式”。当然，“四段式”也并非一成不变，论文格式需根据论文内容而定，少数论文并不需要严格按照“四段式”，如经验交流性论文和罕见病例报道等。

1．引言（Introduction）　又称前言、导言、绪言、序言，是论文的开始部分，主要回答“为什么研究”的问题，阐明本文研究的目的和意义。引言长度占正文的 1/10 ～ 1/8，200 ～ 300 字为宜。

（1）基本内容：引言通常包括以下三方面的内容：①研究背景：查阅有关文献，简短交代课题研究的源起、研究现状，方便读者在最短的时间内了解到论文所涉及领域的最新信息。②存在问题：在研究背景的基础上，指出当前研究的空白点或争论的焦点、存在的问题或有待深入研究之处。有目的、有选择地列举与本研究相关的问题，为下文做好铺垫。③解决方法：扼要提示本研究的目的、范围、性质与方法，使读者理解本研究的意义与价值，激起读者阅读的兴趣。

上述内容可根据论文自身的特点适当选择和撰写。若论文报道的内容比较新颖，之前未见报道，则字数可多些，背景材料应详细，包括研究的可行性和科学性、国内外的研究现状、研究的意义等；若仅对已发表的研究内容的补充、观点的商榷和完善，则应尽量简短。

（2）注意事项：一要实事求是，客观评价。谈及自己开展的工作与研究成果时，要注意实事求是，切忌夸大研究的意义，妄下断言，引言中提及的“首次提到”“同行首创”“国内外尚未报道”“突破性发现”等提法要慎重，除非确有必要和确有把握；在叙述前人相关领域所进行的研究时，不能为抬高自己而蓄意贬低他人，以免引起争议和不良后果。二要简明扼要，重点突出。引言写作要求开门见山，言简意赅，交代清楚研究的目的、意义、现状或研究方法、理论依据、预期结果等，顺势引出下文即可，不能与摘要相同或与正文重复，不宜将方法、结果及讨论放入前言。

2．材料与方法（Materials and Methods） 是医学科研论文极其重要的组成部分。它是阐述论点、引出结论的重要步骤，可以使读者了解研究工作的对象和过程，也为别人重复此项研究提供资料。论文的结果是否可靠、结论是否可信，甚至论文能否发表，很大程度上取决于材料与方法。

材料与方法的标题因研究的类型不同而略有差别，调查研究常改为“对象与方法”，临床试验则用“病例与方法”。不同类型研究的材料与方法的写作也不完全一样。材料与方法应体现科研构思和实验设计的各项要求，写作详略标准以读者是否能进行“重复”为度，过分简略固然不行，过分详尽也无必要。一般情况下，“材料与方法”的写作需要说明以下内容：研究对象、研究条件、研究方法和研究过程。

（1）研究对象：交代研究所用到的具体的实验对象和具体的资料，包括资料来源的时限和研究对象的一般特征。

实验对象为动物时，需注明动物名称、来源、种系、数量、性别、年龄、身长、体重、健康状况、选择标准与分组方法；实验对象为微生物或细胞时，应注明微生物或细胞的种、型、株、系的来源，培养条件以及实验环境。

临床研究的对象是患者，应说明来自住院或门诊，同时必须将病例数、性别、年龄、职业、病因、病程、病理诊断依据、分组标准、疾病的诊断分型标准、病情和疗效判断依据、观察方法及指标等情况作简要说明。

（2）研究条件：用常规试剂，需说明名称、生产厂家、规格、批号；如系新试剂，还要写出分子式和结构式，若需配制，则应交代配方和制备方法；如为化学品及药品，应注明化学名称、来源、批号、规格、剂量、给药途径等。通用的仪器设备，说明型号、生产厂家、产地及参数指标等；新颖的仪器设备，还要说明性能、特点、精密度和使用方法等。对于实验性研究，有无温度、湿度、保存方法等方面的要求，采取何种计量单位。

（3）研究方法：指完成研究的手段。交代实验条件、实验分组、研究设计方法和具体的实验操作方法或收集资料的方法。

实验方法：主要是仪器设备、试剂的规格与来源、操作方法等；分组方法：对照组、实验组等，是否随机；研究场所：人群或社区、医学中心、基层医院、门诊、住院等；观察方法：观察指标及记录方法；疗效观察项目：症状、体征、实验室检查等；疗效标准：痊愈、显效、好转、缓解、部分缓解、完全缓解、无效或死亡；实验程序：数据的获得过程；质量控制：所采用的控制偏倚发生的措施；盲法：盲法的具体实施情况，单盲、双盲或三盲，安慰剂的制作，保证盲法成功的措施等；干预措施：药物剂量、剂型、次数、商品名、生产厂名、中药产地、用药途径、疗程等；试剂如系常规试剂，则说明名称、生产厂家、规格、批号即可，如系新试剂，还要写出分子式和结构式，若需配制，则应交代配方和制备方法。

统计学分析方法：医学论文中如何对数据进行记录、采用何种统计学方法或统计学工具进行了分析、结果的评定及标准。尽可能定量描述实验结果并附有测量误差和不确定性（如可信区间）的适当指标。

（4）研究过程：取得研究结果的过程，包括实验流程、操作要领及注意事项等。

3．结果（Results） 是医学科研论文的核心部分。论文的创新性，所谓的有所发现、有所发明、有所创造、有所改进，所谓的学术价值主要体现在这一部分。结果应包括研究或观察结果、事实结果，可用文字或图表表述，对结果进行简单的定性或定量分析，得出结果或推论。

结果的表达要求高度真实和准确，不能在资料的取舍上按自己的好恶或预先的假设而有所取舍。无论结果是阳性还是阴性、肯定还是否定、是否符合预期目的、临床治疗结果是成功还是失败，都应如实反映，实事求是。

（1）内容：结果可用数据（不用原始数据，要经统计学处理）、图表（用于显示规律性和对比性）、照片（能形象客观地表达研究结果）、文字（对数据、图表、照片加以说明）来表达。文字描述内容与图表若为同一信息，则不要重复。无论是图表，还是文字描述，尽量选择更直观、简洁、清楚的表达方式。实验所得的原始数据不需要全部罗列，经过整理和统计处理后，将有意义的结果用文字、图表等形式表达出来。

（2）写作要求：按实验所得到的事实材料进行安排，可分段、分节，可加小标题；如实表达、解释客观结果，无需作者的评价、分析和推理。凡是能用简要文字表达清楚的就不用图表来表达；凡是用表说明的就不用图来表示；统计学直方图、简易函数（曲线）图简洁、明快，一般不能取代。要分清主次，主要结果重点介绍，次要的简要介绍，无关的不介绍，但对阴性结果不能放过。

4．讨论（Discussion） 是医学科研论文的精华，也是很多作者认为最难写作的部分。该部分的主要任务是探讨“研究结果”的意义，是作者对所进行的研究中所得到的资料进行归纳、概括和探讨，阐明自己的学术思想和观点，评价其意义，把研究结果从感性认识提高到理性认识阶段，以供进一步实践的参考。

讨论中要以结果为依据，合理分析，找出内在的联系，肯定结果，必须持之有据，言之有理。若涉及对自身研究的评价，宜取谦虚谨慎和实事求是的态度。此外，还应避免离题发挥或重复他人的见解。

讨论部分可以从以下四个方面入手：

（1）阐述研究的原理和机制：可以用已有的理论进行解释，用国外的新学说、新见解进行讨论，也可以根据自己的实验和临床观察结果对实验观察过程中各种数据或现象进行理论分析和解释，并阐明观点。

（2）说明研究材料和方法的特点：如方法的优点或不足之处，尤其是某些实验条件未能控制之处及方法的缺陷。

（3）分析研究的结果：与国内外结果相比有何异同，分析异同点及可能的原因，指出研究结果的理论意义和实践意义、价值，有无社会效益和经济效益。

（4）从理论上对研究结果进行概述：提出新理论、新观点与新结论，并对有关各种不同观点进行分析、比较和评价，提出探索的方向和展望等。

5．结论（Conclusion） 是根据研究结果和讨论所作的高度概括性的论断，是对研究结果更深入一步的认识，是从正文出发，经过判断、归纳、推理等过程，将研究结果升华成新的观点。结论部分主要应概括研究的主要内容和研究结果，指出通过研究解决了什么问题，总结发现的规律，对前人的研究做了哪些修正、补充、发展、证实或否定。

通常情况下，许多医学论文有关结论的内容都包括在“讨论”中，但有时也可将“结论”单列为一节。现在论著类医学论文已不写结论部分，而是以内容摘要的形式列于正文前面或讨论中。其他类型的文稿，可按其体裁和内容撰写结论或小结。

（三）后置部分

1．致谢（Acknowledgement） 作者对帮助过自己完成研究论文的人表示谢意的书面形式，一般放在文末与参考文献之前。致谢的对象包括本文的指导性建议者、论文审阅者、资料提供者、技术协作者、帮助统计者、绘制图表者，以及提供样品、材料、设备和给予其他方便者等。致谢必须告之被致谢人，并征得被致谢人的同意。书写方式一般如下：

致谢：本文曾得到……帮助、指导、审阅；或本文承蒙……帮助、指导、审阅，谨此致谢。

2．参考文献（References） 是现代医学论文的重要组成部分。科学研究从选题立意、实验设计到论文撰写，都离不开对参考文献的查阅。参考文献是研究工作的基础，文献查阅的范围、数量和时间段，直接反映了研究工作的学术水平、深度和论著本身的起点，因此，参考文献也成为读者了解和考察作者研究工作价值的依据。

（1）类型及标识：根据国家标准 GB/T7714-2015《信息与文献参考文献著录规则》规定：在著录参考文献的题名后，需用“[]”内用字母代码标明文献的类型。对于非纸质载体的电子文献，当被引用为参考文献时，需在参考文献类型标识中同时标明其载体类型。各类文献标识代码见表 10-3、10-4。

表10-3 文献类型和标识代码

参考文献类型	文献类型标识代码	参考文献类型	文献类型标识代码
普通图书	M	报告	R
论文集、会议录	C	标准	S
汇编	G	专利	P
报纸	N	数据库	DB
期刊	J	计算机程序	CP
学位论文	D	电子公告	EB

表10-4 电子资源载体和标识代码

电子资源的载体类型	载体类型标识代码
磁带（magnetic tape）	MT
磁盘（disk）	DK
光盘（CD-ROM）	CD
联机网络（online）	OL

（2）著录格式：参考文献著录格式通常如下，其中有些著录项为必备，有些则可以省略。

主要责任者．题名：其他题名信息 [文献类型标识 / 文献载体标识]．其他责任者．版本项．出版地：出版者，出版年：引文页码（发表日期）[引用日期]．获取和访问路径．数字对象唯一标识符．

参考文献著录格式示例：

[1] 徐光宪，王祥云．物质结构 [M]．北京：科学出版社，2010．

[2] 哈里森，沃尔德伦．经济数学与金融数学 [M]．谢远涛，译．北京：中国人民大学出版社，2016：235-236．

[3] 雷光春．综合湿地管理：综合湿地管理国际研讨会论文集 [C]．北京：海洋出版社，2012．

[4] 吴云芳．面向中文信息处理的现代汉语并列结构研究 [D]．北京：北京大学，2003．

[5] 胡大一，徐希平．有效控制“H 型”高血压 - 预防卒中的新思路 [J]．中华内科杂志，2008，47（12）：976-977．

[6] 中国互联网络信息中心．第 41 次中国互联网络发展现状统计报告 [R/OL]．(2018-01-31) [2018-02-05]．http：//www．cnnic．net．cn/hlwfzyj/hlwxzbg/hlwtjbg/201801/P020180131509544165973．pdf

3．注释（Notes） 又称注解，用于对文中一些词语的解释。注释可分为正文夹注、脚注和尾注等。

（1）正文夹注：通常在正文中的某词或某短语之后，将需要说明和解释的内容用圆括号括起来。如文中第一次出现的医学术语简称需夹注英文全称和缩写。如“室间隔缺损（ventricular septal defect，VSD）是儿童期最常见先天性心脏病之一，但较多的缺损患者……”

（2）脚注：又称“呼应注”，通常列于页面的底部，并加横线与正文相隔。一般用来标注基金项目和作者简介。只有一个注释时，脚注符号用“*”，有多个注释时则用“1，2……”表示，标于所注内容的右上角。①基金项目：一般涉及科研基金课题项目论文在公开发表时，必须在文稿首页左下方做脚注，标注出立项名称及项目编号。项目名称应按国家有关部门的正式名称填写，多项基金应以次列出，其间以“；”隔开。如 [基金项目] 国家自然科学基金（81170870）；“十五”国家高科技研究发展规划（2003AA205005）。②作者简介：包括姓名（出生年月）、性别、民族、籍贯、职称、学位、从事专业或研究方向。

（3）尾注：符号同脚注。通常用于较长文字内容的注释，一般列于篇末，写作形式上与附录形式相同。

4．附录（Appendix） 是对正文起补充说明作用的信息材料，并非医学论文的必备部分，对本专业同行有重要参考价值，特别需要时才列在参考文献之后。包括一些原始的实验数据，重要公式的演算、推导、证明过程，重要仪器或设备的说明，重要的译文、照片、图纸等。

5．利益冲突声明（Conflict of Interest Statement） 在科研活动中，当对主要利益（如患者的益处或研究的可靠性）的专业判断可能被次要利益（如经济利益或人际关系）影响时，利益冲突就有可能存在。因此，阐述存在的利益关系，或者明确声明不存在任何利益关系，有利于同行评议专家和读者对论文内容的客观性和公正性进行判断。

学术期刊作为刊发学术论文的媒介，一般会要求论文的作者做出利益冲突声明，以保证作者所著论文的纯洁性和公正性。如果作者均不存在利益冲突关系，可在文末写明“所有作者声明不存在利益冲突关系”，并与论文同步发表，此外，国际医学期刊编辑委员会（International Committee of Medical Journal Editors，ICMJE）为其成员期刊制定了统一的利益冲突声明的表格，并鼓励非成员期刊采用。有些期刊要求作者填写 ICMJE 的利益冲突表格并扫描后作为附件上传，有些则不需要。要求有利益冲突声明的期刊一般都会给出各种冲突情况的写法，作者只需要根据实际情况按要求填写即可。

三、医学科研论文写作应注意的问题

（一）选题技巧

医学论文的选题既要有原则性，也应注意选题的技巧。在基本原则框架下发挥一定的技巧，经过酝酿调整，才可能构思出优质的选题，写出有价值的论文。

技巧 1：补充丰富他人观点。医学论文的选题难免会有雷同，选题雷同并非等同于选题重复而无意义。相反，可从他人的选题中发现问题，得到启示，在此基础上产生新的认识、新的观点，使之更加全面、更加丰富。在科学的征途上，医学的发展永无止境，需要不断修正、补充，丰富其理论与实践。因此，补充前人的观点、丰富其内容，是医学论文选题的一种技巧和捷径。

技巧 2：学术观点的对立争鸣。科学技术是在“发现问题—提出问题—解决问题”的过程中不断发展的，同样，医学也是在认识矛盾与解决矛盾的过程中得以发展。由于人们对事物的认识不同，分析问题的角度不同，以及受各种主客观因素的影响，难免对同一问题有着不同的观点，不同学术观点百家争鸣、百花齐放是正常的。在医学论文的选题上，可以针对学术研究中争论的焦点进行选题，通过临床论证提出自己的观点与看法，对这样的选题容易引起编辑的注意，发表后关注度也较高。

技巧3：遵循“提问—检索—定题”的原则

（1）提问：是研究者以客观事实和需要为依据，在自身理论和实践积累的基础上所产生的主观“拟想”。善于观察事物的细微变化，从中发现结果、经验、印象等的矛盾和差异，是提出问题的根本出发点。

（2）检索：任何课题在选择和确定的整个过程中都离不开检索文献。开始于课题选题之验证，对该研究领域有一个总体认识和把握，确定选题方向。就医学生而言，相关的信息主要来自老师提供的信息线索，如重要的研究网站、研究人员、研究课题组等，也可以来自平时自己对某一领域信息的关注和积累。关注某一领域的会议论文是选题阶段获取相关专家最新研究成果信息的一个重要渠道。

（3）定题：即通过一定的调研，从而明确选题的范围，确定具体的题目。这个过程需要广泛地浏览检索的文献资料，有目的、有重点地摘录对自己影响深刻的观点、论据、论证方法等，随时记录有关资料的来源及自己的点滴体会，并对阅读所得到的资料进行分类、排列、组合、比较和分析，从中发现问题，寻找研究的突破口，在不断深入的思考过程中逐步明确选题的目标。

（二）写作的规范性

1．逻辑清晰 文题、论点、论据、论证之间应符合形式逻辑的基本规律。整篇论文前后之间、段落之间结构严谨、层次分明、环环相扣。

2．叙述简洁 用最短的文字说明要阐述的问题，以减少阅读时间，使读者用较短的时间获得更多的信息。要求行文严谨，重点突出，言简意明。材料和方法简明扼要，结果部分用较少的图表说明问题，讨论中不赘述已公认的东西，不重复已有的论点。

3．格式规范 符合期刊投稿的规定。国际期刊标准主要有：联合国教科文组织《关于公开发表科学论文和科学文摘的撰写指导》、国际医学期刊编辑委员会（ICMJE）《生物医学期刊投稿的统一要求》（温哥华式）。我国有关的国家标准主要有：《科学技术报告、学位论文和学术论文的编写格式》《科学技术期刊编排格式》《信息与文献参考文献著录规则》《出版物上数字用法的规定》等。

4．缩略语 论文中应尽量少用缩略语，已被共知公认的缩略语可以不加注释直接使用，如CT、MRI等通用缩写不用写出全称，直接用缩写即可。尚未被共知公认的缩略语以及原词过长、在文中多次出现者，若为中文，可于文中第一次出现时写出全称，在圆括号内写出缩略语；若为外文，可于文中第一次出现时写出中文全称，在圆括号内写出外文全称及其缩略语。例如：流行性脑脊髓膜炎（流脑）、阻塞性睡眠呼吸暂停综合征（obstructive sleep apnea syndrome，OSAS）。不超过4个汉字的名词不宜使用缩略语，以免影响论文的可读性。

5．医学名词 以全国科学技术名词审定委员会审定公布、科学出版社出版的《医学名词》和相关学科的名称为标准。药物名称以《中华人民共和国药典》为准。英文药物名称则采用国际非专利药名，不用商品名，确需使用商品名时，应注明其通用名称。

6．计量单位 法定计量单位以中华医学会杂志社编著的《法定计量单位在医学上的应用》（人民军医出版社，2001年第3版）为蓝本。

第二节　医学综述论文写作

一、医学综述论文概述

（一）医学综述的含义

医学综述是以医学领域的某一专题为中心，在查阅一定时期内的相当数量的文献资料的基础上，经过对比、分析、归纳、加工和整理，以反映出某个领域或专题的历史、现状、存在的问题、最新进展及发展趋势等情况，并做出综合性介绍和阐述的学术论文。

（二）医学综述的特点

1. 深入性　紧扣医学发展脉搏，针对医学某学科的某一专题的最新动态撰写而成，内容专深。

2. 综合性　能够全面系统地论述医学某一专题在一定时期内的研究动态和发展趋势，或以时间为序纵向反映当前课题的历史、现状和发展，或横向进行省内外、国内外的比较，纵横交错，篇幅较长，引文较多，归纳、整理、分析所涉及的文献信息量比普通学术论文范围更广，结构与内容富有层次性和逻辑性。

3. 时效性　综述不是写医学领域科学技术发展的“大事记”或“编年史”，其目的是收集最新资料、获取最新内容，将最新的医学信息和科研动态及时传递给读者，所以综述需要大量和重点查阅近两三年的最新文献，及时反映新技术、新理论、新发现、新方法、新进展等。

（三）医学综述的作用

医学综述的作用主要体现在以下三个方面：

1. 指导作用　综述文章信息量大、价值高，节省阅读专业文献资料的时间和精力，能够对医学科研或临床的研究过程进行全面系统的回顾，推荐有价值的科研成果，通报科研新动向、新发展，帮助科研人员了解前沿动态、更新知识，甚至在选定科研方向、申请科研项目、科学决策等方面提供帮助。

2. 开题准备　有利于作者和读者获得相关专题的较全面的信息，帮助进行科研课题方向的选择与研究方向的确立，为新课题的确立提供强有力的支持和论证，是开题报告的核心内容之一。

3. 文献调研与写作　为科研项目积累文献资料，锻炼培养研究人员，尤其是新人搜集、阅读和提炼文献、逻辑思维和写作表达的能力，培养文献的研究能力。

（四）综述与述评

综述与述评既有联系，又有区别。二者的相同点在于：对某一学科领域、某一专题在某一时间段所发表的原始文献中有价值的内容进行综述和评论，都有“述”和“评”的一面。不同点在于二者“述”“评”的侧重点、程度和水平有所不同。具体而言，综述是围绕某一学术专题、收集某时期内的相关文献予以归纳、加工、整理而成的综合性文献，重点在“述”。综述本身属于三次文献，讲究材料的翔实，有检索价值。述评是在综述的基础上对某一专题或技术进行评价的研究报告，重点在“评”。需要对课题的理论意义、可能应用范围、优缺点等作比较全面的评价、展望、预测和建议。而“述”只是“概述”，处于次要地位，是评论的铺垫，不强调面面俱到，更不需要罗列材料。

另外，也有部分人认为：综述原则上只着重于客观概括地反映事实，不应提出撰写者本人的见解和评论，也不提具体建议。实际上，综述是否能表达作者观点和评论性内容并不是绝对的，应根据文章论述的内容和必要性而定。

二、医学综述论文的结构与要求

医学综述一般包括前置部分、正文部分和后置部分（参考文献），其中正文部分又由前言、主体和结语组成。前置部分写作方法和医学科研论文大体相同，参见本章第一节。

（一）前言

前言部分要求开门见山，直接写明综述的目的、意义和作用。简要说明写作目的和动机、应用价值和实践意义，有关概念和定义，综述的范围；简要介绍有关问题的现状、趋势和争论焦点所在。一般 300 字左右为宜。

（二）主体

作为综述的主要部分，主体应包括历史发展、现状评述、发展前景预测三方面的内容。历史发展要求按时间顺序，简要说明这一课题的提出及各历史阶段的发展状况，体现各阶段的研究水平；现状评述主要通过归纳整理资料，介绍国内外研究现状及观点；发展前景预测主要提出展望性的意见或研究的发展趋势。

正文部分的写作一般采用横式、纵式和纵横结合式三种写作方法。

1．横式写法 “横”指的是国际国内的横览，主要表现为现状列举、分支列举、对比分析。对某一专题在国内外的各个方面，如各派观点、各家之言、各种方法、各自成就等加以描述和比较，主要起到借鉴、启示和指导作用。这种综述主要用来介绍某个方面或某个项目的新成就，比较适用于成就性综述，如新理论、新观点、新发明、新方法、新技术、新进展等。

2．纵式写法 “纵”是“历史发展的纵观”，纵式写法又称阶段递进法，它不是孤立地按时间顺序罗列事实，写成“大事记”或“编年体”，而应该按照时间先后顺序或专题本身发展的层次，对其历史演变、目前状况、趋势发展做纵向描述，从而勾勒出某一专题的来龙去脉和发展轨迹。比较适合于综述一国或多国某一项技术的发生过程、发展道路和发展趋势，适合于动态性综述。

3．纵横结合式 又称综合法，指在同一篇综述中，同时采用纵式与横式写法，即历史背景部分采用纵式写法，目前状况介绍采用横式写法。通过纵横描述，才能广泛综合文献资料，全面系统地认识某一专题及其发展方向，从而做出比较可靠的趋势预测，为新的研究工作选择突破口或提供参考依据，适用于宏大篇幅的综述。

（三）结语

文章篇尾要有一段简短、总结性文字作为结语，用于对主体部分所阐述的主要内容进行概括、评议，提出自己的见解，指明该学科领域当前国内外的主要研究成果、发展动向、应用价值、实际意义，目前存在的主要问题及分歧所在，今后的发展趋势和前景。以 100 ～ 200 字为宜。

（四）参考文献

参考文献是写作综述的基础条件，引用参考文献时应注意以下原则：

1．精选性原则 引用文献要较为新颖，经典文献的选取要少而精；只列出著者亲自阅读的，直接引用的，具有新颖性、真实性、代表性的文献。引用文献数量也不宜过多，15 ～ 20 篇为宜，一般不超过 30 篇，其中外文参考文献不少于 1/3。

2．原始性原则 必须是第一手的原始文献或原始数据，必须是直接阅读过的原文。不能根据文章摘要而引用，更不能间接引用，以免对文献内容理解不透或曲解，造成观点或方法上的失误。

3．权威性原则 相同或相近的内容，尽可能选用级别较高的杂志论文。多引用权威或知名学者发表的文献，尽可能少引用教材。不能引用未公开发表的文献及会议摘要。

4．时间性原则 由于大多数综述为“现状综述”，除历史介绍外，收集文献应注意时间性。尽可能使用近 2 ～ 3 年的文献，否则容易遗漏医学相关领域的最新研究进展。五年前的资料一般不宜过多列入。

三、医学综述论文写作应遵循的步骤

医学综述的撰写更是建立在大量原始文献资料的收集、跟踪与积累的基础之上，需要对文献资料进行整理、阅读、筛选、分析、评价、归纳，使之系统化、具有较高的医学情报价值。在撰写医学综述的过程中，需要遵循以下步骤：

1．选题立意　选题是论文写作的第一步，它包括选择一个合适的论题和提出有价值的论点。新颖是医学综述的灵魂，所选题材应及时反映医学科学和技术的新理论、新技术、新成果、新经验、新问题和新趋势，把握医学前沿动态和最新进展。此外，也可以将医学领域某些有争议的问题的目前进展状态作为综述的选题对象。

2．文献检索　医学综述写作需要建立在广泛收集阅读相关专业文献的基础上。文献检索贯穿于研究的全过程，它对研究者制订研究课题、做好研究设计、分析研究资料、撰写研究论文都必不可少。

3．文献管理　常规的文献管理有两种方式：基于文件目录的简单分类管理和基于专业文献管理软件的专业管理。研究者应尽量选择专业化的文献管理软件来帮助自己实现对文献资料的高效管理，提高文献资源利用的效率和效益。目前，专业文献管理软件比较多，使用较广的有 EndNote、NoteExpress、Zotero、Mendeley 等，这为科研工作者对文献进行阅读、管理、分析和使用等带来极大便利。详情请参见本书第九章。

4．阅读消化　综述并非文摘汇编，撰写者需要对所综述的文献内容做到真正理解掌握、消化吸收，有自己明确的见解和评论，并按自己的思路加以安排和阐述。

在具体文献阅读中，需要掌握一定的相关技巧：对具体单篇文献可按照先标题、后摘要、再全文的方式进行阅读，筛选出重要文献；对相关文献按照时间、相关度、期刊知名度进行分类和排序；部分精读文献需要阅读、思考，记录笔记信息；要有批判性阅读思维，独立思考，对不同文献的不同结果、不同结论，要对比、分析，做出判断，得出相关结论分析。

5．撰写修改　在完成以上步骤的基础上，按照选题的意图确定论文写作提纲，按照医学综述的基本结构和要求开始正式撰写。初稿完成后，还需认真阅读和补充查阅材料，对论文的主题、材料、结构及语言等方面进行认真的修改和补充，直至发表完成。

第三节　系统评价与荟萃分析论文写作

一、系统评价

（一）系统评价概述

系统评价（systematic review）也称综合分析，指针对某一具体临床问题（如疾病的病因、诊断、治疗、预后），全面、系统地收集全世界所有已发表或未发表的临床研究，采用临床流行病学或循证医学严格评价文献的原则和方法，筛选出符合质量标准的文献，进行定性或定量合成，去粗取精，得出综合可靠的结论用于指导临床决策，并随着新的临床研究结果的出现进行及时更新。

（二）系统评价写作步骤与方法

系统评价以单个的临床研究的论文为研究对象及单位，系统评价所遵循的原则和步骤与原始科学研究类似，一般可分为 8 个基本步骤。

1．确立题目　评价题目主要涉及疾病防治方面不确定、有争论的重要临床问题，为医

师提供治疗证据。题目应简明、准确、具体，最好采取PICO格式，其构成应包括研究对象（P）、干预措施（I）、对照措施（C）、结局（O）四要素，须符合必要性、科学性、创新性、实用性和可行性原则。

2．收集文献 系统、全面地收集所有相关的文献资料，是系统评价区别于叙述性文献综述的重要特点。根据检索策略进行多渠道的检索，除正式发表的文献外，还应收集其他尚未正式发表的文献资料，以及多语种的相关资料等，如会议专题论文、专著内的章节、未发表的学位论文以及制药工业的报告等。文献检索中要联机检索与手检相结合，并重视所得文献的参考文献。

3．筛选文献 依据研究对象的类型、研究的干预措施或暴露因素、研究的设计方案、主要研究指标四要素，根据拟定的纳入和排除标准进行相关资料的筛选。文献筛选过程应采用流程图展示，列出检索的文献总量、根据题目和摘要排除的文献量、获取的全文文献量、阅读全文后排除的文献量及原因分类、纳入研究数量、提供主要结局指标研究数量等。

4．评价文献 采用流行病学或循证医学评价文献质量的原则和方法，对入选文献进行质量评估，即对单个临床试验在设计、实施和分析过程中产生的偏倚和随机误差的程度进行评估，以作为纳入原始文献的阈值、解释不同文献结果差异的原因、进行系统评价敏感性分析和定量分析时给予文献不同权重值的依据。

5．提取数据 按照设计要求，从入选的合格文献中提取相关的数据信息。所有数据资料均要输入系统评价管理软件，以进行文献结果的分析和报告。为避免偏倚，可由两人独立按照选择标准进行资料抽提，并进行比较核对，并通过协商解决不一致意见，以降低评价者偏倚风险、错误和主观性。提取的主要内容包括：一般资料（实验名称、作者、出处等）、质量资料（随机、盲法、随访等）、基线资料（年龄、性别、严重度、病程等）、干预措施资料（治疗方法、剂量、疗程、对照措施等）、结局资料（死亡、残疾、事件数等）。

6．分析数据 可采用定性或定量的方法进行分析，以获得相应的结果。定性分析是采用描述的方法，将每个临床研究的特征按研究对象、干预措施、研究结果、研究质量和设计方法等进行总结并列成表格，以便浏览纳入研究的情况、研究方法的严格性和不同研究间的差异，计划定量合成和结果解释。定性分析是定量分析前必不可少的步骤。定量分析包括同质性检验、Meta分析和敏感性分析三个方面。同质性检验是检验纳入的不同原始研究之间结果的变异程度，以确定合成结果的合理性；Meta分析是采用定量方法将各试验结果进行合成；敏感性分析是指改变某些影响结果的重要因素，以观察同质性和合成结果是否发生变化，从而判断结果的稳定性和强度。

7．解释结果 解释系统评价必须基于研究的结果，讨论和结论部分应包括分析系统评价的论证强度、结果的可应用性、干预措施的利弊以及临床实践意义等。如结果有统计学意义时，为排除发表偏倚的可能，需要多少个阴性试验的结果才能使结论逆转。

8．更新系统评价 在系统评价发表以后，定期收集新的原始研究，按前述步骤重新进行分析、评价，以及时更新和补充新的信息，使系统评价更完善。Cochrane系统评价要求每2年更新1次，杂志发表的系统评价并不要求原作者定期更新。但如果发表的系统评价无确切结论，或针对该题目的新的研究不断出现，也可考虑再次做系统评价的必要性。

（三）系统评价写作注意事项

1．选题 是写作论文的第一步，也是最为重要的一步。系统评价和其他科研论文一样，选题仍然需要看重创新性、科学性和可行性，但系统评价和Meta分析的选题还应具有争议性，最好来源于实际临床工作中遇到的争议问题，这样更体现其价值和作用。

2．查全 在进行系统评价过程中，文献漏检可能会造成结果的偏倚，甚至是错误的结果。因此，在进行文献检索过程中，需要作者掌握一定的检索技能或者安排两个或两个以上的人分别独立进行，且重复性或一致性良好，以做到文献查全、查准，不漏检。

3．质量控制　系统评价是二次研究，其质量取决于纳入的原始研究的质量，因此，要严格控制入选研究的质量，并能够正确客观地评价原始研究的质量。在研究中需要坚持使用严格的评价方法（包括全面的文献检索、主要研究的质量评价、恰当的统计学方法、对估计值和偏倚风险的信度评估等），努力将偏倚风险降到最低，并得出可靠的结论。

二、荟萃分析

（一）荟萃分析概述

荟萃分析（Meta-analysis）又称 Meta 分析、汇总分析、元分析、集成分析等，是由心理学家 Glass 于 1976 年首次提出的统计学方法。后来，这一研究方法被应用于医学领域，并日益受到重视。目前，Meta 分析存在狭义和广义两种概念：

（1）狭义：认为 Meta 分析只是一种定量合成的统计处理方法。是以同一课题的多项独立研究的结果为研究对象，在严格设计的基础上，运用适当的统计学方法对多个研究结果进行系统、客观、定量的综合分析方法。

（2）广义：当系统评价用定量合成的方法对研究资料进行了统计学处理时，称之为 Meta 分析。因此，Meta 分析是系统评价的一种，是一种研究过程。

目前系统评价与 meta 分析经常被混用，但系统评价不一定包括 Meta 分析过程，而 Meta 分析也不一定严格按照系统评价的方法进行。对具同质性的多个研究进行 Meta 分析的系统评价称为定量系统评价；如果纳入研究不具有同质性，则不进行 Meta 分析，而仅仅进行描述性的系统评价，称为定性系统评价。

（二）Meta 分析的优点

1．增加统计学检验效能　Meta 分析对多个同类研究结果进行综合，增大了样本含量，因而可以改进和提高统计检验效能。

2．评价各研究结果的不一致或矛盾　由于各研究在设计、对象、样本含量、试验条件等方面不同而导致结果不一致，通过 Meta 分析可以发现单个研究中存在的不确定性，考察研究间异质性的来源，估计可能存在的各种偏倚，可得到更加接近真实情况的综合分析结果。

3．定量估计研究效应的平均水平　通过 Meta 可以得到研究效应的平均水平，分析发现单个研究的不足，对有争议甚至相互矛盾的研究结果得出一个较为明确的结论，而且使效应评估的有效范围更精确。

4．提供新的假说和研究思路　通过 Meta 分析，可以探讨单个研究中未阐明的某些问题，发现以往研究的不足，提出新的研究课题和研究方向。

（三）Meta 分析写作步骤与方法

从广义角度看，Meta 分析是系统评价的一种，Meta 分析写作方法与系统评价大体相同，主要包括：

1．确立题目　明确简洁地提出需要解决的问题，确定研究目的，解决令人矛盾的证据，回答尚无确切答案的问题，在临床实践中有多种不同解释的问题等。

2．文献检索　研究设计、制订检索策略，全面、系统地收集相关文献。

3．文献评价与筛选　确定纳入和排除的标准，选择文献并进行严格评价。

4．提取文献数据　收集数据，包括原文的结果数据、图表等。

5．各试验的质量评估和特征描述　对每个研究的特点等情况进行汇总描述。

6．统计学处理　确定综合分析效应值的种类及统计分析计划。

7．结果分析与讨论　结果解释、做出结论和特征描述，描述纳入研究的结果及其特征。

（四）Meta 分析写作注意事项

Meta 分析常用的两类统计模型为固定效应模型和随机效应模型。经异质性检验，如果各个独立研究的结果是同质的，可以采用固定效应模型计算合并后的综合效应；如果各研究的结果不同质，但有必要计算合并后的统计量，则可采用随机效应模型；如果异质性检验的统计量在界值附近，最好同时采用上述两种模型分别进行计算后做出分析判断。

系统评价和 Meta 分析可以合成研究数据和评估现有证据质量，因此，在临床领域越来越重要。较差的系统评价质量可能会严重破坏结果和结论的真实性。为了获得高质量系统评价及可靠的结论，必须严格执行标准化的研究过程。

第四节　医学科研论文的投稿

科研论文定稿完成之后，投稿成为研究过程的最后一个环节。

一、选择期刊

国内外期刊都存在着较高的退稿率，国际著名生物医学期刊的自由来稿的退稿率均在 90% 左右，国内著名期刊的退稿率也在 80% 以上。因此，在投稿前根据自己论文的实际水平正确定位，选择合适的期刊至关重要。选择期刊应考虑以下因素：

1. 期刊的栏目设置　每个期刊都有自己的办刊特色，在办刊宗旨、征稿范围、选题分配、栏目设置及各种类型文章发表的比例等都会有所不同。在投稿前一定要弄清楚论文主题是否在拟投刊物的征稿范围内、是否有相符的栏目设置以及文章的类型是否符合该刊收录的范围。否则，即使是论文非常优秀，由于不符合该刊的要求也不可能发表。

2. 期刊的学术声望　生物医学期刊全世界有近万种，质量水平存在差别。目前，判断一种期刊的学术声望主要看其影响因子值的高低、是否被国内外著名或重要的二次文献数据库索引，如被美国科学引文索引（SCI）、美国工程索引（EI）、美国化学文摘（CA）、PubMed、BIOSIS Previews、中国科学引文数据库（CSCD）、《中文核心期刊要目总览》、中国学术期刊综合评价数据库（CAJCED）等收录。另外，国内还有一些期刊评价标准，如“双效期刊”“双百期刊”“双奖期刊”“双高期刊”等。质量高、有声望的期刊往往更有利于信息的交流传播和对学术成果的认可，但退稿率较高。因此，选择期刊一定要对自己论文的实际水平进行客观评价、正确定位，合理选择，提高投稿命中率。当然，对于首创性和先进性强的科技论文，应优先将国内外影响和发行量大、质量高的期刊作为首次投稿对象。

3. 期刊的年发文量　期刊的载文规模是选择投稿期刊时需考虑的重要因素。对于专业范围、质量层次相近的两本期刊，出版周期短、载文量高的期刊投稿命中率往往会比出版周期长、载文量低的期刊命中率高。因此，作者在选择拟投期刊时，需了解期刊的载文规模及出版频率，以衡量投稿的命中率与等待的时间。

4. 其他因素　期刊的读者群和出版费用情况也是投稿的考虑因素。拟投刊物的读者是否为论文期望达到的读者群，即目标读者；期刊收取稿件审稿费、版面费、彩图制作费的政策和费用如何，最好能够事先了解清楚。

二、研读稿约和近期期刊论文

在选定拟投期刊后，需要对期刊的稿约进行研读。多数期刊会在每年的第一期或最后一期刊出稿约，期刊网站也会公布“投稿须知”。通过阅读稿约，不但能获取办刊宗旨、征稿范围、栏目设置、发表费用、对论文学术质量要求等信息，还能够得知期刊对论文长度、结构、格式等细节要求，以及名词术语、图表、计量单位、数字、符号的书写规则，同时还有一些投稿相关事宜。

翻阅近期出版的拟选期刊，浏览目录以确定该刊是否发表了自己所从事领域的论文及发表的数量情况，注意栏目设置以确定拟投稿件的栏目，熟悉该刊的出版体例，编排格式。如标题编号是采用汉字编号还是阿拉伯数字分级序号，图表的规格，图表的标题，查看文章的投稿和接受日期以计算出论文的出版时滞等。

三、投稿

在选定期刊，并对论文的内容和格式经反复润色、修改而定稿后，就需要把论文投出去。随着科学技术的发展，当前越来越多的期刊编辑部接受在线投稿和电子邮件投稿的方式。这些基于网络技术的投稿方式，具有方便、快捷、安全、省钱等优点，被越来越多的作者投稿时所采用。尤其是在线投稿方式，作者一次注册可以反复投稿使用，投稿时只需按照该期刊网络编辑管理系统（或在线投稿管理系统）的要求，将文章各部分内容依次录入或上传即可。这是一种对编辑、作者和审稿专家三方共赢的策略。尤其对作者而言，可以及时掌握编辑审稿的进程，了解稿件的处理状态，方便对论文做进一步处理。

论文切忌一稿多投，除非超过编辑部的规定时间，或得到了编辑部退稿通知。通常稿件审理时间为三个月，在此期间编辑部会将审理意见通知作者。若在规定时间内未收到审理意见，作者可向编辑部确认稿件审理情况，再做出另选期刊投稿的决定。

（赵　丹）

小结

本章主要介绍了医学科研论文、医学综述论文、系统评价、Meta 分析的含义、特点、撰写格式与要求、写作步骤与方法等基础知识。读者应充分了解不同类型医学论文的结构特点与具体要求，熟练掌握选题、写作、投稿等方面的相关技巧与注意事项，多读多想多积累、多写多练多请教，在医学实验或临床实践的基础上善于思考、勤于写作，不断提高论文写作的能力和水平。

练习题

1．医学科研论文的写作特点有哪些？
2．摘要有哪几种写法，“结构式摘要”包含哪四要素？
3．如何撰写科研论文中的“讨论”部分？
4．什么是医学综述？撰写医学综述有何作用？
5．系统评价论文写作应注意哪些事项？
6．如何选择投稿刊物？

第 10 章练习题参考答案

中英文专业词汇索引

参考文献

1. 罗爱静，于双成．医学文献信息检索［M］．北京：人民卫生出版社，2015.
2. 郭继军．医学文献检索与论文写作［M］．北京：人民卫生出版社．2013.
3. 马路．医学数字资源的检索与利用［M］．北京：人民卫生出版社．2013.
4. 秦小燕．美国高校信息素养标准的改进与启示——ACRL《高等教育信息素养框架》解读［J］图书情报工作，2015（19）：139-144.
5. 杨慧，李慎涛，薛冰．冷冻电镜技术：从原子尺度看生命——2017年诺贝尔化学奖简介［J］．首都医科大学学报，2017，（5）：770-776.
6. 刘双魁．信息检索与利用［M］．南京：东南大学出版社，2010.
7. 徐云，张倩．医学信息检索［M］．2版．武汉：华中科技大学出版社，2015.
8. 曹洪欣．医学信息检索与利用学习指导与实习题集［M］．2版．上海：第二军医大学出版社，2010.
9. 赵文龙．医学信息搜集与处理［M］．北京：人民卫生出版社．2012.
10. 郭继军．医学文献检索与论文写作［M］．北京：人民卫生出版社，2013.
11. 郭继军．医学文献检索［M］．3版．北京：人民卫生出版社，2012.
12. 陈燕．医学信息检索与利用［M］．北京：科学出版社，2012.
13. 陈红勤，梁平，杨慕莲．医学信息检索与利用［M］．武汉：华中科技大学出版社，2014.
14. 刘淑娥，景娜，马静，等．图书馆应用实践教程［M］．北京：清华大学出版社，2015.
15. 肖小勃，高文莉，韩璐璐，等．图书馆空间变革思考与展望［J］．图书馆，2016（1）：107-111.
16. 蒋雯笑．图书馆创客空间与社会创客空间的比较［J］．新世纪图书馆，2017（2）：65-68.
17. 刘兹恒，涂志芳．数字学术环境下学术图书馆发展新形态研究——以空间、资源和服务“三要素”为视角［J］．图书情报工作，2017，61（16）：15-23.
18. 刘绍荣．基于学习空间的现代图书馆空间功能与布局探讨［J］．图书情报工作，2013（s1）：171-174.
19. 李贵成，张金刚．信息素养与信息检索教程［M］．武汉：华中科技大学出版社，2016.
20. 胡红亮．学术著作可信度评价及相关研究［M］．北京：科学技术文献出版社，2013.
21. 于双成．医学信息检索［M］．北京：高等教育出版社，2017.
22. 杨新涯，罗丽，王彦力，等．高校图书馆图书捐赠服务研究［J］．大学图书馆学报，2017，35（5）：31-36.
23. 顾萍，谢志耘．医学文献检索［M］．北京：北京大学医学出版社，2013.
24. 罗爱静．医学文献信息检索［M］．3版．北京：人民卫生出版社，2015.
25. http：//www．embase．com.
26. About Embase：Improve your biomedical research with the world’s most comprehensive biomedical literature．database．［EB/OL］［2018-01-03］https：//www．elsevier．com/

solutions/embase-biomedical-research.
27. http：//www. webofknowledge. com/biosis.
28. http：//images. webofknowledge. com/WOKRS527R13/help/zh_CN/BIOSIS/hp_search. html.
29. http：//scifinder. cas. org.
30. http：//www. cas-china. org/index. php？ c=list&cs=scifinder-train.
31. http：//www. engineeringvillage. com.
32. http：//help. engineeringvillage. com/Engineering_Village_Help. htm#CSHID=undefined.
33. https：//www. nlm. nih. gov/mesh.
34. 徐红姣，高影繁，张均胜，等. 多语叙词表构建方法研究与实践［J］. 图书情报工作，2014（19）：7-12.
35. 邓可刚，何庆. 询证医学数据库证据的检索与利用［M］. 2版. 北京：人民卫生出版社，2003.
36. 刘薇薇，王虹菲，方立. 医学信息检索［M］. 2版. 天津：天津大学出版社，2009.
37. 赵蓉英，雷将，马瑞敏，等. 我国五大数据库引文功能的比较研究［J］. 情报理论与实践，2008，(4)：589 593+605.
38. 黄艳玲. 常用国内五大可检生物医学类引文数据库的比较分析［J］. 广东科技，2007，(4)：41-43.
39. 王明洁.《中国生物医学期刊引文数据库》检索与应用［J］. 中华医学图书情报杂志，2006，(4)：72-74.
40. 陈建青.《中国生物医学期刊引文数据库》的作用及优势［J］. 中华医学图书情报杂志，2006，(1)：1-2.
41. 吕润宏. 浅析国内引文数据库的种类及特点［J］. 情报探索，2005，(3)：57-59.
42. 曹志梅，王凯 我国四大引文数据库比较分析［J］. 情报学报，2002，(4)：481-485.
43. http：//www. sipo. gov. cn/wxfw/zlwxxxggfw/zsyd/zlwxjczs/zlwxymcjs/201406/t20140630_973315. html.
44. 罗杰，冷卫东. 系统评价/Meta分析理论与实践［M］. 北京：军事医学科学出版社，2013.
45. 王家良. 临床流行病学临床科研设计、测量与评价［M］. 4版. 上海：上海科学技术出版社，2014.
46. 左红霞，牛玉明，程艳丽. 循证护理证据资源的检索［J］. 循证护理，2015，1（4）：145-151.
47. 代涛. 医学信息搜索与利用［M］. 北京：人民卫生出版社，2014.
48. 李晓玲，符礼平. 医学信息检索与利用［M］. 5版. 上海：复旦大学出版社，2014.
49. 李宜志. 搜索引擎Google与Bing的比较［J］. 科技资讯，2011. 08.
50. 匡登辉. PLoS开放存取期刊网络平台知识服务研究［J］. 中国科技期刊研究，2016，27(1)：72-78.
51. 魏蕊. OAPEN学术专著开放获取研究与实践进展述评［J］. 图书情报工作，2017，61（9）：135-142.
52. 陆彩女，张晓林，李麟. 开放出版期刊遴选的挑战与指南［J］. 中国科技期刊研究，2014，25（12）：1443-1450.
53. 任慧玲，刘蕾，周琴，等. 科研机构资助开放获取出版实践——以BioMed Central为例［J］. 医学信息学杂志，2015，36（5）：79-84，88.

54. 刘烜贞，陈静．开放获取期刊出版费及其对学术交流的影响［J］．中国科技期刊研究，2015，26（12）：1244-1249．
55. 刘晶晶，马建华．论科研数据开放共享的三种途径［J］．情报杂志，2015，34（10）：146-150，96．
56. 刘树春．PMCI与医学期刊文献的开放存取及数字化存储［J］．中国中医药图书情报杂志，2015，39（1）：2-6．
57. 魏沛骏，孟德松．基于BICOMB的我国体育舞蹈研究现状分析［J］．长春师范大学学报，2017（04）：74-77．
58. 宋梦婷，田鹏，唐小雾．基于Citespace Ⅲ的国内外虚拟社区可视化研究［J］．现代情报，2015（08）：164-171．
59. 刘丽梅，周毅，苏晓宏，等．NoteExpress在撰写文章综述时的技巧解析［J］．中国校外教育，2015（18）：167．
60. 李玖蔚，胡玮．NoteFirst、NoteExpress和CNKI E-Learning的文献管理计量分析［J］．情报探索，2015（06）：33-37．
61. 陈丽华，张戎，方亮，等．EndNote软件在医学文献管理和论文写作中的应用［J］．西北医学教育，2015（01）：36-38．
62. 田军．信息可视化分析工具的比较分析——以CiteSpace、HistCite和RefViz为例［J］．图书馆学研究，2014（14）：90-95．
63. 樊亚芳，陈锴．利用Excel和EndNote Web提高论文查收查引工作效率［J］．图书馆杂志，2013（01）：32-34．
64. 刘双魁，信息检索与利用［M］．南京：东南大学出版社，2010．
65. 徐云，张倩．医学信息检索［M］．2版．武汉：华中科技大学出版社，2015．
66. 赵文龙．医学信息搜集与处理［M］．北京：人民卫生出版社．2012．
67. 湛佑祥，陈锐，陈界，等，医学信息检索学［M］．北京：人民军医出版社，2014．
68. 殷国荣，杨建一．医学科研方法与论文写作［M］．北京：科学出版社，2009．
69. 王禾，武国军．医学论文写作指南［M］．北京：人民卫生出版社，2016．
70. 姚仁斌．医学论文写作［M］．合肥：安徽大学出版社，2015．
71. 全国信息与文献标准化技术委员会．信息与文献参考文献著录规则：GB/T7 714-2015［S］．北京：中国标准出版社，2015．